그들에게는 예수의 심장이 뛰고 있다

특별히_____님께
이 소중한 책을 드립니다.

그들에게는 예수의 심장이 뛰고 있다

윤필립 지음

나침반

프롤로그

14살 소년부터 70대 할머니까지의 평신도들의 앞다퉈 복음 전하고 교회 개척한 이야기

2010년, 아프리카에서 세미나를 참석할 때였다.

아프리카 사역자 3명이 즐겁게 대화를 하길래 다가가서 말을 걸어볼 요량으로 목사냐고 물었다. 그랬더니 목사는 아닌데 3년 전에 교회를 개척했다고 했다. 그렇다면 평신도 사역자가 아닌가? 그때 나도 개척 3년차였기 때문에 그의 사역에 관심이 쏠렸다. 그래서 성도가 몇 명이냐고 물었더니 3천 명이라고 했다. 3천 명이라고? 베드로도 아닌데 어떻게 개척 3년 만에 성도가 3천 명이 될 수 있단 말인가? 그것도 복음의 불모지라고 여겨 한국 교회에서 항상 선교사를 보내는 아프리카에서 3년 만에 성도가 3천 명이 모이다니 도저히 믿기지 않았다.

게다가 그는 평신도가 아닌가? 목사인 나는 개척 3년 만에 겨우 30명을 넘겼을 뿐인데! 무너진 나의 자존심을 되찾아 볼 요량으로 옆에 있는 다른 아프리카 사역자에게 말을 걸었다. 그도 평신도인데 교회를 개척한 지 2년이 되었다고 했다. 그래서 성도 수를 물어보니 2천 명이란다. 그 말을 듣자 얼굴이 화끈거리면서 처음보다 더 부끄러웠다. 본전도 못 찾을 걸 괜히 물어봤다 싶었다. 그러다 혹시 둘 다 거짓말을 하는 것이 아닌가 의심스러워 마지막으로 한 사람에게만 더 물어보자고 생각하고, 순진하고 착해 보이는 사람에게 목사냐고 물었다. 그러자 그 역시 평신도이고 개척 1년째라고 했다. 나는 그에게 "그러면, 당신 교회는 성도가 천 명이겠네요?" 하고 장난스럽게 말하자 어떻게 알았냐며 깜짝 놀랐다.

1년에 천 명씩 성장하는 믿기지 않는 일이 실제로 아프리카에서 일어나고 있었다. 그것도 신학교를 졸업한 목사가 아닌 평신도 사역자들을 통해 교회가 부흥하고 복음이 불일 듯 일어나고 있었다.

최근에 필리핀에서 사역하는 동갑내기 아프리카 선교사를 만났는데 그의 말에 의하면 아프리카는 영적 하늘이 열려 있어서 많은 영혼이 회심하고 돌아오고 있다고 했다. 새벽에 집집마다 창문을 열고 장시간 기도하는 소리가 길 밖으로 흘러나와 가슴을 뜨겁게 한다고 했다.

필리핀에서도 같은 일이 벌어지고 있다. 매달 1~2개의 교회가 세워지고 있다. 예수님의 사랑에 붙잡힌 평신도 사역자들이 골목 귀퉁이에서 체육관에서 운동장에서, 동사무소와 나무 아래에서 예배드리고 있다. 그들은 신학교도 졸업하지 않았다. 세상 스펙은 물론 기성 교회가 인정하는 소위 '교회 스펙'조차 갖추지 못한 세상적으로 볼때는 보잘것없는 사람들이다. 그러나 그들에게는 예수의 심장이 있다. 구령의 열정이 있다. 말씀하신 그대로 이루실 것을 믿는 믿음이 있다.

그 믿음으로 거리의 부랑아였던 20대 고아 청년은 빈민가로 들어가 100명이 넘는 아이들의 아빠가 되었고, 15살 소년은 발품 팔아 번 돈으로 20명의 아이들을 먹이고 있다. 또한 힘겹게 살아가는 과부 할머니는 과부들을 위한 교회를 개척했고, 19살 손자도 2개의 어린이 교회를 개척했다. 지붕도 없고 강대상도 없고 의자조차 없지만 14세부터 70대에 이르기까지 모든 성도들이 예수님의 사랑을 품고 교회를 개척하는 무한번식의 역사가 일어나고 있다.

배움과 지식이 없는 가난한 평신도들이 예수의 이름으로 귀신을 쫓아내고, 새 방언을 말하며, 병자에게 손을 얹어 치료하는 기사와 표적을 행하고 있다. 이른바 '예수 스펙'을 갖춘 이들이 세상의 지혜로운 자들을 부끄럽게 하고, 나중 된 자들이 먼저 되는 반전 드라마가 지금 이 순간 필리핀 곳곳에서 일어나고 있다. '세상 스펙'과 '교회 스펙'을 뒤로하고, 오직 '예수 스펙'을 쌓기 위해 기도와 말씀에 올인하는 평신도들이 예수님의 큰 일꾼으로 쓰임 받으며 복음으로 인생역전에 성공하고 있다.

내 인생도 마찬가지다. 21살에 예수님을 처음 만나고, 그 복음이 너무 귀하고 아름다워 내 인생을 그분께 바치기로 작정했다. 공부도 작파하고 예수에 미쳐서 하루에 3시간씩 기도하고, 매일 저녁기도회에 참석하고 밤에는 전도했다. 그때 내가 바랐던 것은 오직 베드로처럼 쓰임 받는 예수님의 참 제자가 되는 것이었다. 나는 예수 그리스도라는 푯대를 향해 질주하면서, 날마다 "저는 제자가 아닙니까? 왜 저는 안 써주십니까?"라고 부르짖었다.

세상의 성공을 위해 부지런히 스펙을 쌓으며 고군분투해야 할 24살에 '제자로 써 달라'고 생떼를 부리다가 25살에 선교지로 떠났을 때 내 인생은 다른 사람들보다 한참 뒤쳐져 있었다. 한 치 앞을 알 수 없는 암담한 미래만 내 앞에 턱하니 놓여 있을 뿐이었다. 하지만 나는 뒤쳐진 인생을 '기도'로 뒤집을 수 있다고 믿었다. 세상은 일꾼이 넘쳐난다고 사람들을 밀어내지만, 하나님은 눈에 불을 켜고 추수할 일꾼들을 찾고 계신다. 세상은 더 많은 스펙을 요구하지만, 하나님은 오직 그분을 향한 중심만을 보신다. 그리고 하늘의 상급은 물론 땅에서 누릴 큰 복도 베풀어 주신다.

세상 스펙으로는 인생역전이 불가능하다. 오직 예수님의 능력만이 우리의 인생을 바꿀 수 있다. 예수님의 일꾼으로 쓰임받기를 갈망하며 '나는 제자가 아닙니까? 나도 써 주소서!'라고 부르짖으며 항변했을 때, 어긋났던 내 인생의 방향키가 온전히 주님께로 맞춰졌고 인생에 무서운 가속이 붙기 시작했다.

나는 복음에 사로잡혀 인생역전에 성공한 나와 필리핀 제자들의 놀라운 사역 이야기가 실망과 좌절로 점철된 한국 청년들의 가슴에 불을 지르길 기도하며 이 책을 썼다. 위대한 대한민국의 새벽이슬 같은 청년들이 '세상 스펙' 대신 '예수 스펙' 쌓아 하늘의 능력을 덧입어 하늘의 역사를 이 땅에서 이루어내는 예수님의 동역자가 되길 간절히 바란다. 지금도 살아 역사하시는 성령님께서 이 책을 읽는 모든 독자들의 마음을 움직이시길, 그래서 독자들이 세상의 일꾼이 아닌 하나님의 일꾼으로, 예수님의 제자로 살아가기를 결단하도록 나와 필리핀의 제자들은 날마다 기도한다.

복음으로 인생 역전 된 **윤필립 선교사**

추천의 글

그들에게는 예수의 심장이 있다

똑같은 24시간이라는 기회의 균등 속에서, 하루를 살아도 1,000년을 산 것처럼 주 안에서 알차고 보람된 선교사님의 선교인생에 큰 은혜를 받았습니다. 꿈 꾼 대로, 믿은 대로, 기도하고 선포한대로, 그릇을 넓게 준비한대로, 순종한대로 이루어 주시는 전능하신 하나님의 역사를 보았습니다. 참으로 어느 것 하나 뺄 수 없는 살아있는 간증들입니다!

현대 크리스찬들이 이 책에서 통해서 배울 수 있는 소중한 유산들이 많다고 생각합니다.

첫째, 기도의 열정입니다.

세대가 바뀌면서 한 시대에 귀하게 쓰임 받은 목회자들이 은퇴하고, 젊은 목회자들이 주역이 되고 있습니다. 예전보다 다양한 목회 프로그램과 정보들이 넘쳐다니만, 정작 60~70년대의 뜨거운 불굴의 기도 열정이 부족한 현 상황입니다.

그러나 윤필립 선교사님은 젊은 선교사님임에도 불구하고, 믿음의 선진들의 기도 열정을 그대로 이어가며, 기도의 능력으로 선교사명을 감당하는 것을 볼 때 매우 귀감이 됩니다. 특별히 강력한 기도의 영성을 필리핀 현지인들에게 접목시켜, 필리핀 땅에 기도의 불을 지핀 것은 하나님 나라의 선교 사역에서 대단한 성과라 생각합니다. 이런 기도의 영성은 모든 목회자들과 선교사님들에게도 가장 중요한 부분이라고 생각합니다.

두 번째, 전도의 열정입니다.

한 번 물면 주인이 올 때까지 놓지 않는 진돗개처럼 한 번 기도하면 주님의 응답이 있을 때까지 기도하는 윤필립 선교사님의 기도 열정은 전도에도 그대로 나타납니다. 특히 초신자 때에 강남역 앞에서 매일 밤마다 노방 전도한 이야기는 많은 전도자들에게 좋은 본이 됩니다. 선교사님의 그 기도와 전도의 열정이 필리핀 성도들에게도 임하였기 때문에 평신도들이 앞 다투어 복음을 전하는 교회가 된 것이라 생각합니다.

세 번째, 교회 개척과 제자훈련의 열정입니다.

윤필립 선교사님의 열정적이고 순수한 기도와 전도는 교회 개척과 제자훈련 사역으로 이어집니다. 14살의 소년에서 69세의 할머니에 이르기까지, 어떻게 모든 평신도들이 교회를 개척하고 각자의 제자팀을 만들어서 훈련시키는지 참 놀라울 뿐입니다. 평신도들이 지역 교회들, 가정 교회들, 어린이 교회들을 개척하고, 그 개척된 교회에서 제자들을 훈련시키고 다른 지역으로 파송하여 또 다른 교회를 개척하는 것은 살아계신 성령님의 역사입니다.

특별히 10대, 20대 청소년들이 빈민촌으로 찾아가 길에서, 농구장에서, 마을 골목이나 모퉁이에서 87개의 어린이 교회를 개척한 것은 이 시대의 꿈과 열정을 잃은 수많은 청소년들이 어떻게 살아야 하는지에 대한 방향을 제시하는 청사진 같습니다.

지금까지 많은 훌륭하신 선교사님들의 사역 이야기를 담은 귀한 책들이 출판되었습니다. 그러나 이 책은 21세기에 사도행전 29장을 써내려가는 한국선교와 세계선교에 또 하나의 큰 도움이 될 책이라 믿어 의심치 않습니다. 저의 오랜 목회와 전도 경험으로 볼 때에 윤필립 선교사님의 선교 이야기를 담은 이 책은 현지 선교사님들과 선교 훈련생들과 목회자들과 신학생들, 그리고 한국교회에게 큰 은혜와 믿음과 권능과 부흥과 하나님 사랑과 영혼사랑을 심어줄 것이라 확신합니다. 할렐루야!

인천주안장로교회
나겸일 목사 배상
주안장로교회 원로목사

/ 목차 /

프롤로그 … 4
추천의 글 … 8

1부
회심

부산 촌놈, 강남 8학군에서 자라다　15
대통령에게 찍힌 아이, 대통령을 꿈꾸다　20
갓 스물, 막장 인생을 살다　24
제발, 저 좀 데려가 주세요　30
서욱이 형이 교회에 왔다면서?　35
100명 전도할 테니 방언 주세요　39
기도하면 들어주신다고 했잖아요　44
저기요.. 교회 다니세요?　48
저도 절하지 않겠습니다　57
이 멋진 분께 내 인생을 드려야지　65
세례 받으면 담배 끊을게요　71
루저에서 상위 1%가 되다　74

2부
비전

선교사 돼서 개고생하다 순교하게 해주세요　83
주님, 사랑합니다　88
내 사랑 라합, 나의 반쪽 서주희　93
저 청년, 사위 삼자　97
베드로만 제자고, 나는 제자가 아닙니까?　101

선교 훈련생 3개월, 드디어 결혼을 허락받다 108
하늘을 연 염전밭 기도 113
정식 선교사로 필리핀에 파송되다 120
필리핀 학생보다 더 가난한 한국 신학생 125
닭다리가 먹고 싶어요 130
저 개 옆에서 풀 뜯어 먹고 죽어야지 135
지혜롭고 어진 나의 딸, 지인이가 태어나다 139

3부
선교

필리핀의 중심, 마닐라로 가다 143
땅콩과 물로 배를 채우는 신학생 146
28살, 산골 교회의 담임 목사가 되다 149
하나님, 판을 크게 키워봅시다 154
강력한 신유 사역자가 나타났다? 160
신유 집회를 준비하신 하나님의 '열심' 167
내 인생의 첫 신유 집회 172
목회자 세미나로 판을 키우다 174

4부
제자

모교회와 작별하고 빈털터리가 되다 181
필리핀의 영적 대통령이 되십시오 186
가정교회를 개척하다 191
가난한 사역자, 파출부들의 희망이 되다 197
온실 속 화초가 아니라 거친 들판에서 강하게 202
광야 훈련을 거쳐 예루살렘에 이르기까지 205
교회 사역의 엔진이 된 닭죽 기도회 209

망나니가 하나님의 군사가 되다니 214
그냥 목회를 포기할까? 218
제자가 세상을 바꾼다 221
제자훈련, 최고의 무한번식 전략 224
평신도가 설교하고 평신도가 세례 주는 교회? 227
예수님 계신 곳이 교회다 232
87개의 어린이 교회 238

5부 순종

필리핀에 초대형 태풍이 올 것이다 247
바로 이 태풍이다 253
예수 밖에 있으면, 너희도 죽을 것이다 259
주님, 울고 계신 그곳에서 함께 울겠습니다 266
3천 권의 성경책을 실은 스타렉스 270
예수님이 당신을 기다리고 계십니다 276
노아의 교훈, 살아남은 자가 해야 할 일 282
셈, 야벳, 함이 연합하여 예배를 드리다 287

6부 헌신

필리핀 섬의 목회자를 가르치리라 293
기적 같이 계약한 아브라함 신학교 부지 298
하나님의 꿈 308

에필로그 … 314

1부

회심

부산 촌놈, 강남 8학군에서 자라다

나의 태몽은 흑돼지다. 어머니가 나를 뱃속에 품으셨을 때 꿈에서 윤기가 반지르르한 흑돼지들을 보셨다고 한다. 태몽 덕분에 어머니는 내가 아들인 줄 짐작하셨단다. 그러면서 내심 흑돼지가 한 마리도 아니고 떼로 몰려 있었으니 필시 '난 놈'이 태어날 거라는 기대를 품고 열 달을 기다리셨다고 한다.

하지만 어머니의 예상은 절반만 맞았다. 나는 4.3kg의 우량아로 태어났지만 소위 '난 놈'은 아니었다. 오히려 숫기 없고 어수룩해서 어디 가나 뒤처지는 아이였다. 대신 욕심은 돼지처럼 대단했다. 소심해서 누구에게 속 시원하게 표현하지 못했지만, 부러운 것도 많고 하고 싶은 것도 많아서 마음이 항상 들썩였다. 하지만 그때는 무엇이 내 마음을 뒤흔드는지 그 정체를 몰랐다.

어느 날, 우연히 어느 목사님께 태몽을 말씀드렸는데, 그분의 해석을 통해 내 마음의 뿌리를 알게 되었다. 목사님은 돼지는 탐욕스러운 동물이고 검은색은 어둡고 세상적인 것을 상징하는 것이라고 하시며, 하나님을 알기 전에는 내 마음이 흑돼지처럼 세상적인 욕심으로 가득했지만, 이제는 하나님을 향하고 있으니 그 큰 욕심만큼 큰일을 하지 않겠냐며 격려해주셨다.

맞다. 나는 흑돼지처럼 탐욕스러웠다. 돈, 명예, 성공에 대한 욕심이 끝이 없었다. 좋아 보이는 것은 무엇이든 다 빨아들여서 내 것으로 만들고 싶었다. 문제는 욕심에 비해 능력이 턱없이 부족했다. 손자 사랑이 크신 할머니 덕분에 강남 8학군에 있는 학교를 다녔지만, 초등학교 6년 동안 나는 친구들과 눈도 제대로 못 맞추는 숙맥이었다.

내가 초등학교에 입학할 무렵 할머니는 큰아버지와 함께 대치동에서 살고 계셨다. 부산에서 태어나 그곳에서 가정을 꾸리신 아버지와 달리 큰아버지는 서울대학교 상대를 졸업하고, 대기업에서 초고속 승진을 하시며 서울에 자리를 잡으셨다. 할머니는 큰 아들과 편하게 살기를 마다하시고 대치동에 작은 집을 마련하여, 부산에서 전전긍긍하시는 둘째 아들인 우리 아버지를 부르셨다. 오로지 나와 동생을 좋은 학교에 보내고 싶은 마음 때문이었다.

할머니는 나에 대한 기대가 크셨다. 하지만 함께 살면서 나를 겪어보시더니 '푼아'라고 부르시며 잦은 한숨을 쉬셨다. '푼'은 '팔푼이'의 줄임말이었다. 욕심이 많아서 뭐든 하겠다고 덤비지만 여물지 못해 실수투성이인 나는 언제나 할머니의 아픈 손가락이었다. 다섯 명의 손주 중에서 내가 제일 어벙하였다. 할머니는 항상 헤벌쭉 입을 벌리고 있는 내 아랫입술을 세게 잡으시면서, "입술 단디해라!"라고 하셨고, 아버지는 흐리멍덩한 나의 동태눈을 보실 때마다 칫솔로 눈을 빠닥빠닥 닦으라고 하셨다.

학교에 가서 잘 적응이나 할지 모르겠다고 걱정하셨던 할머니의 예상대로 나는 학교생활을 잘 하지 못했다. 사람들과 눈을 마주치는 게 부끄러워 공부시간은 물론 쉬는 시간이나 등·하교 때도 항상 땅만 쳐다보고 다녔다. 초등학교 때는 등수를 매기지 않아서 성적을 몰랐는데, 중학교에 가보니 거의 꼴찌였다. 우리 중학교는 농구부, 태권도부가 유명해서 반마다 운동부가 5~10명씩 있었는데 내 등수는 항상 그 친구들 바로 앞이었다.

나는 충격적인 성적표를 받고도 놀라지 않았다.
초등학교 6년 동안 강남에서 살았지만 나는 여전히 부산 촌놈이었다. 사는 세계가 다르니 성적이 뒤떨어지는 건 당연했다. 내가 여름 방학마다 동해바다에서 새카맣게 살을 태우는 동안 같은 반 아이들은 미국이나 유럽을 여행을 하고는 백옥 같이 하얀 피부를 자랑하며 학교로 돌아왔다.
노는 스케일도 달라서 생일 파티에 50명이 넘는 반 아이들을 다 초대하는 학생도 있었다. 다섯 식구가 모여도 복작거렸던 우리 집과 달리 친구네 집은 반 아이들이 다 들어가도 여유로웠다. 그렇게 부유한 아이들이다보니 회장선거 공약도 거창했다. 교문 앞에 횡단보도를 놓겠다고 하더니, 실제로 학교 앞에 건널목을 만들었다. 나

같은 촌놈은 눈이 휘둥그레질 일들을 눈 하나 깜짝하지 않고 해내는 아이들을 보며 나는 점점 더 움츠러들었다. 다행히 성품이 밝고 긍정적이었던 친구들은 나를 따돌리거나 소외시키지 않고 함께 놀아주었다.

그래서 성적이나 친구 때문에 불행하거나 우울한 적은 없었다. 다만 나의 못난 외모 때문에 괴로웠다. 당시 '부시맨'이란 영화가 인기였는데, 원시부족의 왜소한 몸과 새카만 피부, 못생긴 얼굴이 영락없이 나와 닮았다. 그 영화를 보면서 나는 어떻게 해서든 '하얀 피부'를 가져야겠다고 결심했다. 그래서 중학교 때부터는 얼굴을 태우지 않으려고 체육시간에 나무 그늘 아래에 앉아만 있었다. 그렇게 2년 동안 그늘만 찾다보니 다행히 뽀얀 피부가 살짝 올라왔다. 그러면서 내 고개도 들려지고 자신감도 붙고 말수도 늘었다.

그렇게 학교에 적응하나 싶었는데 이번에는 성적이 발목을 잡았다. 내가 2학년 때 연년생인 동생이 중학교에 입학했는데 첫 시험에서 13등을 했다. 그것은 내게 엄청난 충격이었다. 죽어라 공부해도 50명 중에서 35등 안으로 진입하지 못했던 나에게 13등은 전교 1등만큼 비현실적인 등수였다. 당시 나는 반에서 10등만 해도 천재라고 생각했었는데, 알고 보니 동생이 거의 천재였던 것이다. 나랑 맨날 뒹굴고 놀던 아이가 어떻게 그런 점수를 받았을까? 서울 친구들은 당연히 공부를 잘 한다고 생각했지만, 동생이 천재의 범위 안으로 들어가자 마치 세게 뒤통수를 맞은 것 같았다.

그래서 공부에 박차를 가했다.
매일 밤 1시 30분까지 독서실에서 공부와 씨름했다. 그때 나는 날마다 셔터 닫는 소리를 들으며 독서실을 나왔다. 그럴 때면 하루를 꽉 채워 살았다는 생각에 마음이 얼마나 뿌듯했는지 모른다. 그렇게 꾸준히 공부하자 속도는 느렸지만 등수가 서서히 올랐다. 중학교 1학년 때 37등으로 시작해 2학년 때는 22등, 3학년 때는 17등 안에 진입하더니, 고등학교 1학년 때 급기야 11등, 9등을 했다. 드디어 나도 천재의 범위에 근접한 것이다.

그리고 고등학교 2학년 때는 7등을 했다.

그걸 받고 얼마나 좋았던지 성적표를 보고 또 봤던 기억이 난다. 50명 중에 내 앞에 6명밖에 없다는 사실이 너무나 신기했다. 중학교 1학년 이후로 성적이 한 번도 떨어지지 않고 계속 올랐기 때문에 내 앞에 6명 중에 몇 명은 더 제칠 수 있을거란 기대에 가슴이 설렜다. 게다가 그때는 외모도 훤칠했다. 고등학생이 되고부터 밤마다 아령 200개씩, 팔굽혀펴기 40개씩해서 몸에 근육도 붙고 키도 자라서 그토록 바랐던 멋진 외모를 갖게 되었다.

그러나 집에서는 여전히 팔푼이 신세였다.

뛰는 놈 위에 나는 놈, 내 동생이 있었기 때문이다. 고등학교 2학년 때 총무(반장, 부반장 다음 서열)가 되어 처음으로 임원이 되었는데, 그때 하필 동생은 반장이 되었다. 7등이 적힌 내 인생 최고의 성적표를 부모님께 보여드렸던 날도 동생은 1등이 적힌 성적표를 가져왔다. 37등과 14등 차이에서 6등과 1등 차이로 가장 간격을 좁힌 것이 되었으나, 나의 자랑스러운 성적표는 항상 빛바랜 훈장이 되었다.

그러나 나는 동생을 정말 사랑했기 때문에 질투심이 나지 않고 항상 자랑스러워했다. 그리고 동생이 뭔가를 해 내면 시간이 걸릴 뿐이지 나도 곧 그것을 해냈기 때문에 동생의 1등이 곧 나의 등수가 될 것 같은 마음에 은근히 기분이 좋았다.

대통령에게 찍힌 아이, 대통령을 꿈꾸다

내가 어릴 적만 해도 '나중에 커서 뭐가 될래?'라고 물으면 십중팔구는 대통령이었다. 장군, 과학자, 의사, 변호사는 그 다음이었다. 그러다 나이가 들면 순위가 바뀌면서 대통령은 장래희망 목록에서 자취를 감추었다. 그런데 나는 정반대였다. 나는 뛰어나고 명석한 아이가 아니었지만, 조국을 향한 가슴이 너무 뜨거워서 어려서부터 대통령을 꿈꾸었다.

나는 초등학교 때부터 대한민국을 뜨겁게 사랑했다.

나의 애국심은 아버지 덕분에 생겼다. 평소 과묵하셨던 아버지는 한국 역사 이야기만 나오면 열변을 토하셨다. 다른 것은 몰라도 역사는 바로 알아야 한다면서 만화 국사책 전집을 사 주셨는데, 만화 국사책을 읽으면서 내 가슴은 애국심으로 들끓었다. 특히 광개토대왕 부분을 읽을 때마다 마치 내가 광개토대왕이 되어 광활한 만주 벌판을 호령하며 다니는 것 같아 가슴이 뜨거웠다.

나라를 사랑할수록 조국의 현실이 안타까웠다. 세계의 균형추가 되어야 할 국가가 반 토막이 난 채 동방의 소국(小國)으로 쪼그라든 상황이 가슴 아팠다. 나는 국력을 키우는데 보탬이 되고자 국산품

애용에 앞장섰다. 학창시절 내내 그 흔한 일제 볼펜 한 자루도 쓰지 않을 정도로 나라사랑에 고집스러웠다.

그래도 나아지지 않는 조국의 현실에 답답해하다가 결국 나는 국가를 위해 모든 것을 바치겠다고 결심하고 대통령이 되기로 마음먹었다. 다른 아이들은 대통령을 꿈꾸었던 사실조차 가물거릴 고등학교 1학년 때, 나는 대통령이 되어 북으로는 고구려가 정복했던 만주와 요동, 연해주를 되찾고, 남으로는 조선이 정복했던 대마도를 되찾고, 서로는 황해를 건너 백제가 정복했던 중국의 산둥 반도를 되찾고, 동으로는 일본 열도를 점령해서 대한민국을 세계의 중심에 세우겠다고 결심했다.

그리고 달에서도 볼 수 있는 초대형 태극기를 만들어서 모든 국회의원, 장관들이 말을 탄 채로 일렬로 늘어서서 그 태극기의 끝을 잡고 만주 벌판을 미친 듯이 달리고 싶었다. 고요한 새벽 미명부터 아름다운 석양이 뜰 때까지 달리고 또 달리고 싶었다. 그 일은 대통령의 운명을 타고난 나 말고는 할 사람이 없다고 생각했다. 초등학교 때 이미 김영삼 대통령과 운명적인(?) 만남을 한 내가 그 적임자 같았다.

대한민국 14대 대통령이셨던 김영삼 대통령은 우리 아버지와 큰아버지가 졸업하신 경남고등학교 동문이셨다. 그러나 김영삼 전 대통령은 3회, 큰아버지는 18회, 아버지는 23회 졸업생이셨기 때문에 우연히 마주친 적도 없으셨다. 민주화에 인생을 바친 그분은 바쁜

김영삼 전 대통령과 함께 (1989년)

일정으로 동창회도 참석하지 못하셨는데, 13대 대선에서 낙선한 후에 이례적으로 동창모임에 나오시겠다고 했다.

당연히 우리 가족도 참석했다. 모임 장소였던 선릉역 공원은 약속 시간이 되기도 전에 사람들로 인산인해를 이루었다.

나는 TV에 나오는 분을 볼 수 있다는 사실에 흥분하여 인파를 비집고 들어가 사진을 찍어댔다. 겨울이라 다들 칙칙한 무채색 옷을 입고 점잖게 앉아있었는데, 빨간 점퍼를 입은 꼬마가 툭 튀어나와 그분의 좌우를 오가며 연신 카메라 플래시를 터트렸으니 아마 눈에 띄기도 했을 것이다.

김영삼 전 대통령은 연설 후에 각 기수마다 찾아가 악수를 하셨다. 23회가 모인 돗자리에 오셨을 때 나는 "아저씨! 저랑 사진 찍어주시면 안돼요?"라고 소리쳤다. 간절한 마음으로 용기를 쥐어짜서 부탁드렸는데 "그래, 이리 온나!"하시며 김영삼 전 대통령은 흔쾌히 사진을 찍어주셨다. 그리고 "공부 잘 하그래이"라고 말씀하시며 머리도 쓰다듬어 주셨다.

그 당시 김영삼 전 대통령의 인기는 연예인 못지않았다. 그분과 악수만 해도 가문의 영광이라고 생각했는데, 사진까지 찍었으니 얼마나 뿌듯했겠는가! 더 신났던 것은 동생도 꼽사리 끼어서 함께 찍었다는 것이다. 어른들이 악수할 때 동생에게 나의 계획을 말하면서 같이 사진 찍자고 했을 때는 부끄럽다고 한사코 거절하더니, 막상 내가 그분과 사진을 찍게 되니 동생도 급하게 얼굴을 들이밀었던 것이다. 그때 아버지를 포함해 수많은 사람들이 그분과 사진을 찍고 싶었겠지만 아무도 말을 꺼내지 못했다. 나만 그 일을 해 낸 것이다! 초등학교 4학년의 소년에게 그날은 가장 감격스러운 날이 되었다.

그날부터 나는 '대한민국 대통령'에 대한 특별한 마음을 갖게 되었다. 그분이 14대 대통령으로 당선되는 날에는 마치 내가 대통령이 된 것 같았다. 그리고 훗날 나도 국가를 위한 그 길을 걷게 될 것만 같았다. 비록 가족, 친구들, 선생님은 나의 인물됨을 전혀 알아보지 못하지만, 김영삼처럼 대통령이 될 사람 정도는 되어야 나를 알아볼 수 있는 것이라 생각하며 남몰래 대통령을 꿈꿨다.

'죽은 꿈'은 환경이 어려워지면 힘을 잃고 사라진다. 그러나 나의 꿈은 '살아있는 꿈'이라서 환경이 어려워질수록 꿈이 더 분명해지고 강렬하게 꿈틀댔다. 대기업 임원이셨던 큰아버지와 달리 아버지는 인생의 부침이 많으셨다.

서울에 올라와서 큰아버지의 도움으로 시작한 사업은 곧 실패로 끝났다. 초등학교 6학년 때 부도로 할머니의 집은 사라졌고, 우리는 반 지하로 이사했다. 어머니는 보험 등 온갖 일을 하면서 우리를 키우셨다. 나는 사랑하는 부모님의 고난을 보면서 '후회 없는 삶'에 대해 진지하게 고민하기 시작했다. 그러면서 내 마음 속에 다시 대통령 꿈이 출렁이기 시작했다.

부모님은 좋은 환경에서 우리를 키우지 못하는 것에 대해 항상 미안해하셨다. 실패에 가슴 아파하고, 지난날을 후회하며 애석해하셨다. 그 모습을 보면서 나는 한번 뿐인 '일생'을 '후회 없는 인생'으로 살 뿐 아니라, 크고 가치 있는 것을 위해 헌신하는 '위대한 인생'으로 살아야겠다고 결심했다. 그러자니 아무리 생각해도 대통령 외에는 다른 인생이 없었다.

갓 스물, 막장 인생을 살다

청운의 꿈을 품었지만 삶은 달라지지 않았다. 오히려 고등학교 3학년 때 성적이 떨어지고 마음도 해이해졌다. 중1 이후로 성적은 오르기만 했고, 고2 때는 7등까지 했으니, 고3에는 3~4등까지 올려서 SKY(서울대, 연세대, 고려대)를 노려볼 만 했었다. 그런데 갑자기 3학년 1학기부터 마음이 공부를 떠나버렸다. 성적은 뚝뚝 떨어져서 'SKY'는 물 건넌 상황이 됐다.

수능 점수에 맞는 대학을 뒤져봤지만 마음에 드는 학교가 없었다. 원서 마감 하루 전날, 아버지께 상황을 말씀드리자 아버지는 노발대발하시며 욕을 퍼부으셨다. 욕을 하시는 아버지를 뒤로하고 내 방으로 들어가 그대로 자버렸다. 아버지께서 즐겨하시는 표현대로 나는 사람이길 포기한 인간이었다.

다음 날 아침, 거실에 나가보니 아버지가 그 전날 앉았던 그대로 소파에 앉아 계셨다. 밤새 아버지는 전국의 모든 대학과 모든 학과를 내 수능 점수대별로 분석하셨다. 밤새 몇 갑을 피우셨는지 탁자 위 재떨이에는 담뱃재가 수북했다. 아버지는 나를 보시고 한 마디 하셨다.

"너한테 딱 맞는 대학이 있다. 세종대 건축학과에 가라!"

당시 건축과 열풍이 대단했기 때문에 아버지의 친구가 건축과에 가면 취업 걱정은 없다고 말씀하셨던 것이다. 그래서 아버지는 밤새 서울에 있는 대학교 중에 건축학과가 있는 학교를 찾으셨다.

그날 나는 아버지와 함께 세종대에 가서 특차로 원서를 냈다. 그때 내게 '좋은 대학교'라는 것은 남들보다 주색잡기 등의 유흥을 더 잘할 수 있게 해 주는 조건에 불과했다. 나의 진정한 꿈인 대통령이 되기 위해서는 어느 대학, 어느 학과에 가든 아무런 의미가 없었다. 나는 '될 대로 되라'는 심정으로 세종대 건축학과에 지원했는데 놀랍게도 단번에 붙었다.

그때는 내 점수가 높아서 합격했다고 생각했는데 알고 보니 내가 커트라인이었다. 당시에는 '특차'가 일반 지원보다 점수가 약 20점 높았기 때문에 자신이 없으면 차라리 일반 지원을 하고 논술을 준비했다. 그런데 나는 특차 지원생들 뿐 아니라 일반 지원생들 보다도 점수가 낮았다. 학교마다 건축과의 점수가 높았지만 세종대는 그 해에 건축과가 신설되었기 때문에 등잔 밑에 감춰진 학과인데다, 서울에 있는 대학교의 건축과라서 학생들이 지레 겁을 먹고 지원하지 않는지 특차 합격선이 형편없이 낮았다.

나는 내신을 위해 학교 시험과 수능을 준비하면서 틈틈이 논술까지 공부하는 학생들을 보고는 질려버려서 '나는 절대 저런 짓은 안 할 것'이라고 마음먹고 일찌감치 논술에서 손을 훌훌 털었다. 그렇게 한쪽 길을 잘라버렸으니 특차 외에는 대학에 갈 수 있는 길이 없었다. 내가 대학에 입학한 것은 기적이었다. 생각해 보라. 아버지가 입시 전문가도 아니고 고3 담임도 아니신데 어떻게 점수 분석을 탁월하게 하셨는지 그것은 지금도 인간의 논리로는 설명할 수 없는 기적이다.

그렇게 아버지의 신의 한 수로 대학에 입학했으니 감사한 마음으로 학교에 다니는 게 마땅한데, 나는 대학생이 되자마자 본격적으로 허랑방탕하게 살기 시작했다. 매일 학교는 갔지만 강의실이 어딘지도 모르고, 술, 노래, 게임, 도박으로 밤을 새고는 조선 8도를 내 집 삼아 아무데서나 등을 붙이고 잤다. 세상의 온갖 헛된 짓을 하고 다니는 나의 일행들을 친구들은 '쓰레기 파이브(5)'라고 불렀다. 그 중 나는 '쓰레기 넘버 쓰리(3)'였다.

온갖 헛짓거리로 인생을 탕진하는 장남을 보며 부모님은 답답해하셨다. 성적도 안 되는 놈을 어렵사리 대학에 넣었더니, 공부는 안 하고 나쁜 짓만 골라 하니 복장이 터지셨을 것이다. 부모님은 어떻게든 나를 사람으로 만들어보려고 항상 잔소리를 하셨다. 그럴수록 나는 반항의 강도를 높였다.

아버지가 "왜 11시에 들어 오냐?"라고 화를 내시면 다음날은 12시에 들어갔다. "왜 12시에 오냐?"라고 하시면 다음날은 1시에 들어갔다. 2시, 3시, 나중에는 아예 외박을 했다. 외박을 했다고 화를 내시면 3일 후에나 집에 들어갔다. 화를 내실수록 일이 커지니 그 후로 아버지는 귀가 시간에 대해 일절 말씀하지 않으셨다.

망나니가 된 아들 때문에 집안은 전쟁터로 변했다.

모든 원인은 내게 있었지만 나는 이렇게 시끄러운 집구석에서 도저히 살 수 없다고 생각하고 집을 탈출하기로 결심했다. 그래서 2학기 등록을 포기하고 재수를 선언했다. 아버지는 "세종대 건축과도 간신히 들어간 놈이 무슨 재수냐? 재수를 하려면 처음부터 세종대에 들어가지 말던지?"라며 화를 내셨지만 "나를 세종대에 집어넣은 것은 아버지잖아요! 정 아까우면 아버지가 다니시던 지요!"라고 응수하며 재수를 결정해 버렸다.

6개월 동안은 열심히 공부했다. 집을 나가 제대로 놀기 위해 재수를 결정했지만, 그렇다고 아무 학교나 들어가서 놀고 싶지는 않았다. 현역 때는 대학과 학과 선택을 온전히 아버지께 맡겼지만, 재수 때에는 모든 선택권을 현역으로 수능을 본 동생에게 맡겼다. 내가 내세운 조건은 두 가지였다. 첫째 학교가 무조건 집에서 멀어야 하고, 둘째 논술은 싫으니 무조건 특차여야 한다고 했다. 동생은 고심 끝에 인하대학교 재료금속과를 찾아냈다.

"형, 인하대는 인천에 있으니 합법적으로 독립할 명분이 있어. 그리고 인하대는 인천에서 제일 잘 나가는 대학이고 바닷가랑 가까우니, 형이 좋아하는 여자들을 꼬시고 놀기에 안성맞춤이야. 공대니까 취업도 문제없을 거고. 공과 중에서는 재료금속과 점수가 제일 낮으니까 쉽게 합격할거야."

동생의 말을 들으니 매우 그럴싸했다. 내가 내세운 두 가지 조건을 만족할 뿐 아니라 여자를 만나기에도 안성맞춤이고 유흥에도 올인할 수 있으니 더 이상 고민할 게 없었다. 가려운 곳을 긁어준 동생이 고마웠다. 나는 인하대 재료금속학과에 특차 지원을 했고, 합격했다.

그러나 인하대에도 적응하지 못했다. 1살 어린 내 동생 또래와 같은 학과 친구로 지내자니 자존심이 허락하지 않았다. 대학은 술맛으로 다녔는데, 동생들과 마시려니 술 맛이 떨어져 흥이 나질 않았다. 그래서 오후 느지막이 일어나서 인하대에 잠깐 들렀다가 오후에 서울로 건너가서 세종대 친구들과 술 마시고 놀았다.

그렇게 살다보니 1학기에 학사 경고를 받았다.

아버지는 펄펄 뛰며 화를 내셨지만 학교가 너무 멀어서 힘들다는 내 말에 곧 수긍하셨다. 그리고 아버지는 등하교 하는데 왕복 3시간이 넘으니 아마 공부에 집중할 수 없었을 거라며 학교 앞에 하숙집을 얻어 주셨다. 호랑이에게 날개를 달아 주고, 술 취한 사람에게 노래를 틀어줬으니 그 다음은 어땠을지 상상에 맡기겠다. 2학기부터는 방탕의 끝을 달렸다.

결국 2학기도 학사 경고를 받았다. 1학기 때는 무방비 상태에서 우편으로 '학사 경고' 서류가 집으로 날아와 화를 면치 못했지만, 2학기 때는 주도면밀하게 대비했다. 먼저 학교에 전화해서 성적 통지서를 발송하는 날짜를 체크했고, 위조한 성적증명서를 미리 만들어놓았다. 인쇄소에 가서 학교 마크를 찍은 후에 칼로 점선을 만들어 잘라내고 종이를 찢어서 학교에서 발송하는 서류와 똑같이 만들었다. 그리고 꾸깃꾸깃 뒷주머니에 며칠 간 넣고 다녀서 최대한 자연스럽게 만든 후에 성적표를 아버지께 보여드렸다. 아버지는 매우 만족해 하셨다.

"역시 하숙을 하니까 공부할 시간이 늘어나서 성적이 좋아졌구나!"

감쪽같이 속으신 아버지 덕분에 나는 하숙을 계속할 수 있었고, 용돈을 올려 받으면서 방탕의 수위를 점점 높여갔다.

세종대 때부터 될 대로 되라는 식으로 인생을 장난같이 살았으니 부모님은 두 손 두 발 다 들어버리셨다. 어머니는 나를 '인간말종'이라고 부르셨고 아버지는 개, 돼지라고 하셨다. 그 말을 들을 때마다 세상 친구들도 놀라워하는 나의 방탕함을 이제는 부모님까지도 알아봐 주시는 것 같아 기분이 좋았지만, 한편으로는 세계를 품은 나의 또 다른 면모를 알아보지 못하는 평범한 부모님이 답답하게 느껴졌다.

그러면서 조금씩 나의 빵빵하게 부풀어있던 자신감이 바람 빠진 풍선처럼 쭈그러들기 시작했다. 그때까지 나는 내 인생에 대해 자신이 있었다. 내가 원하면 언제든 다시 비상할 수 있다고 생각했다. 고등학교 3학년 때만 빼면 학창시절 5년 내내 성적이 오르지 않았던가? 하지만 조금씩 어긋난 길은 내가 원하는 방향과 점점 더 멀어져갔고, 방탕한 생활 속에서 출구를 찾지 못해 헤매는 내 모습을 발견하게 되었다.

제발, 저 좀 데려가 주세요

나는 인생을 도박이라고 생각했다. 도박의 원리는 간단했다. 돈을 딸 때는 상관없지만 잃기 시작하면 더 큰 손해를 보기 전에 빨리 그만두는 게 상책이다. 나는 도박을 할 때 재미를 보는 편이었다.

대학시절 내 인생은 판돈이 털린 도박판 같았다.

꿈은 대통령이었지만 현실 속의 나는 '인간말종'에 '인간 쓰레기'였다. 그런데 상황을 뒤집을 반전의 카드가 내 손에 없었다. 그것이 가장 절망적이었다. 인생은 한번 뿐인데 꿈과 반대 방향으로 흘러가는 걸 지켜보며, 나는 더 험하고 더러운 꼴을 보기 전에 추잡한 인생을 빨리 접는 것이 상책이라고 생각했다. 내 인생이 추해질수록 자살 욕구는 점점 커졌다.

1999년, 21살 겨울이었다. 2회 학사경고를 받았지만, 괘념치 않고 방학 때 부지런히 술을 마시러 다녔다. 밥을 먹은 날이 손에 꼽을 정도로 술에 절어 살았다. 그 당시 내 삶은 퍽 단순했다. 학기 중이든 방학 때든 나는 오후 늦게 일어나 당구장이나 PC방에 잠깐 들렀다가 해가 지면 술집으로 직행했다. 그리고 술자리가 파하면 술기운에 유서를 쓰는 게 전부였다. 친구들과 어울려 술은 즐겁게 마셔도 비틀거리며 집으로 돌아올 때는 항상 죽음을 생각하며, 부모님께 드리는 마지막 편지를 혼자서 읊조리며 돌아오곤 했다.

그러던 어느 날이었다. 그날도 새벽 3시쯤 비틀거리며 집으로 돌아와 방에 불을 끄고 혼자 앉았다. 평상시처럼 책상 위에 스탠드만 켜놓고 다리는 꼬아서 책상 위에 길게 뻗어 올렸다. 어둠 속에서 담배 연기를 길게 뿜으며 컴퓨터에서 흘러나오는 흐느적거리는 음악을 듣고 있는데 갑자기 가슴이 울컥했다. 목울대까지 올라온 뭉클한 감정은 나를 사로잡아 버렸다. 생전 처음 느끼는 이상한 감정이었다. 통제되지 않는 감정에 어쩔 줄 몰라 도망치듯 방에서 빠져나왔는데, 마침 물을 마시러 나온 동생과 마주쳤다.

그때 내 입에서 전혀 예상치 못한 말이 흘러나왔다.

"나 성경책 좀...."

나도 그런 말을 내뱉을 줄 몰랐고, 동생도 그런 말을 들을 줄 상상하지 못했다. 활짝 열린 내 방문 사이로 새어나온 불빛은 얼빠진 내 얼굴과 황당해하는 동생의 표정을 비추었다. 동생은 말없이 자기 방으로 가서 성경책을 가져와 내게 건네주었다. 그때 동생은 내가 죽을 거라 생각하고 어쩔 줄 몰랐다고 한다. 사람이 죽을 때가 되면 이상한 행동을 한다는데 맨날 술에 취해 이상한 말을 하더니 드디어 사고를 치는구나 싶어 가슴이 조마조마했다고 한다.

나는 성경책을 받자마자 방으로 들어와 문을 잠갔다. 쓰러지듯 의자에 주저앉았는데 통곡이 터져 나왔다.

"이렇게 살 수 없어요! 제발 나를 데려가 주세요!"

이 말만 반복하며 30분간 펑펑 울었다. 그때 내가 어떤 의미로, 무슨 마음으로 그런 기도를 했는지 모르겠다. 천국도 모르는 놈이 이 땅의 인생이 괴로우니 천국으로 데려가 달라고 기도했을 리는 만무하고, 하나님의 인도하심이라는 것을 모르니 길 잃은 내 인생을 인도해달라고 기도했을 리도 없다. 그때 그 감정은 지금도 표현할 길이 없다. 다만 한 가지 분명한 것은 더 이상 그렇게 살 수 없다는 절박함이 나를 사로잡았다. 그날 나는 하나님이 누구신지도 모르면서 그분 앞에서 통곡하며 항복 선언을 한 것이다.

그러다 문득, 내가 이제 '이 분'께 가려고 하는데, '이 분'에 대해서 전혀 모르고 가는 건 예의가 아니라는 생각이 들었다. 교회는 몇 번 가보았지만 나는 하나님이 누구신지 전혀 몰랐다. 그 절박한 상황에서도 하나님이라 부르지 못하고 '이 분'이라고만 했을 정도니 말해 무엇 하겠는가? 일단 성경책을 폈다. 술, 담배 냄새에 절어있는 내 손은 이미 눈물과 콧물로 범벅이 되었다. 그 손으로 이리저리 성경책을 넘겨보았지만 어디를 봐야 할지 막막했다.
'아! 내가 22년 만에 이 분께 가는데, 이 분에 대해 아는 것이 하나도 없구나! 나는 정말 헛살았구나!'
갑자기 22년 동안 이 분을 모르고 살아온 내 인생이 허망하게 느껴져 나는 실성한 사람처럼 성경책을 끌어안고 엉엉 울었다. 그런데 그 와중에 갑자기 성경책 뒤에 노래가 있다는 생각이 갑자기 들었다. 초등학교, 중학교, 고등학교 때 친구 따라 몇 번 교회에 갔을 때 성경책 뒤에 있는 노래를 불렀던 기억이 났다.

실낱같은 희망을 품고 성경 뒤쪽을 펼쳤다. 다행히 노래가 있었다. 그런데 아무리 훑어봐도 아는 노래가 없었다. 얼마나 절망스럽던지 다시 성경책을 끌어안고 서럽게 목 놓아 울었다. 주색잡기에 능했던 나는 노래방 책에 있는 노래의 번호는 거의 다 외웠다. 그래서 아무리 고주망태가 되어도 노래책을 펴보지 않고 번호를 척척 눌러서 노래를 부르곤 했다. 그렇게 세상 노래는 다 알고 있는데, '이 분'의 노래는 하나도 모른다는 사실이 너무 서럽고 허망했다. 그동안 헛살아왔다는 좌절감, 그리고 곧 만나게 될 '이 분'에 대한 죄송한 마음에 나는 숨을 못 쉴 정도로 꺽꺽대며 대성통곡을 했다.

그때 갑자기 노래방 목차가 떠올랐다.

노래방 책에 목차가 있다면 분명히 성경책에 있는 노래도 목차가 있을 거라는 생각이 들었다. 마지막 삼세판이라는 심정으로 노래 부분을 폈다. 그리고 1장씩 앞으로 조심스럽게 넘겨 나갔다. 과연 목차가 있었다. 지금 생각하면 술에 취해 해롱거리면서 대성통곡한 상태에서 성경책 뒤에 있는 노래와 목차를 생각해 낸 것이 놀랍다. 모두 성령의 인도하심이었지만 그때는 그런 것이 있는 줄도 몰랐다. 그저 자살을 앞둔 절박함과 북받치는 서러움, '이 분'에 대한 죄송함 혹시나 하는 기대감이 뒤섞여 제정신이 아니었다.

나는 목차 제일 위에 있는 노래부터 떨리는 손가락을 집으면서 조심스레 내려나갔다. '기역'(ㄱ)부터 순서대로 제목을 살피며 내려가는데, 갑자기 '고요한 밤 거룩한 밤'이 눈에 확 들어왔다. 크리스마스 캐럴이 성경책에 있다니 정말 놀라운 일이었다. 반가운 마음에 얼른 109장을 펴고 노래를 시작했다(옛 개정개역).

"고요한 바아암~ 으으윽... 거루욱 하안 바아암~ 엉엉"

감격에 겨워 눈물과 콧물은 폭포수처럼 쏟아지고 침까지 질질 흘렸다. 꺽꺽거리는 소리로 겨우 1절을 마치고 2절을 부르는데 뭔가 이상했다. 사실 나는 캐럴이 성경에 있다는 것도 놀라웠고, 4절까지 있는 것도 신기했다. 그런데 나를 가장 놀라게 했던 것은 2절에 나오는 '왕'이었다.

고요한 밤 거룩한 밤 어둠에 묻힌 밤
주의 부모 앉아서 감사기도 드릴 때
아기 잘도 잔다 **'아기'** 잘도 잔다

고요한 밤 거룩한 밤 영광이 둘린 밤
천군 천사 나타나 기뻐 노래 불렀네
왕이 나셨도다 **'왕'**이 나셨도다

난데없이 등장하는 2절의 이 '왕'은 대체 누구란 말인가? 1절에서 잘 자고 있던 그 '아기'가 왕이 된 건가? 아니면 왕이 아기를 낳은 것인가? 노래를 부를수록 족보가 꼬이면서 머릿속이 복잡해졌다. 나는 끝내 그 아이가 예수님이고 예수님이 왕이라는 사실을 몰랐다. '고요한 밤 거룩한 밤'을 찬송가가 아닌 세상 노래로 알았다. 크리스마스에 아기들이 행복하게 잠을 잘 잔다는 자장가 노래인 줄 알았는데, 왕이 나셨다니 어찌 당황스럽지 않았겠는가.

그래도 4절까지 불렀다. 음정과 박자도 엉망이고 목까지 쉬어 돼지 멱따는 소리였지만, 끝까지 다 부르고 나니 '이젠 됐다!'는 생각이 들며 안도(?)의 한숨이 나왔다.

그리고 다음날 아침 나는 동생에게 '나 이제부터 교회 가!'라고 말했다. 꿈도 인생도 버리고 마지막에는 목숨도 버리려고 했던 1999년 겨울 밤, 나는 친히 내 방으로 찾아오신 주님을 그렇게 만났다.

서욱이 형이 교회에 왔다면서?

성경을 끌어안고 펑펑 울면서 캐럴을 불렀던 날은 금요일에서 토요일로 넘어가는 새벽이었다. 토요일은 완전히 탈진해서 온종일 자고, 다음날 동생과 함께 교회에 갔다. 처음으로 내 발로 자원해서 교회에 갔다. 사실 동생이 다니던 양재동의 교회는 4개월 전에 동생의 강권에 못 이겨 한 번 왔었다.

동생은 나보다 1년 먼저 교회에 나갔다.

모든 사람의 기대를 받았던 동생에게 대학 낙방은 큰 좌절이었다. 친구들은 서울대, 연.고대에 입학했지만, 동생은 서울대는커녕 지원한 4개 대학에서 모두 떨어졌다. 낙심한 동생은 혼자 강남역을 배회하다가 노방 전도하는 자매에게 붙잡혔다. 하필 엄청나게 집요한 전도꾼에게 걸려서 빠져나가지 못한 것이다.

자매는 크리스마스 이브에 교회에 오라고 동생을 설득했다.
그런데 동생은 크리스마스 이브에 교회에 가면 친구도 없는 한심한 사람으로 보일 것 같아서 크리스마스 날에 가겠다고 대답을 했다고 한다. 크리스마스에 가나 이브에 가나 친구가 없어 보이기는 매한가지인데, 똑똑한 동생이 왜 그런 황당한 생각을 했는지 이해가 안 된다. 그 모든 것이 우리 가족을 구원하시려는 성령의 인도하심이었으리라!

약속을 중요시하는 동생은 크리스마스에 교회에 갔다.

그리고 그때부터 무엇에 홀린 사람처럼 교회에 나갔다. 1월부터 재수 공부를 시작하면서 매일 저녁기도회에 참석했는데 얼굴이 점점 환해졌다. 그때부터 동생은 종종 내 방에 들어와서 '하나님을 사랑해서 행복하다'고 말했다. 그 말을 들을 때마다 나는 기분이 묘했다. 눈에 보이는 여자랑 사랑하기도 바빠 죽겠는데, 보이지도 않는 '신'을 사랑하다니 아무리 생각해도 동생이 제정신이 아닌 것 같았다.

그러나 동생이 절망감에서 빠져나와 기쁘게 재수를 하고 있으니, 동생이 믿는 신이 좋은 분인 것은 틀림없어 보였다. 게다가 나는 동생을 워낙 사랑했기 때문에, 동생을 대적하거나 내쫓지 않고 동생이 스스로 내 방에서 나갈 때까지 이야기를 다 들어주었다. 그러다가 결국 그해 8월에 교회에 끌려갔다.

억지로 교회에 끌려갔으니 영 쑥스럽고 어색했다.

그래서 예배당 오른쪽 제일 뒤에 있는 출입문 앞에 혼자 앉았다. 찬양이 끝나고 목사님이 강대상에 오르셨는데, 새 가족을 환영한다면서 내 이름을 부르셨다. 전도를 그렇게 잘 하는 교회에 그날따라 처음 온 사람이 나 하나뿐이었다. 앞에서 찬양하던 찬양팀들이 어느새 내 옆에 와서 섰고, 전교인 3백 명이 나를 향해 일제히 뒤로 몸을 돌렸다. 그리고 나를 향해 두 손을 활짝 펴더니 노래를 부르기 시작했다.

"당신은 사랑받기 위해 태어난 사람~"

세상에나! 어디를 봐야 할지, 누구를 봐야 할지, 숨은 어떻게 쉬어야 할지 하나도 생각이 안 나면서 머릿속이 하얘졌다. 인생 최고의 민망함을 경험했다. 바지에 똥을 싸도 그보다는 덜 민망했을 것이다.

그때 나는 그 사람들이 나한테 대체 왜 그러는지 이해할 수가 없었다. 나를 한 번도 본 적 없는 사람들이 내가 교회에 왔다는 사실에 기뻐서 어쩔 줄 모르겠다는 표정으로 노래를 부르고, 내 바로 앞에서 동생이 눈물이 그렁그렁한 채 코끝이 빨개져서는 감격에 겨워 노래를 부르고 있었다. 기쁨에 젖은 얼굴, 감격에 겨운 눈, 동생의 그 표정을 지금도 잊을 수 없다.

동생은 교회에 다니자마자 하나님과 첫 사랑에 빠졌다.

동생은 매일 '저녁기도회'에 참석했고 노방전도를 했다. 그리고 1년 동안 50명 이상 전도했지만 동생이 가장 전도하고 싶었던 사람은 나였다. 전도 대상자 리스트에 내 이름이 가장 첫 번째로 올라와 있었다고 한다. 동생이 나를 위해 어떻게 기도했고, 사람들에게 어떻게 기도 부탁했는지 모르겠지만, 성도들은 나를 다 알고 있었다. 내 얼굴을 모르는 어떤 청년들은 내가 옆에 있는 줄도 모르고 "오늘, 서욱이 형이 교회에 왔다면서?"라고 말하며 자기 일처럼 기뻐했다. 그때는 그 모든 것이 오글거리고 민망하기만 했다.

예배 후에 구역을 배정받았는데 거기에 생각지도 않았던 사람이 있었다. 교회에 나가기 직전에 세종대 친구 문성윤과 3대 2 소개팅을 했는데, 여자분들이 마음에 들지 않아 술 맛이 떨어졌다. 술 맛이 없으니 취하지 않았고, 그런 술을 마시는 것이 아까워서 여성분들을 일찌감치 안전하게 귀가시켜 드렸다. 그래서 친구와 둘이서 청승을 떨며 술을 마시는데, 우리 옆 테이블에서 두 남자가 제법 술을 맛있게 마시고 있기에 내가 호탕하게 합석을 신청했다. 한 명은 동갑이고 한 명은 형이었는데 다시 볼 사이도 아니었기 때문에 서로 부담 없이 신나게 술을 마셨다. 술값도 형이 내주셨기 때문에 우리는 부담 없이 2차까지 땡겼다. 그런데 그 동갑이었던 친구가 우리 구역에 있는 게 아닌가? 그도 1년 만에 교회에 왔다면서 나를 보더니 슬쩍 고개를 돌렸다. 서로 민망하고 어색한 가운데 나는 다시는 그 교회에 나가지 않겠다고 마음먹고 집으로 왔다.

하지만 4개월 후, 나는 하나님의 강권적인 역사를 경험하고 엉엉 울면서 내 발로 교회를 갔다. 모든 것이 하나님의 은혜이고, 또 동생의 눈물어린 기도 덕분이었다. 동생이 나를 포기하지 않고 기도했기에 우리 가족 모두 구원받을 수 있었다. 동생은 나를, 나는 부모님을 전도했다. 두 아들의 신앙생활을 반대하며 핍박하셨던 어머니는 지금은 매일 3시간씩 기도하는 중보자가 되셨다. 현재 어머니는 나와 필리핀을 위해서 매일 1시간씩 기도하신다. 그리고 2015년 5월 25일에 권사 직분을 받으셨다. 교회가 두 아들을 망쳤다며 망치를 들고 교회에 찾아가 불을 지르겠다고 하셨던 아버지 역시 같은 날 안수집사 직분을 받으셨다. 두 분 모두 매일 새벽 예배를 가시는 신앙인이 되신 것이다. 한 영혼을 위한 눈물의 기도는 절대로 땅에 떨어지지 않는다. 할렐루야!

100명 전도할 테니 방언 주세요

나는 초신자 때부터 불붙은 마른 장작처럼 뜨거웠다. 자살하려다 하나님을 만났기 때문에 처음부터 하나님께 올인했다. 그래서 주일에는 교회에서 살았다. 아침부터 문을 닫는 밤 11시까지 종일 교회에 죽치고 있었다. 교회 문화에 대해 아무것도 몰랐기 때문에 나는 구역원들을 따라 다니며 예배드리고 밥 먹고 성경공부도 참석했다.

교회에 나간 첫 주일에 저녁 식사를 끝낸 구역들은 교회로 다시 돌아와서 기도를 했다. 그런데 도저히 알아들을 수 없는 이상한 언어로 기도하는 게 아닌가?

그때의 충격은 잊을 수가 없다. 그 모습이 어찌나 거룩하고 특별해 보이던지 마치 그들만 하나님의 사랑을 듬뿍 받은 것 같았다. 그 모습을 본 후로 내 머릿속엔 온통 방언에 대한 생각뿐이었다.

둘째 주에 구역장 형과 편의점에서 라면을 먹으면서 1주일 동안 쟁여놨던 질문을 던졌다. 그때 나는 방언을 중국 영화에 나오는 무술처럼 생각했었다. 신비한 능력을 내뿜기 전에 고도의 집중력으로 엄청난 기를 끌어 모은 후에야 방언을 구사할 줄 알았다. 구역장 형은 나의 롤모델이 되었다.

나는 집에 돌아와서 동생에게 물었다.
"혹시, 너 방언할 수 있어?"
그러자 동생은 당연하다는 듯이 나를 보더니 방언을 했다. 그걸 보니 입이 다물어지지 않았다.

'아! 이놈도 하나님이 선택한 대단한 놈이구나. 다들 고수였구나!'

부러움이 폭발하면서 방언에 대한 간절함이 더욱 커졌다. 그 주 내내 나는 방언만 생각했다.

세 번째 주일이 되어 교회에 갔을 때 다 같이 점심을 먹었는데, 그 중 몇몇 청년들이 급하게 나가는 모습이 보였다. 점심을 빨리 먹고 오후예배 시간까지 막간을 이용해서 노방 전도를 하러 나가는 것이었다. 나는 기회를 놓칠까봐 얼른 그들을 붙잡고 어떻게 해야 방언을 받을 수 있는지 물었다. 처음엔 호기심이라 여겼던 청년들이 나의 진지한 표정을 보더니 적잖이 당황했다. 1달도 안 된 초신자에게 방언 받는 비법을 어떻게 설명한단 말인가? 그들 눈에도 내가 도무지 기도할 사람으로 보이지 않았는지 아무도 내게 기도하라고는 말하지 않고 서로 난감한 표정만 지었다.

그 분위기를 이기지 못하고 마지못해 동생이 내게 대답했다.

"방언 받는 건 쉬운 게 아니야. 형 같은 사람이 은사를 받으려면 하나님께 불쌍히 여김을 받든지 하나님을 기쁘시게 해야 해!"

그 말을 듣자 더 종잡을 수가 없었다. 불쌍히 여김을 받으라니? 대체 불쌍히 여김을 받는다는 것은 무엇인가? 내 멋에 취해 바람처럼 구름처럼 살았던 나에게 그 말은 방언만큼이나 이해하기 어려웠다.

그나마 다행인 것은 하나님을 기쁘시게 해도 방언의 길이 열린다는 것이었다. 나는 여자를 꼬시는데 일가견이 있었기 때문에 상대를 기쁘게 하는 것은 자신 있었다. 여자를 꼬시려면 그 여자가 좋아하는 것을 해주면 된다. 마찬가지로 하나님이 좋아하시는 것을 하면 분명히 하나님께서 기뻐하실 게 분명했다.

그래서 하나님이 제일 좋아하시는 게 뭐냐고 묻자 그 전해 전도왕이었던 형이 '전도'라고 대답했다. 그래서 "형은 작년에 몇 명을 전도했어요?"라고 물으니 100명을 했다고 대답했다. 그 말을 듣자 마음이 놓였다. 생각보다 쉬운 방법을 찾은 것 같아 속으로 쾌재를 부르며 '나도 100명을 전도하고 방언 달라고 해야지!'라고 다짐했다. 그리고 곧장 전도팀을 따라나섰다. 그때는 전도가 뭔지도 몰랐고 한 영혼을 인도하는 게 얼마나 어려운지도 몰랐다. 무식하니 용감하게 덤빈 것이다.

그때 그 교회 전도팀은 여자는 남자를, 남자는 여자를 전도하는 게 불문율이었다. 나는 초신자라서 영적으로는 도움이 되지 않아도 반반한 내 얼굴이 여자들에게 호감을 줄 거라 생각한 전도왕 형은 애송이인 나를 흔쾌히 받아주었다. 나도 나름대로 계산이 있었다. 전도에 있어서는 독보적인 존재라는 전도왕이라면 뭔가 신사적이고 세련된 노하우가 있을 것 같았기 때문에 두 번 생각하지 않고 그 팀에 따라붙은 것이다. 키도 작고 얼굴에 점도 많아 호감을 주는 외모가 아닌데도 그 형이 전도왕이 되었다면, 도저히 여자들이 거절할 수 없는 엄청난 비법이 있을 것 같았다. 하루라도 빨리 100명을 채우려면 그 최고의 비법을 전수받는 방법밖에 없었다. 나는 전도왕을 예의주시하며 면밀히 동태를 살폈다.

그런데 이게 웬일인가! 보고도 믿기지 않는 일이 내 눈앞에서 벌어졌다. 전도왕의 비법은 지나가는 여성에게 무턱대고 다가가서 "안녕하세요? 혹시 예수 믿으세요? 교회 다니시나요?"라고 묻는 게 전부였다. 깜짝 놀란 여자들이 형을 미친 사람 보듯 쳐다보며 도망가면 그 여자를 끝까지 따라가서 온갖 애교를 부리며 교회에 와달라고 통사정을 했다.

옆에서 보는 내가 더 민망하고 화끈했다.

나도 그 여자처럼 도망가고 싶었다. 내가 여자를 꼬실 때는 나름대로의 룰과 절차 그리고 예의란 게 있었다. 그런데 소위 전도왕이란 작자가 상대가 교회를 올 만한 여자인지 아닌지 파악도 하지 않은 채 막무가내로 달려들어 매달리다니! 21세기에 이런 미친 짓을 할 수가? 전도가 이런 미친 짓인 줄 알았다면 100명을 전도하겠다고 호언장담하지 않았을 텐데. 벌써 마음은 후회로 가득 찼다.

동시에 동생 얼굴이 떠올랐다.

동생도 작년에 50명을 전도했다는데. 그렇다면 이 수치와 모욕을 당하면서 했다는 게 아닌가? 학교에서는 수재였지만 거리에서는 미친 사람 취급을 받았을 것이라 생각하니 마음이 짠했다. 하지만 동생에 대한 마음은 그리 오래 가지 않았다. 전도는 내 발등에 떨어진 불이었다. 노하우도 없고 매뉴얼도 없는 무식한 방법으로 나도 100명을 채워야 한다는 생각에 아득하기만 했다. 그렇게 전도에 망연자실했던 내가 매년 60명 이상씩, 3년 동안 200명을 전도하고, 25살의 나이에 선교사가 되어 필리핀에 가게 될 줄 누가 알았을까? 사람을 변화시키는 하나님의 능력은 정말 놀랍다.

나는 처음에 2인 1조 전도팀에 깍두기처럼 끼어서 따라다녔다.

형들은 몇 번 시범을 보이더니 곧장 나를 실전에 투입시켰다. 내가 지나가는 여자에게 다가가서 "안녕하세요?"라고 인사하면 형들이 다가와서 "교회 다니세요?"라고 말하며 바통을 이어나갔다. 만약 교회에 안 다닌다고 하면 '때는 이때다!'하고 득달같이 달려들어서 "우리 교회에 한 번 와 보세요"하고 집요하게 설득했다.

우리는 주로 버스 정류장을 공략했다.

그래서 여자들은 우리를 피하고 싶어도 자리를 뜨지 못하고, 버스가 올 때까지 우리가 전하는 복음을 다 들을 수밖에 없었다. 상대의 반응에 아랑곳하지 않고 끈질기게 복음을 전하는 전도왕의 전도에 여자들은 질색했다. 옆에서 버스를 기다리는 사람들까지 혀를 차며 우리를 쳐다볼 때면 나는 쥐구멍에라도 숨고 싶었다.

그래도 방언을 받겠다는 일념으로 "안녕하세요?"를 반복했는데 한 다섯 번쯤 했을까? 성공적으로 인사를 하고 형들과 자리를 바꾸려고 뒤를 돌아봤더니 아무도 없었다. 나를 골탕 먹이려고 형들이 숨어버린 것이다. 너무나 당황스러워 얼굴이 벌게지고 식은땀이 흘렀다. 그 여성은 내가 무슨 말을 할지 기다리며 내 얼굴을 빤히 보고 있는데 내 머릿속은 점점 하얘졌다.

도망가고 싶은 마음은 굴뚝같은데 발이 땅에 붙은 것처럼 움직이질 않았다. 결국 용기를 내어 횡설수설하며 전도지를 읽어주었는데 뭐라고 했는지 기억도 안 난다. 그렇게 처음으로 내가 끝까지 전도를 하면서 나는 조금씩 전도쟁이가 되어갔다. 그때는 나를 향한 하나님의 큰 그림을 알지 못한 채 지나가는 여자들에게 어떻게 다가갈 수 있을지, 어떻게 조금이라도 더 말을 할 수 있을지 고민하던 햇병아리 초신자였다. 하지만 주님은 나를 현장에서 훈련시키시며 복음의 일꾼으로 만들어 가셨다.

기도하면 들어주신다고 했잖아요

교회를 다닌 지 1달이 지나고, 노방 전도를 시작한 지 2주가 넘었지만 방언할 기미는 전혀 보이지 않았다. 전도는 더 절망적이었다. 입이 닳도록 인사하고 복음을 전해도, 하루에 1명을 건지기가 어려웠다. 전도를 하면 할수록 100명이란 숫자는 크게 다가왔고, 하늘을 찌를 듯한 자신감은 자취를 감췄다.

풀이 죽어 예배를 드리는데 목사님께서 놀라운 말씀을 하셨다.
"하나님은 기도에 응답하신다!"

귀가 번쩍 뜨였다. 목사님 설교대로라면 기도야말로 하나님과 직통 핫라인(Hot Line)인데, 왜 아무도 내게 알려주지 않았을까? 진작 기도의 능력을 알았다면 '100명 전도'를 외치지 않고 전도할 시간에 기도를 했을 텐데.

그날부터 나는 저녁기도회에 참석했다. 기도회에 가니 우리 구역원들 8명이 함께 모여 있었다. 그 모습을 보니 배신감이 들었다.

'이런 배신자들을 보게나. 자기들은 방언을 받으려 기도회에 오면서 내게는 말해주지 않다니! 교회에도 믿을 사람이 없구나!'

혼자 비장한 표정으로 기도실에 들어서는 나를 보고 구역원들은 무슨 사단이 생긴 게 틀림없다고 생각했던 것 같다. 그래서 다들 나를 보며 '너 웬일이야?'라고 물으며 걱정 어린 표정을 지었다.

그런 그들에게 당연하다는 듯이 "나, 오늘 방언 받으러 왔어"라고 대답하자 다들 당황하며 어쩔 줄 몰라 했다. 방언 받고 싶어서 기도하러 온 것도 아니고, 방언을 받으러 왔다니! 마치 맡긴 것을 찾으러 온 사람처럼 너무 확신에 차서 말하는 나를 보며 구역원들은 큰일 났다 싶었는지, 다들 전전긍긍하며 나의 기대치를 낮추려고 한 마디씩 했다. 방언이 그렇게 한 방에 받아지는 게 아니고, 하나님이 허락하실 때 받을 수 있는 것이니 오늘이라고 기한을 못 박지 말고 주님의 때를 기다려 보자고 했다.

내가 방언을 못 받으면 실망하여 실족할까봐 걱정한 것인데 그 당시 철모르던 나는 그들의 심정도 모르고 '걱정도 사서 한다'고 생각했다. 심지어 교회만 오래 다녔을 뿐 믿음이 없다고까지 생각했다. 기도하면 반드시 들어주신다고 했는데 '왜 그리 토를 다나' 싶기도 했다. 그래서 자신만만하게 '나는 오늘 꼭 방언을 받겠다'고 말하고 구역원들 사이에 끼어 앉았다.

형식은 예배와 비슷했다. 찬송가, 사도신경, 목사님의 설교까지는 나도 아는 순서였다. 그런데 설교 후에 주기도문을 하는데 성도들이 갑자기 무릎을 꿇었다. 나도 기도 방석 위에 양반 다리하고 앉아 있다가 영문도 모른 채 무릎을 꿇었다. 문제는 그 다음이었다. 어떻게 기도해야 할지 막막했다. 동시에 곧 방언을 받을 거라는 기대감에 가슴이 두근거렸다.

"주여~ 주여~ 주여~"

'주여 3창' 소리가 내 귓등을 세게 후려치자 곧이어 여기저기서 뜨거운 방언이 터졌다. 그 방언 소리를 듣자 가슴에서 뭔가 북받쳐 올라왔다. 나도 모르게 "나도 방언 주세요"라고 기도했다. 놀랍게도 방언은 나오지 않았다. 하나님은 기도하면 들어주신다고 했는데 이게 웬일인가? 배운 것과 정반대의 일이 벌어졌다. 그 상황이 납득되지 않아서 나는 엎드려서 '왜 나는 안 주냐'고 고래고래 소리치며 당장 달라고 난리를 쳤다. 그렇게 10분 동안 하나님께 생떼를 부렸지만 아무 일도 일어나지 않았다.

잘못하다가는 우리 구역원들의 우려대로 방언을 못 받고 집에 가야 할 판이었다. 마음이 급해진 나는 하나님께 선택받은 사람 옆에서 기도하면 기도를 더 잘 들어주실 것 같아서 오른쪽 친구 곁에 바짝 붙어 앉았다. 친구의 방언 소리를 들으니 서러움이 북받쳐 눈물이 쏟아졌다.

"방언 주세요! 나에게도 방언을 달란 말이에요! 기도하면 주신다고 했잖아요!"

엉엉 울면서 기도했지만 여전히 내 혀는 꼬이지 않았다.

도대체 뭐가 문제일까? 오른쪽 옆에 있는 친구로는 부족하다는 생각이 들어 눈을 뜨고 주위를 둘러보니 왼쪽 친구가 더 믿음이 강하고 듬직해보였다. 얼른 방석을 왼쪽으로 붙이고 펑펑 울며 소리를 질렀다. 그래도 하나님은 응답하지 않으셨다. 겉으로는 믿음직스러워 보였지만 그 친구도 아니었다. 대체 누구 옆에서 기도를 해야 방언을 받을 수 있단 말인가. 그날 나는 방언 받을 것을 철썩같이 믿었기 때문에 내게 방언을 터지게 해 줄 믿음이 좋아 보이는 사람들을 찾아 이리저리 옮겨 다니며 기도했다.

바닥에 바짝 엎드려 열심히 기도하는 구역 친구를 발견하면 그 옆에 엎드려 그의 머리 옆에 내 머리를 바짝 붙이고는 "나도 애처럼 방언주세요! 방언 주신다고 했잖아요!"라고 소리소리 지르며 울었다. 그렇게 기도회 시간 내내 온 기도실을 헤집고 다니며 사람들의 기도를 방해했다. 정말 나는 미친놈이 분명했다. 그러나 처음 기도회에 온 나를 탓하는 사람은 없었다. 오히려 펑펑 우는 나를 걱정하며 다들 중보해 주었다. 지금 생각해도 참 감사하다.

5분씩 방석을 옮겨가며 눈물, 콧물을 흘리면서 부르짖고 통곡했지만 속절없이 시간만 지나갔다. 기도시간이 5분밖에 남지 않았을 때는 매 분마다 시계를 보며 절규하고 또 부르짖었다. 5분, 4분, 3분, 2분, 드디어 마지막 1분을 남기고는 아예 시계를 눈앞에 놓고 방언을 달라고 엎드려 울부짖었다. 그런데 갑자기 '번쩍'하고 불이 켜졌다. 기도시간이 끝난 것이다.

그때 받은 충격은 이루 말할 수 없다. 기도했는데 왜 못 받았을까? 기도하면 주신다는 것은 거짓말인가? 얼마나 용을 썼는지 손가락 하나 까닥할 힘이 없어 교회 기둥에 등을 대고 늘어져 있는데 처참하기 이를 데 없었다. 우느라 진을 다 빼서인지 온몸에는 기운이 하나도 없었다. 내가 너무 좌절하고 있으니 구역원들도 쉽게 다가오지 못하고 멀찍이서 나를 보며 난감해 했다. 그때 그들은 내가 시험에 들어서 교회에 나오지 않을까봐 걱정했다고 한다.

맞다. 그때 나는 깊이 좌절하고 절망했다. 하지만 기도를 포기하지는 않았다. 다음날도 나는 기도회에 참석했다.

"어제는 하나님도 방언을 줄 수 없는 피치 못할 사정이 있으셨으리라. 어제 안 주셨으니 오늘은 반드시 주실 것이다!"

굳센 믿음과 달리 그날도 그 다음날도 하나님은 응답하지 않으셨다. 그래도 나는 하나님이 반드시 나의 기도에 응답하시리라 굳게 믿고, 저녁마다 교회로 향했다. 방언은 터지지 않았다. 하지만 날마다 기도회에 참석하면서 조금씩 기도가 무엇인지 알게 되었고, 기도 시간도 점점 늘어났다. 몇 달 후에 나는 매일 3~4시간씩 기도하는 '기도하는 청년'이 되었다.

만약 첫 기도회에서 방언이 터졌다면 나는 '기도하는 청년'이 되지 못했을 것이다. 방언이라는 목표를 달성했으니 특별한 목표가 생길 때만 기도회에 나갔을 것이다. 즉시 응답하지 않은 하나님의 아름다운 침묵 덕분에 나는 기도의 청년의 될 수 있었다. 그 때 하나님의 침묵은 나를 기도의 사람으로 만들고, 하나님의 넘치는 복을 담기에 합당한 그릇으로 빚어나가기 위한 '인도하심의 침묵'이었다. 그리고 기도의 응답을 받지 못한 밤들은 결과적으로 하나님께 한 걸음씩 나아가게 했던 '축복의 밤'이었다.

저기요.. 교회 다니세요?

오매불망 방언이 소원이었던 나는 하나님과의 핫라인이라는 기도에서 응답을 못 받았기 때문에 전도를 멈출 수가 없었다. 기도와 전도 두 가지를 모두 열심히 하여 어떤 것을 통해서든 방언을 받고 싶었기 때문이다. 그래서 매일 저녁기도회를 마치고 노방전도를 나갔다.

　우리는 강남역 버스 정류장을 공략했는데, 버스 정류장을 택한 데에는 몇 가지 이유가 있다. 버스 정류장은 사람들이 도망갈 수 없는 전도에 최적의 장소였다. 특히 강남역은 수원, 안양, 분당, 성남, 수지 심지어 인천까지 가는 버스들이 전부 지나가기 때문에 우리가 그 도시들을 다니며 전도하지 않아도, 도시 순회 전도 효과까지 있었다. 전도 받은 사람들이 버스를 타고 떠나면 정류장은 새로운 사람들로 가득 채워졌다. 그곳은 10분마다 어항이 물갈이 되는 최고의 황금어장이었다. 그래서 우리는 1시간에 100명 이상의 사람들에게 복음을 전할 수 있었다.

　게다가 버스 정류장은 불빛으로 환했다. 주변에 사람도 많은데다 사방이 밝으니 두 남자가 접근해도 여자들이 어느 정도 안심했다. 밤에도 대낮같이 밝다보니 전도하는 우리도 전도대상자인 여자들도 서로의 표정을 잘 살필 수 있어서 전도에 유리했다. 많은 불신자들은 전도자의 얼굴을 잘 보려고 하지 않는데, 일단 눈이 마주치면 뿌리치고 가기가 어렵기 때문이다.

　그런데 우리의 얼굴을 보면 대부분의 여자들은 오히려 안심하였고, 우리가 말을 걸어도 방어적인 태도를 취하지 않았다. 기도회를 마친 후라서 기쁨과 평안으로 충만한 우리의 밝은 얼굴을 보고 무장 해제되는 여성들이 많았다.

　그렇다고 전도가 쉬운 것은 아니었다. 1단계인 '안녕하세요?'와 2단계인 '교회 다니세요?' 그리고 3단계인 '왜 교회에 안 다니세요?'까지는 일사천리로 진도가 나갔지만 4단계에서 항상 막혔다. 사람마다 교회에 안 다니는 이유와 다니다가 그만둔 이유가 천차만별이어서 대응하기가 여간 어려운 게 아니었다.

게다가 4단계부터는 복음을 요약해서 전해야 하는데 초신자가 뭘 안다고 복음을 전하겠는가? 전도지를 들고 거리에 나왔지만, 나도 전도대상자도 복음에 무지하긴 마찬가지였다. 오히려 교회를 다니다가 떠난 여성들이 나보다 성경 지식이 더 많았을 정도로 애송이 신자였으니 더 말해서 무엇하겠는가.

그러나 성경을 몰라서 당했던 부끄러움은 나의 열심을 이기지 못했다. 비웃음을 당하거나 말문이 막혀 얼굴이 벌게지기도 했지만 나는 개의치 않았다. 조롱을 당하고 멸시를 당해도 그 사람을 전도하기만 하면 하나님께서 기뻐하실 거란 생각에 누구든 한번 물면 절대 놓지 않았다. 오죽하면 그 당시 내 별명이 '공포의 빨간 점퍼'였을까. 전도를 시작했을 때가 겨울이었기 때문에 나는 항상 빨간색 점퍼를 입고 다녔는데, 그 옷을 입고 하도 여기저기 들쑤시고 다니다 보니 여성들 중에는 빨간색 점퍼만 봐도 슬금슬금 피하는 분들도 있었다.

생각해보면 여자들이 질색할 만도 했다. 나는 목표가 생기면 부끄러움을 던져 버리고 달려드는 성격이라 어떤 상황에서도 복음을 전했다. 술 먹고 비틀거리는 여자에게도 다가가 "저 혹시 교회 다니시나요?"라고 물었고, 눈과 혀가 꼬이고 다리가 풀린 여자가 꺼지라고 손사래 치며 토악질을 해도, 그 옆에 붙어 서서 "저기.. 제 말씀 좀 들어보세요. 어쨌든 예수를 믿으셔야 되거든요?"라고 말했다.

술 먹고 싸우는 연인들 사이에도 끼어들어서 "저기요. 싸울 때

싸우더라도 잠깐만요"라고 말하면 두 사람은 싸우던 것을 멈추고 '대체 이건 뭔가?'라는 표정으로 기막혀 하면서 나를 쳐다봤다.

그때 내가 "저기, 예수님이,,"하고 전도를 시작하면 두 사람은 언제 싸웠냐는 듯이 한 마음이 되어 나를 향해 욕을 퍼부었다. 버스 대기줄에서 빠져나와 담배를 피우고 있는 여자에게 다가가 복음을 전하다가 삿대질을 당한 적도 많았다.

내가 술 먹고 담배 피는 사람들에게 쉽게 다가갈 수 있었던 것은 나 또한 그들과 같은 처지였기 때문이다. 나는 교회를 다니며 뜨겁게 전도하고 기도하고 있었지만, 여전히 술과 담배를 끊지 못하고 세상에 다리를 걸친 채 살고 있었다. 그래서 술 냄새나 담배 냄새가 하나도 역겹지 않았고, 아무리 주사를 부려도 두렵거나 혐오스럽지 않았다. 오히려 그런 사람들을 볼 때 안타까운 마음이 더 컸다. 나와 그들이 겉보기에는 똑같이 술 마시고 담배 피우는 사람이지만 나는 점점 천국으로 다가가는 사람이고, 그들은 점점 지옥으로 향하는 사람처럼 느껴졌기 때문에 측은하고 불쌍하게 보였다. 그래서 나는 골초와 술주정뱅이들에게 더 열심히 복음을 전했다.

세상문화에 빠져 있는 그들은 나에게 신경질적인 반응을 보이기도 했지만, 집에 가는 동안이나 일주일 혹은 1달 사이에 문득 내 생각이 날지도 모른다. 그러면 하나님에 대해 좋건 싫건 한 번은 생각하게 될 것이다. 그런 식으로 교회에 나오는 사람들도 꽤 많았다. 그러니 거리에서 스치듯 복음을 들은 사람들 중에 교회에 나올 사람이 없다고 누가 장담할 수 있겠는가?

나는 온 천하에 씨를 뿌리겠다는 마음으로 복음의 씨를 뿌렸다.

여자들은 보통 2~4명이 함께 있는 경우가 많아서 하루에 100명은 거뜬히 만났다. 그 100명 중에 10명 정도는 내게 이름과 나이, 연락처를 알려 주었다. 그리고 10명 중에 1명은 빈 말일지언정 교회에 나오겠다고 약속했다. 그렇게 월요일에서 금요일까지 5일 동안 500명에게 복음을 전하고, 토요일에는 수첩에 적어놓은 50명에게 일일이 전화해서 다음날 교회에 오라고 설득했다. 그러면 50명 중에 1명은 교회로 왔다. 그렇게 1년 52주 동안 60명 이상씩, 3년 동안 200명 이상 교회로 인도했다. 내 역할은 전도한 여성을 그 나이에 맞는 구역으로 데려가서 구역장에게 넘기는데 까지였다.

그 다음은 그 구역장의 몫이었다. 구역장이 기도와 사랑으로 섬기고 관심을 기울이는 만큼 전도한 여성들은 교회에 잘 정착했다.

사실 내게 전도는 승률이 낮은 게임이었다.

여자를 꼬실 때는 백발백중이었는데 전도는 헛발질이 더 많았다. 토요일 저녁에는 많은 여성들이 술을 마시기 때문에 다들 술에 취해서 기분 좋게 교회에 오겠다고 약속하지만 취했을 때의 약속을 누가 기억하랴. 분명히 오전 9시, 11시, 오후 2시 예배 중에 하나를 선택하여 시간까지 약속했건만, 주일 오전에 확인 차 전화하면 오리발을 내밀거나 무작정 바람맞히는 경우가 허다했다. 예배 직전까지 기다려도 오지 않고 전화조차 받지 않는 사람들도 수두룩했다. 어쩌다 통화가 되면 술 마시고 약속한 것은 까맣게 잊고 '왜 또 전화했냐?'고 화내는 사람들이 대부분이었다. 심지어는 전화를 받아서 "지금 가고 있다" 혹은 "지하철이다. 곧 도착한다"라고 말하고는 전화를 꺼놓는 경우도 많았다.

온갖 이유를 대며 아무렇지도 않게 약속을 깨는 사람들과 약속을 하다 보니 나는 주말마다 애간장이 탔다. 약속을 받아내도 불안, 받아내지 못 해도 불안했다. 세상적으로 생각하면 그것처럼 어리석은 일도 없었다. 다른 사람이 교회에 오건 말건 왜 마음을 졸인단 말인가? 사람들이 하는 약속은 아무리 철석같이 약속을 해도 모래 위에 세운 집처럼 언제 무너질지 모르는 불안정한 맹세라는 것을 깨닫고 나서는, 주일마다 예배가 시작되기 직전까지 그들의 마음을 붙잡아 교회로 인도해 달라고 하나님께 매달려 기도하기 시작했다. 주일 아침에 샤워할 때도, 교회 가는 버스에서도, 교회에 와서 그들에게 확인 전화를 할 때에도, 약속 장소에서 기다리는 중에도 항상 새신자 때문에 예민했고, 영적으로 바짝 긴장된 상태로 지냈다.

그런 식으로 전도에 온 마음을 쏟았기 때문에 바람을 맞을 때마다 허탈했고, 한 명도 오지 않는 주일에는 종일 눈시울이 뜨거웠다. 밤에는 잃어버린 영혼 때문에 펑펑 울면서 기도했다. 그러면서 내 자신이 한탄스럽기도 했다. 수많은 크리스천들이 아름답고 행복한 주일을 맞이하는데, 나는 주일에 한 명도 전도하지 못 했다는 이유로 '하나님께서 잃어버린 영혼 때문에 얼마나 애타셨을까?'를 생각하며, 애태우고 눈물을 펑펑 흘리며 가슴을 칠 때마다 나는 왜 주일마다 이렇게 힘들어야 하나 답답하기도 했다. 그런 시간이 지나면서 나는 사람은 믿음의 대상이 아니라 사랑의 대상이며, 우리가 믿고 신뢰해야 할 분은 오직 하나님뿐이라는 것을 전도를 통해서 알게 되었다.

노방전도를 함께 한 형들은 내가 거리에서 여자들에게 다가가 인사만 겨우 하고 뒤로 물러났던 첫 주부터 전도자 명단에 내 이름을 올려준 고마운 분들이었다. 나는 비록 인사만 했지만 형들이 복음을 전하는 동안 옆에서 간절히 기도하며 도왔기 때문에 새 신자가 오면 전도자 이름에 내 이름도 올려 주었다. 처음 전도자 명단에 내 이름이 올랐을 때 정말 감격스러웠다.

'하나님이 제일 기뻐하시는 일에 나도 쓰임을 받게 되다니!'

하나님이 새 신자 영혼으로 인해 크게 기뻐하실 때 하나님은 반드시 나로 인하여서도 크게 기뻐하실 거라는 생각을 하니 기쁨이 솟구쳤다.

그러나 전도가 내게 기쁨만 안겨준 것은 아니었다. 전도할 때 가장 많이 경험한 것은 거절과 무시, 멸시, 비난, 핍박, 조롱, 배신 같은 것이었다. 하루는 버스 정류장에서 전도를 하고 있는데 옆에서 젊은 남자가 끼어들었다.

"여보세요! 나도 교회 전도사인데 제발 이런 식으로 전도하지 마세요. 요즘 세상에 누가 이렇게 무례하게 길에서 전도합니까? 공공장소에서 사람들 불편하게 하지 말고 가세요!"라며 정색했다. 그 말이 끝나기 무섭게 내가 전도하던 여성은 전도사님에게 "감사합니다!"하고 총총 사라졌다.

그럴 때마다 마음이 복잡했다. 그 여성은 전도사님에게 감사했을지라도 그 여성 안에 있는 영혼까지 전도사님에게 감사했을까? 전도사님 때문에 놓친 귀한 영혼은 어찌할 것인가? 그리고 나는 평신도라서 전도사님에게 뭐라 따지기도 어려웠다.

'저 전도사님이 믿는 예수님과 나의 예수님은 같은 분인가? 저 전도사님은 전도를 해보기나 했을까? 한 번이라도 전도해 봤다면 한 영혼을 살리는 것이 얼마나 힘든지 알 텐데. 그렇다면 이렇게 허무하게 사람을 보내지는 않았을 텐데. 도와주지 않을 것이면 옆에서 조용히 기도나 해 줄 것이지.'

생각할수록 서운하고 기가 막혔다. 우리의 전도 방식이 마음에 들지 않으니 다른 방식으로 해 보라고 권유를 했다면 마음이 그리 상하지는 않았을 것이다.

복음을 전하는 우리에게 무식하고 무례하다며 조롱하고 핍박하는 크리스천들이 꽤 많았다. 그들은 물에 빠진 사람에게 더러운 밧줄은 던지지 말라며 우리를 방해하는 사람과 다를 바가 없다. 그들은 '나는 깨끗한 밧줄이 아니면 던지지 않는다!'라며 스스로 의롭고 신사적으로 여기지만, 과연 물에 빠진 여성도 그렇게 생각할까? 더러운 밧줄은 한사코 던질 수 없다며 깨끗한 밧줄을 찾고 있는 남자를 보면서 물에 빠져 허우적거리는 여성은 무슨 생각을 할까? 그들은 마치 자기가 무법자로부터 여성을 보호해주는 흑기사인양, 우리가 전도하는 여성을 '복음으로부터 구원(?)'하는 분들이 종종 있었다. 그런 사람들을 만날 때마다 마음이 참 어렵고 힘들었다.

하지만 조롱과 핍박보다 전도의 기쁨이 더 컸다. 전도를 하면서 하나님의 기쁨과 천국의 잔치를 간접적으로나마 경험할 수 있어서 행복했다. 그 놀라운 일이 나로 통해 이루어진다는 것, 내가 하나님을 기쁘시게 하는 도구가 되었다는 것은 상상할 수 없이 가슴 벅찬 일이었다. 또한 전도에 실패할 때마다 잃어버린 영혼을 향한 하나님의 녹아내리는 마음과 예수님이 겪으셨던 심정을 조금이나마 경험해 보는 것도 큰 은혜였다. 그 은혜는 아버지의 깊은 마음을 이해하는 철 든 아들로 성장하게 만든 최고의 영적 성장 촉진제였다.

전도는 꿇는 무릎, 젖은 눈, 깨어진 가슴 없이는 불가능하다.
스티븐 옥포드의 말처럼 그 세 가지가 크리스천리더십의 진정한 근원이라는 것을 나는 초신자 때부터 전도를 통해 영으로 혼으로 경험했다. 그리고 한 영혼을 뺏고 빼앗기는 치열한 영적 전쟁을 겪으면서 전도자야말로 하나님 나라를 위해 싸우는 빛의 군사라는 깨달았다. 나는 전도를 통해 다양하고 깊은 은혜를 경험하면서 하나님을 더 신뢰하고 사랑하게 되었다.
물론 인간들의 악함과 강퍅함 때문에 참 많이 힘들었다. 하지만 영혼을 돌이킬 수 있는 분은 하나님뿐이시니 내가 할 수 있는 것은 그저 전하고 기도하는 것 밖에 없다는 것을 깨닫게 되면서, 나는 전도에 최선을 다하고 결과는 하나님께 맡기는 것을 배우게 되었다. 전도하러 나가서는 얼굴에 철판을 깔고 웃으면서 부지런히 전하고, 돌아와서는 그 영혼이 하나님께 돌아오도록 애태우며 기도하고, 틈틈이 나에게 전도의 지혜와 능력을 달라고 기도하는 것이 내가 할 수 있는 전부였다. 전하는 것과 기도가 전도의 시작이자 끝이라는 걸 점차 알게 되었다.

그런 깨달음은 주안장로교회의 나겸일 목사님의 설교와 1년에 1만 명을 전도한다는 안광자 권사님의 간증을 통해 얻어졌다. 전도가 힘들 때마다 나는 목사님의 설교와 권사님의 간증을 들으며 은혜 받고 스스로를 독려했다.

그리고 내게 진정한 힘과 용기를 주신 분은 하나님이셨다. 하나님은 전도에 성공해서 새 신자와 함께 교회로 오면서 설렜던 내 마음과 새 신자와 함께 예배드리는 내내 기쁨을 이기지 못하는 내 마음을 기뻐하셨지만, 한 명도 전도하지 못해서 구석에서 엎드려 신음하며 울었던 내 중심도 보셨다.

주일 1~3부 예배에 이어서 수요 예배까지 한 명도 전도하지 못하면, 목요일부터 나는 영혼을 향한 마음이 더 애절해져서 주님 앞에 눈물로 지냈다. 그러면 우리 하나님은 그 다음 주에 2~4명까지 보내주셨다. 그때의 기쁨은 이루 말할 수 없었다. 눈물로 씨를 뿌리고 기쁨으로 단을 거둘 때의 기쁨은 그것을 경험한 사람만 알리라. 그런 과정을 겪으면서 내 안에서 영혼을 사랑하는 마음이 자라기 시작했다.

방언 때문에 전도를 시작했지만, 전도 때문에 영혼을 향한 하나님의 애절한 사랑을 알게 되었으니 얼마나 큰 은혜며 축복인지 모른다. 그 은혜로 나는 한국에서 3년 동안 약 15,000명에게 복음을 전하며, 200명을 교회로 인도했다. 할렐루야!

저도 절하지 않겠습니다

 인하대학교 1학년 때 2번의 학사경고를 받고, 겨울 방학 때 하나님을 만났다. 2학년 때의 내 신앙생활은 한 마디로 좌충우돌이었다. 눈 옆을 가리고 질주하는 경주마처럼 나는 하나님을 기쁘시게 하는 것에만 몰두하며 질주했다. 다른 것은 눈에 보이지 않았다. 목사님의 설교를 그대로 믿었기 때문에 신앙은 순수했지만, 무조건 일직선으로 내달렸던 외골수 신앙 때문에 가족들, 특히 아버지와 많이 부딪혔다.

교회 생활을 한 지 1개월이 막 넘었을 때부터 우리 집안의 영적 전쟁이 시작됐다. 대대로 우리 집안은 불교였고, 명절을 포함해 증조할아버지, 증조할머니, 할아버지까지 1년에 5번 제사를 지냈다. 나는 어렸을 때부터 해 온 것이라 아무 거리낌도 없었고, 한국인이라면 당연히 제사를 지내야 한다고 생각했다.

그런데 동생이 예수를 믿고 나서부터 제사 때마다 절하지 않겠다고 했다. 당연히 집안 분위기는 살벌해졌고 어른들의 신경은 예민해지셨다. 제삿날 가족들이 큰집에 모일 때마다 항상 화기애애했었는데, 예수쟁이 동생 덕분에 화제가 기독교를 비난하는데 집중됐다. 배운 분들답게 모두 표현은 점잖았지만 항상 결론은 한국 사람이 왜 서양 종교를 믿느냐며 조상에 대한 효(孝) 정신이 없는 예수쟁이들이 문제라고 혀를 차며 끝을 맺었다(물론, 지금은 기독교를 좋게 생각하신다).

큰 집에는 2명의 형과 누나 1명이 있었.

독특한 세계를 추구했던 큰 형은 칭찬의 대상이었고, 만화를 그렸던 작은 형은 어른들의 걱정의 대상이었다. 지금은 '조이 라이드'라는 캐릭터의 만화를 그리는 유명한 만화가가 되었지만, 그때만 해도 어른들은 작은 형의 불투명한 미래를 걱정하셨다. 누나도 참

좋은 사람이었다. 손자 5명 중에서 공부를 제일 잘 해서, 연세대학교 공대생이 된 동생은 윤씨 집안의 유망주였다. 그랬던 아이가 갑자기 예수쟁이가 되어 이상한 고집을 피우자 어른들은 '제일 어린 놈이 미쳤다'며 다들 한마디씩 하셨다. 하지만 동생은 큰 집 부모님, 우리 부모님의 집중 포화에도 끄덕하지 않았다. 동생은 교회에서 '욥'이라 불릴 정도로 타협할 줄 모르는 원칙주의자였기 때문에, '제사도 잘 지내고 술, 담배도 잘하는 훌륭한 기독교인들이 얼마나 많은데 유별나게 고집 피우지 말고 제발 절을 하라'는 할머니의 간절한 부탁에도 침묵으로 버텼다.

덕분에 동생은 21살의 어린 나이에 윤씨 집안의 공공의 적이 되었다. 나는 그런 동생의 고집을 이해할 수 없었지만 동생을 공격하지 않았다. 우리 집안에서 동생에게 가장 큰 소망을 두며 그를 사랑했기 때문에 마음속으로나마 응원하며 그를 걱정했다. 동생은 뭐든 대충하지 않는 사람이라 분명 설명할 수 없는 무엇인가가 있을 거라 믿으며, 대화의 주제가 기독교에서 다른 것으로 빨리 넘어가기만 바랬다.

결국에는 나도 교회에 다니면서 동생과 같은 입장이 되었지만, 초신자였던 나는 제사에 대해 심각하게 생각하지 않았다. 그런데 설날이 다가오자 동생은 "형, 제사 때 절하는 것은 귀신과 우상에게 절하는 거야. 하나님은 그걸 제일 싫어하셔. 형도 크리스천이 되었으니까 절하면 안 돼!"라고 말했다.

나는 동생을 무한 신뢰했기 때문에 그 말을 듣고 '하나님이 제일 좋아하는 전도에 미쳐버린 내가 하나님이 제일 싫어하는 것을 어떻게 할 수 있단 말인가? 이제부터는 절하지 말아야지!'라고 다짐했다.

문제는 그 다짐이 얼마나 큰 영적 전쟁을 불러일으킬 줄 전혀 예상하지 못한데 있었다. 나는 동생이 1년 동안 절하지 않은 선례가 있었기 때문에 나도 그럭저럭 넘어갈 거라고 생각했다. 하지만 나는 동생과 입장이 달랐다. 당시 아버지는 큰아버지의 재산을 많이 가져다 썼음에도 불구하고, 부도를 맞아 돈을 갚을 수 없는 상황이셨다. 부도 이후로 아버지는 큰 집에 가지 않으셨기 때문에 우리 집의 장남인 내가 아버지를 대신하여 참석했다. 그런 비상시국에 내가 절하지 않겠다고 하면 집안에서 어떤 파장이 일어날지, 또 둘째 아들 집안의 장남이 예수를 믿고 영적 전쟁을 선포하면 사탄이 얼마나 화를 낼지에 대해 나는 전혀 예측하지 못 했다.

설날 아침이 되었을 때 동생은 바짝 긴장하고 예민해졌지만, 나는 사촌형들을 만난 기쁨에 들떠 있었다. 웃고 떠드는 사이에 제사상이 차려지고 드디어 절하는 시간이 되었다. 원래는 큰아버지와 아버지가 먼저 절을 하시고 사촌형들과 우리 형제가 절을 했었는데, 아버지가 못 오시게 된 후로는 한꺼번에 절을 했다. 큰아버지가 제일 오른쪽에 서시고, 그 옆으로 나이순으로 사촌형들과 우리 형제가 나란히 서서 절을 했다.

드디어 큰아버지께서 의복을 정제하시고 제사상 앞에 자리를 잡으셨다. 사촌형들과 누나는 큰아버지를 따라 자리를 잡고 섰는데, 나와 동생은 부동의 자세로 소파에 앉아 있었다. 내가 꼼짝하지 않으니까 모두의 시선이 나에게 쏠렸다. 상황을 이해하지 못하신 큰아버지는 눈을 둥그렇게 뜨시며 빨리 오라고 내게 눈짓하셨다.

그 모습에 당황한 나머지 나는 "저도,,,"라고 말할 뿐 말을 잇지 못했다. 술자리에서 조차도 흐트러지지 않으시고 일평생 말과 행동이 일치하시며 온유하고 부드러운 모습만 보이셨던 큰아버지께서 소파에 앉아있는 나를 보며 불같이 화를 내셨다.

당시 나는 예수를 믿은 지 1달이 막 지난 22살의 왕초신자였고, 지금과 달리 매우 우유부단했다. 나는 우리 집안에 기둥이셨던 큰아버지의 분노에 압도당해서 입을 뗄 엄두도 못 냈다. 동생처럼 '미친놈' 취급을 받으면서 부드럽게 넘어갈 줄 알았는데, 그런 귀한 귀한 은혜(?)가 내게는 임하지 않았다.

"당장 나가라!"

그날 처음으로 큰아버지의 격노를 보았다. 너무 놀란 나머지 우물쭈물하고 있는데 동생이 옆에서 벌떡 일어났다.

"예, 나가겠습니다! 형 가자!"

동생은 곧장 할머니 방을 향했다. 나도 얼떨결에 동생을 따라 일어났는데, 뒤통수에 큰아버지의 노기 띤 음성이 꽂혔다.

"방으로 가지 말고 밖으로 나가라!"

"예, 그럴 겁니다!"

큰아버지가 소리를 높이셔도 동생은 그에 굴하지 않고 당당했다. 신앙의 순결함과 원칙을 가장 중요시했던 동생도 보통 사람이 아니었다. 그길로 우리는 외투를 집어 들고 밖으로 나왔다.

위계질서가 확실한 우리 집안에서 있을 수 없는 일이 벌어졌다.

아버지가 초등학교 6학년 때 할아버지께서 돌아가셨는데 그때 고 등학교 2학년이셨던 큰아버지가 할아버지 대신 집안의 가장 역할 을 맡으셨다. 할머니는 바느질 삯으로 생계를 이으셨고, 큰아버지 는 독하게 공부하셔서 서울대 상대에 입학하시며 집안을 일으키셨 다. 그래서 우리는 큰 나무를 보듯 큰아버지를 우러러보며 존경했 었다. 큰아버지는 항상 우리를 따뜻하게 대해 주셨는데, 감히 우리 가 그분께 대드는 대형 사고를 친 것이다.

막내인 동생은 그렇다 치더라도 중심을 잡아야 할 둘째 집안의 장남까지 예수에 미쳐서 동생과 함께 뛰쳐나갔으니 큰아버지께서 얼마나 상심하셨을까. 그 속도 모르고 우리는 밖으로 나와서 폼을 잡고 낄낄거리며 웃었다. 격앙된 감정이 가라앉으니 예수 믿은 지 얼마 되지도 않은 우리가 그렇게 큰 영적 전쟁에서 담대히 맞섰다 는 게 대견하고 신기했다.

설날 오전이라 구멍가게도 모두 문을 닫아버려 우리 형제는 찬 바람을 맞으며 썰렁한 골목길을 걸었다. 살을 에는 듯한 추위에도 불구하고 우리는 뭔가 대단한 일을 마치고 돌아온 영웅처럼 뿌듯 했다. 낭만파였던 나는 롱코트의 깃을 세우고 입김까지 불며 그 분 위기를 즐겼다.

그런데 긴장이 풀리자 허기가 몰려왔다. 제사를 지내야 밥을 먹 을 수 있는데 도중에 깽판을 치고 나왔으니, 밥은커녕 물 한 모금 도 못 마시고 나와서 뱃속에서 난리가 났다. 그렇다고 큰 집으로 돌아갈 수도 없고, 아버지 혼자 계시는 우리 집으로 갈 수도 없었다. 우리는 교회 근처에 전도왕의 고시원으로 가서 자초지종을 설명하고, 함께 교회 식당으로 갔다. 그리고 남은 찬밥을 찾아서 고추장에 비벼 먹으며 낄낄대고 즐거워했다.

그때였다. 큰아버지께서 집으로 오셨으니 빨리 오라는 전화가 왔다. 다 끝난 줄 알았는데 진짜 전쟁은 그때부터였다. 우리는 일단 부딪혀 보자고 격려하며 서둘러 집으로 갔다.

다행히 큰아버지는 더 이상 화내지 않으셨다. 큰아버지의 놀라운 절제력에 오히려 우리가 깜짝 놀랄 정도였다. 큰아버지는 그렇게 큰일을 저지른 우리가 다시 절을 할 것이라고 기대하지 않으셨는지 좋은 말로 타이르시고 돌아가셨다.

문제는 아버지였다. 큰아버지의 방문으로 아버지의 입장이 더욱 곤란해지셨다. 가뜩이나 형님을 볼 면목이 없는데, 자식들까지 사고를 쳤으니 입이 열 개라도 할 말이 없어지셨다. 할머니는 바닥에 주저앉아 "이 일을 우짜노"하며 우셨고, 어머니는 옆에서 "죄송합니다!"를 연발하셨다. 큰아버지께서 조용히 떠나신 후 아버지가 폭발하셨다.

"이제 너희는 내 아들이 아니다. 인감을 파버리고 족보에서도 빼버리겠다. 오늘 나는 두 아들을 잃었으니 도끼로 너희 목사 머리통을 쪼개버리고 교회도 다 불태울 끼다!"

아버지는 불같이 화를 내시며 뛰어나가셨고, 순식간에 집안은 개판이 되었다.

일이 걷잡을 수 없이 커지자 우리 형제는 급히 교회 리더들에게 전화로 도움을 요청했다. 감사하게도 리더들은 "목사님께서 지혜로

우시고 하나님이 함께 하시니 걱정하지 말고 기도하자"며 되레 우리를 위로해주었다. 아침에는 큰 집에서 쫓겨나고 오후에는 우리 집에서 쫓겨났는데, 아버지 때문에 그 다음날에는 교회에서까지 쫓겨날까봐 잔뜩 긴장했다가 리더들의 위로를 듣자 안도의 한숨이 나오면서 마음이 가라앉았다. 그날 오후에 아버지는 목사님을 만나셨지만, 하나님의 은혜와 목사님의 지혜로운 말씀 덕분에 아무 일도 일어나지 않았다.

하나님의 역사로 급한 불은 껐지만 초신자였던 나에게 그날은 결말을 예상할 수 없는 드라마처럼 긴박한 하루였다. 단지 하나님이 싫어하는 것을 하지 않았을 뿐인데 그에 대한 대가가 너무 컸다. 큰아버지를 비롯해 가족들을 크게 실망시켰고, 아버지와의 불화가 시작됐다. 하지만 하나님은 실망시키지 않았다는 뿌듯함이 생겼다. 그리고 하나님만 전심으로 의지하면 나 같은 졸보도 담대하게 영적 전쟁에서 승리할 수 있다는 것도 배웠다. 적어도 사람이나 세상이 두려워서 하나님이 싫어하시는 일을 하지는 않으리라! 주님은 그 일을 통해 내 마음 속에 '하나님을 향한 두려움 없는 사랑'을 부어 주셨다.

"형제들아 세상이 너희를 미워하여도 이상히 여기지 말라. 우리는 형제를 사랑함으로 사망에서 옮겨 생명으로 들어간 줄을 알거니와 사랑하지 아니하는 자는 사망에 머물러 있느니라"(요한일서 3: 14-15)

이 멋진 분께 내 인생을 드려야지

예수님을 믿고 드라마틱한 설날을 지낸 후 주일을 맞았다. 하필이면 설 다음 날이 주일이었기 때문에 교회 갈 일이 걱정이었다. 아침에 일어나 보니 할머니는 걱정으로 밤을 새셨고, 아버지는 연신 담배를 피며 한숨만 내쉬고 계셨다. 세종대 입학 원서를 썼던 날처럼 밤새 담배를 피셨는지 탁자 위에 꽁초가 수북이 쌓였다. 어머니는 녹초가 되셔서 일어나지도 못하셨다. 맘 편하게 푹 자고 일어난 우리 형제가 민망할 만큼 집안은 초상집 분위기였다. 그 모습을 보자 차마 교회에 가겠다는 말이 나오지 않았다.

우리는 시간차를 두고 각각 나가기로 하고 머리를 굴려 핑계 거리를 찾았다. 마침 대학 합격자 발표를 앞두던 때라 동생은 서울대학교 교수로 계시는 친구 아버지께 합격 여부를 알아보기 위해 나가야 한다며 당당하게 집을 나섰다. 말도 안 되는 핑계였지만 둘째 아들의 서울대 합격을 학수고대하셨던 부모님은 감쪽같이 속으셨다. 심지어 교회 가는 동생의 어깨를 두드리며 격려까지 해 주셨다.

그 다음은 내 차례였는데 아무리 생각해도 묘안이 없었다.
그런데 불행인지 다행인지 그날 아침부터 마른기침이 나왔다. 처음에는 한두 번 캑캑거리더니 아침밥을 먹고 나자 숨쉬기가 힘들 정도로 증상이 심해졌다. 부모님은 좀처럼 멎지 않는 기침을 걱정하셨고, 덕분에 나는 약을 지어오겠다는 핑계로 집을 나왔다. 그런데 이게 웬일인가. 집을 나오자마자 마른기침이 딱 멈추는 게 아닌

가! 할렐루야~

내 인생에 첫 기적이었다. 그러나 그때는 기적을 경험한 놀라움보다 교회에 갈 수 있다는 안도감에 나는 정신없이 버스 정류장으로 달려갔다. 아직 버스는 오지 않았다. 나는 여느 때처럼 담배를 꺼내 물고 정신없이 빨아들였다. 나는 하루 담배 2갑을 해치우는 골초였기 때문에 주일에 담배를 참는 게 가장 고역이었다. 그래서 주일 아침에 버스를 기다리면서 보통 담배 3~4개비를 몰아서 태웠다.

10분쯤 기다렸을까. 사거리 끝에 내가 타야 할 버스가 좌회전 신호를 기다리고 있는 게 보였다. 버스가 오기 전에 한 모금이라도 더 피우기 위해 담배를 힘껏 빨아들이는데, 갑자기 통성기도 시간이 생각났다. 그 전 주일에 교회의 큰 문제가 생겨서 온 성도가 축도 직전에 3분 동안 통성기도를 했는데, 정말 생뚱맞게도 '오늘 통성기도 시간에 방언을 받을 수 있겠구나!'라는 희한한 확신과 느낌이 들었다.

성령의 감동으로 그런 생각이 난 것인데 그때는 그런 것도 몰랐다. 그저 예배 시간에 늦지 않고 두 형제가 모두 무사히 하나님께 예배를 드릴 수 있게 된 것만으로도 충분히 감격스러웠다. 은혜로운 설교가 끝나고 드디어 통성 기도 시간이 되었다. 그런데 그날따라 목사님께서 교회 상황이 너무 심각하니, 오늘은 절대 개인 기도를 하지 말고 오직 교회를 위해서 기도하자고 하셨다.

목사님의 말씀을 듣자 적잖이 실망스러웠다. 버스 정거장에서 그날 통성기도 시간에 방언을 받을 것 같은 기분이 너무 강했기 때문에 내심 통성기도 시간만 기다렸는데, 개인 기도를 하지 말라고 하시니 '오늘도 또 글렀구나!' 싶었다. 하지만 하나님의 종께서 하신 말씀을 거역할 수는 없으니 순종하기로 결심하고 교회를 위해 전심으로 기도했다.

그런데 1분 정도 열심히 기도를 하는데 이상하게 온 몸이 뜨거워졌다. 얼굴에서 땀이 줄줄 흘러내리고 혀가 꼬이더니 이상한 말들이 정신없이 쏟아져 나왔다. 내게 뭔가 일이 일어나고 있는 게 틀림없었다. 나는 옆에 앉은 구역원들이 듣지 않도록 하기 위해 코트 깃을 세우고 장의자 바깥쪽으로 몸을 틀고 기도했다. 마치 몸 안에 불덩어리가 있는데 그것이 입으로 입에서 쏟아져 나오는 것 같았다.

그렇게 3분간 불같은 방언기도를 마치고 고개를 들자 옆에 앉았던 자매가 놀란 눈으로 나를 쳐다봤다. 온몸이 땀으로 흠뻑 젖은 데다 얼굴이 새빨갛게 달아올라 있으니, 몸에 탈이 났다고 생각했는지 나에게 말을 걸었다.

"너 괜찮아?"

자매의 걱정 어린 표정을 보면서 나도 모르게 "나 방언 받았어!"라고 대답했다.

통성기도가 끝나고, 모든 성도가 찬송을 하기 위해 일어났다. 찬송 다음에 축도로 예배가 끝날 테지만, 동생에게 이 소식을 조금이라도 빨리 전해주고 싶었다. 우리 구역은 오른쪽 앞이었고 동생 구역은 왼쪽 뒤였기 때문에 거리상으로 가장 멀었지만, 나는 동생이 나를 보길 바라며 동생을 뚫어지게 쳐다봤다. 마침내 동생이 찬송가를 부르다가 내 쪽으로 봤고, 우리는 눈이 서로 마주쳤다. 나는 때를 놓치지 않고 입을 크게 벌려서 천천히 말했다.

"방.언. 받.았.어!"

그러자 동생도 입만 크게 벌려 "누.가?"라고 물었고 나는 손으로 나를 가리켰다. "나!"라고 대답하는 순간 기분이 째지는 것 같았다.

목사님께서 안식년을 마치고 돌아오신 이후로 약 반년 동안 교회에서 방언을 받은 사람이 나오지 않았다. '한 사람만 방언이 터지면 줄줄이 터질 텐데..' 하는 마음으로 청년들은 모이기만 하면 방언을 위해 기도했지만 아무도 물꼬를 트지 못했다. 청년들 사이에 누가 제일 먼저 방언을 받을지가 초미의 관심사였는데, 그 오랜 침묵을 깬 첫 타자가 바로 나라니 믿어지지가 않았다. 축도가 끝나자마자 우리 형제는 예배당 뒤로 뛰어가 서로 끌어안고 펄쩍펄쩍 뛰었다.

"형 빨리 해봐! 빨리 빨리" "야리야리야리 야리야리야리" "와!"

내가 방언을 하다니, 세상을 다 가진 것 같았다. 목사님께 알려드리고 싶은 마음에 한 걸음에 달려가서 성도들과 인사하느라 바쁘신 목사님 앞에서 펄쩍펄쩍 뛰며 말씀드렸다.

바로 전날 아버지의 불편한 방문을 받으신 목사님께 먼저 사죄를 드렸어야 했는데, 방언의 기쁨에 들떠서 그런 것도 다 잊어버리고 미친 사람처럼 방언을 받았다는 말을 몇 번이나 반복했다. 정신이 반쯤은 나가 있었던 게 틀림없다. 목사님은 J전도사님께 방언인지 확인 받으라고 하셨고, 전도사님은 '방언이 맞다'고 하시며 축복

기도를 해 주셨다.

'아! 드디어 나도 하나님께 선택받은 자로 인증되었구나!'

전도사님의 축복기도까지 받으니 그 기쁨을 주체할 수 없어서 우산도 없이 비오는 거리로 뛰쳐나갔다. 아무리 생각해도 하나님은 멋진 분이셨다. 100명을 전도하겠다고 큰소리치며 약속했지만 그때까지 고작 6명만 전도했는데, 내가 제사상에 절하지 않을 것을 보시고 방언을 주시다니! 그 작은 순종에 예기치 않은 큰 선물을 주신 하나님은 나의 진심을 귀하게 여겨 주시는 멋진 분이셨다.

내가 처음 경험한 하나님은 '멋있는 하나님', '승리의 하나님', '귀신에게 절하지 않은 나를 지켜보신 하나님'이셨다. 교회에 온 지 1달 남짓, 그 짧은 시간에 내 인생에 강하게 개입하신 하나님을 생각하니 마음 깊숙한 곳에서 감동이 요동치며 눈시울이 뜨거워졌다. 하나님이 이렇게 멋있는 하나님이라면 내 인생 전부를 드려도 아깝지 않을 것 같았다. 아니, 오히려 내 인생에서 최고의 선택이 될 것 같았다. 하늘을 올려다보고 쏟아지는 비를 맞으며 나는 내 인생을 하나님께 다 바치겠다고 다짐하며 기도했다.

"너희 안에서 행하시는 이는 하나님이시니 자기의 기쁘신 뜻을 위하여 너희로 소원을 두고 행하게 하시나니"(빌립보서 2:13)

청년들의 예상대로 한 사람이 물꼬를 트고 나자 청년들 사이에 방언의 역사가 일어났다. 하나님께서 방언을 허락하시는 순서를 보면서 역시 하나님의 생각은 우리와 다르며 그 길은 높고 창대하다는 것을 깨달았다(사 55:8~9). 나는 방언을 능수능란하게 하는 구역장 형과 동생을 보면서 나도 방언받기를 간절히 소원했지만, 과연 세상에서는 인간쓰레기요 집에서는 인간말종이요 교회에서는 초신자인 내게 하나님이 방언을 주실지 확신이 서지 않았다. 게다가 믿음 좋다던 청년들도 못 받고 있으니, 방언을 받는다 해도 내 순서는 제일 뒤라고 생각했다.

그래서 우리 구역 식구들 4명이 함께 손잡고 무릎 꿇고 기도할 때마다 "하나님, 얘들 먼저 방언을 주시고 저는 제일 마지막에 주세요!"라고 기도했다. 만날 때마다 그 기도를 간절하게 하니까, 나중에는 구역원들이 말렸다. 구역원들은 본인들은 그동안 기도를 많이 쌓아놨지만, 나는 갈 길 바쁜 초신자니 내 기도부터 열심히 하라고 권면했다. 그러나 내게는 다른 속셈이 있었다. 앞차가 빠져야 뒷차가 빠질 게 아닌가? 그들이 빨리 방언을 받아야 대기표 번호가 한참 밀려있는 내게도 기회가 있을 거라 생각하고 중보에 열심을 냈던 것이다.

그런데 하나님께서는 가장 초신자이며, 세상에서 쓰레기 같은 인생을 살았던 나에게 방언을 제일 먼저 허락하셨다. 이로 인해 청년들 사이에 비상이 걸렸다. 술, 담배도 못 끊은 초신자가 방언을 받았으니, 믿음 좋기로 소문난 청년들의 면이 안 섰던 것이다. 그때부터 청년들은 진짜 독하게 기도하기 시작했다.

묘하게도 방언 터지는 순서가 믿음이 좋다는 평판과는 반대로 흘렀다. 교회 끈은 길어도 항상 문제덩어리였던 오OO 자매는 적어도 본인이 나보다는 낫다고 자부했었다. 그런데 내가 방언을 받으니, 오OO 자매는 독하게 기도하더니 며칠 만에 방언을 받았다.

며칠 후에는 오 자매를 문제아 취급하던 구역의 훌륭한 일꾼이 받았다. 구역원들이 다 받으니 구역장 형의 오른팔이자 권찰이었던 강OO 자매의 입장이 말이 아니었다. 순한 성격의 강 자매가 얼마나 독하게 기도를 했는지 즉시 방언을 받았다. 2주도 못 되어 우리 구역에서 4명이나 방언을 받았다. 다음날 강 자매의 단짝 친구이자 79년생들 중에서 유일한 구역장이었던 오정민 자매(훗날 선교사가 되다.)까지 방언을 받았다. 몇 년 동안 미지근하게 기도했던 자매들이 2주 안에 전부 하늘을 열었다.

하나님은 약한 자를 들어 강한 자를 '매우' 부끄럽게 만드시며, 경쟁심을 이용해 기도의 불이 붙게 하셨다. 방언에 대해 계속되는 역방향의 은혜가 리더들을 겸손하게 했고, 주를 섬기는 것이 우리의 '열심'이 아니라, 주의 '은혜'로만 가능하다는 것을 깨닫게 하셨다.

이 이야기는 한동안 청년들의 대화에서 단골 메뉴가 되었다. 주 안에서는 높은 자도 없고 낮은 자도 없고, 오직 은혜 받은 자만 있다는 것을 '방언의 교훈'을 통해 알게 되었다. 초신자 시절에 가장 좋아했던 '나중 된 자도 먼저 될 수 있다'(마 19:30) 말씀을 이때부터 인생 내내 경험하게 되었다.

세례 받으면 담배 끊을게요

 오매불망 소원했던 방언을 예기치 않은 순간에 너무 극적으로 받아서였을까? 방언을 받은 흥분이 점차 불안으로 변했다. 갑자기 받은 방언이 홀연히 사라질까봐 전전긍긍하며 초조해졌다. 교회에서는 잘 터졌지만 교회 밖에서는 안 될까봐 문을 나서자마자 중얼거리면서 방언을 해 보고, 길에서도 집에서도 화장실에서도 장소를 바꿔가며 수시로 방언을 했다. 하룻밤의 꿈처럼 잠자고 일어나면 방언이 사라질까 두려워서, 잠들기 전까지 방언기도를 하고 아침에 눈 뜨자마자 방언부터 확인했다.

방언을 받고 즉시 술을 끊었다. 새 술에 취했으니 옛 술은 버려야겠다는 생각 때문이었다. 나는 20살 때부터 맨 정신으로 밤거리를 걷는 게 매우 어색할 만큼 매일 술에 절어 살던 술고래였다. 그런 사람이 스스로 술을 끊었으니 그것이야말로 전적인 하나님의 은혜였다. 금주를 결단하면서 갖고 있던 주식을 다 처분하여 그 돈 전부를 하나님께 드렸다. 내 술값을 대주던 화수분을 몽땅 하나님께 드린 것이다. 고등학교 3학년 수능을 마치고 우연히 소액으로 주식을 시작했는데, 그 재미가 쏠쏠하여 부족했던 술값에 꽤 도움이 되었다. 그런 주식을 처분했다는 건 그동안 내가 사랑했던 향락 문화를 끊겠다는 단호한 결단이었다.

그런데 담배는 쉽지가 않았다.

내게 술은 밥이었지만 담배는 호흡이었기에 금연은 불가능해 보였다. 사람이 밥은 안 먹어도 며칠 살지만, 숨을 안 쉬면 몇 분 안에 죽지 않는가? 술은 적절한 타이밍을 보고 있었을 뿐, 진작 끊을 생각을 하고 있던 터였다. 다만 담배는 조금이라도 더 오래 피울 요량으로 세례 받는 날 금연하기로 결심했다. 세례 교인이 되면 어쩔 수 없이 담배를 끊어야 되지만, 그전에는 하나님도 봐 주실 거라는 이상한 논리를 세우며 내 멋대로 유예기간을 정해 버렸다. 그런데 사람이 한 치 앞을 모른다고, 100명 전도하면 달라고 했던 방언을 세례보다 먼저 받게 될 줄이야!

그런데 나의 경우는 세례도 생각보다 빨리 받게 되었다. 원래 교회에 등록하고 6개월이 지나야 세례를 신청할 수 있었다. 그런데 동생 손에 이끌려 1999년 8월에 한 번 교회에 왔을 때 동생이 나를 교인으로 등록해 버려서, 정식으로 교회를 다닌 것은 석 달이 채 안되었지만 나에게 세례 자격이 생겨 버렸다. 세례를 신청했지만 세례 날까지 아직 시간이 있으니 마음 놓고 담배를 즐기고 있었다.

그런데 덜컥 방언을 받았으니 이젠 어쩌면 좋단 말인가. 담배를 피우고 싶은 마음과 방언을 하고 싶은 마음이 팽팽히 맞서서 흡연 욕구가 생길 때마다 괴로웠다. 방언을 받기 전에는 담배를 피울 때마다 성경책만 해결(?)하면 그만이었다. 처음에 술, 담배 냄새를 풀풀 풍기면서 성경책을 끌어안고 펑펑 울고 나서 교회로 나왔기 때문에 성경책 앞에서는 도저히 연기를 뿜을 수 없었다. 그래서 책상에 고이 모셔둔 성경책을 침대 위로 옮겨놓고 이불을 덮은 후에 등을 돌리고 "하나님, 너무 걱정 마세요. 저 곧 담배 끊어요! 저 아시잖아요? 세례까지 며칠만 더 봐 주세요!"라고 식사 기도하듯 기도하고 담배를 피웠다. 그리고 꽁초를 다 끄고 나서 성경책을 책상 위로 옮겨놓았다.

그런데 방언을 받고 나서는 담배를 피울 때마다 찜찜했다. 때와 장소를 가리지 않고 쉴 새 없이 방언을 하고 다녔기 때문에 담배와 방언 중에 하나를 택하기가 참 어려웠다. 결국 담배를 빨고 연기를 뱉을 때는 방언을 했다.

"후~ 바바디야 바바디야~"

주일 아침에도 버스정류장에서 버젓이 성경책을 옆구리에 낀 채 연기를 뿜으며 방언을 했으니 나는 정말 인간말종이요, 인간쓰레기였다. 나 같이 더러운 인간을 버리지 않으시고 끝까지 인도하시는 하나님의 은혜를 어떻게 조금이라도 갚아드릴 수 있을까!

거룩한 하나님 앞에서 망령되이 굴었던 철없는 행동이 큰 죄라는 것을 세례를 받고 몇 달이 지나서야 깨달았다. 방언 은사를 받은 후에 다른 은사를 사모하면서 밤마다 애타게 기도했지만 어떤 역사도 일어나지 않았다. 서프라이즈 상을 종종 받았던 나는 당황스러웠다.

하나님이 왜 갑자기 내게 인색해지셨는지 고민하며 묻고 또 물으니, 버스정류장에서 담배 연기를 길게 뿜으며 방언하던 모습이 떠올랐다. 얼마나 죄송했던지 무릎 꿇고 진심으로 회개하며 용서를 구했다. 그렇게 천방지축이었던 나를 하나님은 조금씩 하나님의 사람으로 자라게 하셨다.

루저에서 상위 1%가 되다

교회를 다니면서 크게 놀란 두 가지가 있다.

하나는 천국과 지옥이 진짜로 존재한다는 것이었다. 나는 인생은 한 번 뿐이고 죽으면 나라는 존재는 없어진다고 믿었다. 그래서 내가 바라던 대통령이 못 되느니 차라리 죽는 게 낫겠다고 생각해서 자살을 결심했었다. 그런데 그때 하나님께서 나를 찾아오시지 않았다면 나는 스스로 목숨을 끊음과 동시에 영원한 지옥 불에서 비명을 지르며 발버둥치고 있을 것이 분명했다. 그 생각을 하니 등골이 오싹했다.

또 하나는 천국에는 상이 있는데 각자 상이 다르다는 것이었다. 이것은 천국과 지옥이 존재하는 것보다 내게 더 충격적이었다. 가뜩이나 후발주자로 교회에 나왔기 때문에 따라잡아야 할 게 한두 가지가 아닌데 상급까지 각각 다르다니! 그렇다면 하나님께 아무 것도 한 것이 없는 왕초신자로 죽는다면 천국에 가더라도 한쪽 구석에서 완전히 쭈그러져 있어야 할 게 아닌가?

한 번 가면 되돌아 올 수 없는 영원한 본향에 빈손으로 들어갈 생각을 하니 정신이 번쩍 들었다. 잔칫집에도 빈손으로 가면 잔치가 끝날 때까지 민망해서 몸 둘 바를 모르는데 천국은 오죽하랴? 세상에서도 꿈을 이루지 못하고 실패한 채로 하나님께 왔는데, 천국에서까지 밑바닥으로 살 수는 없었다. 비록 대통령이 되겠다는 꿈은 접었지만, 천국에서만큼은 왕 같이 영광스럽게 살리라 다짐하고 또 다짐했다.

그런데 어떻게 해야 상급이 크단 말인가? 나는 성경에서 답을 찾았다.

"나로 말미암아 너희를 욕하고 박해하고 거짓으로 너희를 거슬러 모든 악한 마을 할 때에는 너희에게 복이 있나니 기뻐하고 즐거워하라.

하늘에서 너희의 상이 큼이라. 너희 전에 있던 선지자들도 이같이 박해하였느니라"(마 5:11-12)

나는 곧 '예수님으로 인한 핍박'을 받음과 동시에 '하나님이 기뻐하시는 일'에 전력투구하기로 했다. 예수를 믿는 신앙생활 자체가 세상으로부터 핍박의 연속이었지만, 특별히 전도할 때 핍박과 조롱을 집중적으로 받았다. 전도는 핍박과 기쁨을 동시에 충족하니 상급에 있어서 최고의 양쪽 날개였다. '질'이 중요하기 때문에 나는 가장 핍박이 많고 또 하나님이 가장 기뻐하시는 일인 '전도'를 놓지 않고, '양'으로도 승부하기 위해 주일은 물론 평일에도 모든 저녁기도회에 다 참석하고, 음치와 박치 주제에 성가대도 들어갔다. 토요일 교회 대청소도 절대 빠지지 않았다.

인하대 1학년 겨울방학 때, 순식간에 나는 예수 광신자가 되었다. 그러자 안팎에서 만만치 않은 조롱과 핍박이 시작됐다. 2학년 1학기가 시작되어 학교에 가니 동기들이 달라진 나를 보고 크게 비웃었다. 내가 술도 거부하고 일요일에 동아리 파티에도 나오지 않는다며 동아리 선배들은 윽박지르며 화를 냈다. 첫 100일 휴가 때 나와 술 마실 생각에 군 생활을 버텼다는 세종대 친구는 내가 술도 담배도 거절하자 불같이 화를 내고 욕을 하면서 절교를 선언했다. 그럴 때마다 소중한 친구를 잃는 것 같아 슬프기도 했지만, 그로 인해 예수님과 천국의 상을 얻었으니 또한 기쁘기도 했다. 세상이 나를 핍박하고 조롱하고 욕할 때마다 쑥쑥 커지고 있을 나의 천국 상을 생각하며 나는 속으로 쾌재를 부르며 즐거워했다.

학교도 세상 친구도 멀리 한 채 오직 주님만 바라보며 예수에 미쳐서 살다보니 공부까지 완전히 뒷전이었다. 성적은 바닥을 쳤다. 그래도 성적표에 대한 걱정이 없었다. 나의 위조 기술이 한층 더 발전해서 거의 전문가 수준이 되었기 때문이다.

어느 날이었다. 교회 형제와 여의도순복음교회에서 수요 낮 예배를 드리는데 아버지께 전화가 왔다. 난생 처음 간 교회인데다 한창 은혜가 쏟아지던 중이라 받을까 말까를 고민하다가 통화 버튼을 눌렀더니 대뜸 고함 소리가 들렸다.

"야 이놈 새끼야! 니 학교 짤렸나? 니 어디고?"

2학년 1학기까지 3번 학사경고를 맞아 퇴학 처리가 되어 '제적 통지서'가 날아온 것이었다. '성적표'를 잘 방어해서 안심하고 있었는데, 난생 처음 듣는 '제적 통지서'에 허를 찔려 버렸다. 퇴학 통지서라는 것이 있는 줄 몰랐던 나는 허를 찔린 티를 내지 않기 위해 노발대발하시는 아버지에게 오히려 목소리를 높였다. 그리고 무슨 말도 안 되는 소리를 하시냐며 전화를 뚝 끊어버렸다. 그리고는 아버지의 화가 누그러지실 때까지 며칠 동안 잠적했다.

며칠이 지난 후 집에 갔을 때 아버지는 나를 보시고도 화를 내지 않으셨다. 나에 대한 기대나 마음을 아예 접으신 것 같았다.

어머니는 내 방에서 나를 붙잡고 "니 너무 한다. 그 고생을 하며 공부시켰는데, 우째 그럴 수가 있노?"라고 하소연하시며 펑펑 우셨다. 아버지는 어머니의 통곡 소리에 한숨을 내쉬며 마루에서 담배만 연신 피셨다. 두 분의 그런 모습을 보고나서야 내 마음에도 조금 죄송한 마음이 들었다. 예수님을 영접하고서도 나는 자기중심적인 쓰레기에서 벗어나지 못했다. 나는 부모님의 피눈물을 보고서야 마음이 조금 움찔할 만큼 강퍅하고 완고한 사람이었다.

하지만 퇴학은 내게도 충격이었다. 2번의 대학 입학, 3번의 학사 경고를 받았지만 퇴학을 당했을 때의 충격과는 비교가 안 됐다. 그때 내 친구들은 대학 2학년이 되어서 군대를 가는데, 나는 졸지에 '고졸'이 되었다. 내 인생의 어느 지점에 도돌이표가 있는지, 부지런히 따라갔다고 생각하는 순간 다시 출발점으로 돌아오는 게 반복됐다. 훌쩍 앞서 나간 친구들을 생각하니 마음이 울적했다.

다시 수능을 봐야 하나? 세종대에서는 1학기만 놀고 재수 공부를 했지만, 인하대에서는 3학기나 놀았으니 고등학교 교과서가 머리에 남아 있을 리 없었다. 친구들과 벌어진 간격을 좁히는 것은 불가능해 보였다. 지금까지 살아왔던 방식대로 살아간다면 영원히 뒤처진 채, 친구들의 뒷모습만 보면서 생을 마감할 게 뻔했다.

그것은 교회 안에서도 마찬가지였다. 뒤늦게 예수님을 믿었으니 남들보다 한참 뒤처져 있었다. 하나님을 사랑할수록 그분께 특별한 사람이 되고 싶은 마음은 간절한데, 내가 서 있는 자리는 까마득한 뒷자리였다. 예전과는 의미가 다르지만, 나는 뒤처진 내 인생이 끔찍하게 싫었다. 사랑하는 하나님께 쓰임 받는 일꾼이 되기 위해서는 꼬리가 되지 않고 머리가 되어야 했다. 아니, 머리 중의 머리가 되어야 했다. 그러기 위해서 나는 눈에 불을 켜고 남들보다 빨리 달릴 수 있는 방법을 찾았다. 그렇게 해서 찾은 것이 '기도'였다.

초신자 2개월이 지났을 때였다. 어느 날 인터넷 설교를 듣는데,

'신학생이라면 적어도 하루 3시간은 기도해야 한다'는 말씀이 마음에 꽂혔다. 나는 즉시 동생에게 자문을 구했다.

"욱아, 79년생 22살 중에서 하루에 3시간동안 기도하는 사람은 1%도 안 되겠지?"

동생은 "그렇겠지?"라고 했다. 한 줄기 희망의 빛이 생겼다.

"그러면 매일 3시간씩 기도하면 하나님께서 79년생들 중에서 나를 1% 안에 써주실까?"

동생은 이번에도 "그렇겠지?"라고 대답했다. 2개월짜리 초신자의 눈에는 1년 넘은 동생은 엄청난 하나님의 사람으로 보였다. 나는 동생 말을 곧이곧대로 믿고, 그날부터 모든 생활을 기도 중심으로 짰다. 그때부터 매일 3시간 이상 기도하기 시작했다.

오전에 인터넷 설교를 3편을 듣고 노트에 잘 정리하고, 성경을 읽었다. 점심 먹고 교회에 가서 십자가 앞에 방석을 깔고 무릎 꿇고 기도했다. 처음 10분은 하나님의 위대하심과 전능하심, 끝없는 사랑을 높이며 경배했다. 다음 20분은 목사님, J전도사님, 구역장 누나를 위해 기도했다. 그리고 1시간 30분 동안 하나님과 달콤한 시간을 가졌다. 뜨겁게 부르짖기도 하고, 입안에서 기도를 읊조리기도 하고, 성령의 인도하심에 따라 깊은 침묵 속에 고요히 머물러 있기도 했다. 때로는 온 마음을 담아 하나님 앞에서 민망한 춤을 추어 드리기도 했고, 사랑의 시를 써서 십자가를 올려보며 눈물을 흘리면서 읽어드리기도 했다.

마지막 1시간은 구역원들 한 사람 한 사람을 위해 중보 기도했다. 먼저 구역원들이 모두 목숨을 다해 하나님을 사랑하고 교회에 잘 나오도록 기도하고, 다음으로 구역원의 이름을 하나씩 부르며 개인의 문제를 위해 중보했다. 성령의 감동을 따라 방언으로 기도하면서 내가 알지 못하는 구역원들의 비밀한 문제까지 주님께서 다뤄주시길 간구했다. 그렇게 하니 금세 3시간이 지났다.

그리고 집으로 돌아갔다가, 저녁 8시 30분에 저녁기도회를 참석했다. 기도회가 끝나면 강남역 버스정류장에서 1시간 전도했다. 24살 즈음부터는 하루에 5~7시간씩 기도하곤 했다.

전도가 끝나면 집 앞에 '부활의 교회'(현 대치순복음교회)에 가서 3시간 더 기도했는데, 집에 오면 새벽 3~4시였다. 예전에는 술을 마시다가 새벽 3~4시 집에 오곤 했었다. 그런데 그 시간에 깨어 기도하고 성령 충만하여 집에 가다니. 하나님의 은혜가 참으로 놀라웠다.

매일 3시간의 기도는 놀라운 축복의 시간이었다. 우선 기도하면서 많은 응답을 받았다. 그보다 감사한 것은 기도의 능력이 가장 크다는 것을 깨닫게 된 것이고, 가장 감사한 것은 하나님을 깊이 사랑하게 된 것이다. 하나님과의 교제가 깊어지고, 기도 응답이 많아질수록, 하나님은 반드시 기도를 들어주시는 하나님이라는 것과 하나님이 나의 기도 시간을 나보다 더 기다리고 계시다는 것을 알게 되었다.

학교에서는 인생 포기한 학생이었고, 집에서는 핍박받는 광신자 예수쟁이고, 교회에서도 물정 모르는 초신자였지만, 나는 기도라는 비밀스런 통로를 통해서 주님과 깊은 교제를 나누게 되었다. 다른 사람들은 모르는 충만한 기쁨이 내 마음에 보석처럼 빼곡히 박했다.

그래서 기도 시간은 절대 줄이지 않고, 하루 중에 가장 컨디션이 좋은 시간에 주님을 만날 수 있도록 기도 시간을 조정해 나갔다. 나의 기도시간은 점점 늘어갔고, 은밀한 즐거움은 더욱 커져갔다.

어찌나 그 시간이 좋은지 나는 아예 교회 옥상에 텐트를 치고 살고 싶었다. 모세도 떠난 회막을 홀로 지킨 여호수아처럼 나도 성전에서 기도의 자리를 지키고 싶었다. 회막을 지키고 말씀에 순종하다가 마침내 약속의 땅 가나안을 정복한 여호수아처럼 나도 크게 쓰임 받기를 날마다 간구하며, 오직 기도와 말씀으로 꽃 같은 청춘의 시간을 채워나갔다.

"사람이 자기의 친구와 이야기함 같이 여호와께서는 모세와 대면하여 말씀하시며 모세는 진으로 돌아오나 눈의 아들 젊은 수종자 여호수아는 회막을 떠나지 아니하리라"(출 33:11)

2부

비전

선교사 돼서 개고생하다 순교하게 해주세요

천국의 상을 향한 나의 욕심은 신앙의 열정으로 불타올랐다. 퇴학까지 당하니 돌아갈 학교도 없었고, 집에서도 환영받지 못했으니 갈 곳은 교회 밖에 없었다. 날마다 교회에 가서 부르짖고 기도하는 것이 내 생활의 전부였다. 그러다보니 1년에 하루나 이틀을 제외하고는 매일 교회에 갔다. 3년의 신앙생활을 하면서 5일 미만으로 결석했으니, 사역자 분들을 포함해도 교회 출석률은 내가 제일 높았다.

대학생 때는 상상할 수도 없는 일이었다. 대학 시절에는 겨우 술에서 깨어 씻고 학교에 가면 오후 3시 즈음이었다. 수업은 거의 끝났을 시간이라 나는 곧장 당구장으로 향했다. 가장 먼저 당구장으로 가서 수업을 마치고 당구장으로 모여드는 동기들을 따뜻하게 맞아 주는 것이 그 당시 나의 가장 큰 기쁨이자 자랑이었다. 세상 대학교는 출석률이 최악이어서 교수님 얼굴도 몰랐지만, 예수 대학교에서는 출석률이 교수님들보다 높았으니 얼마나 감사한 일인가! 사실, 세상 친구도 없고, 학교도 없고, 갈 곳도 없는 나를 출석률로 이길 사람은 없었다. 그럼에도 나는 교회 출석률 1등을 유지하기 위해서 출석률 상위 5명의 출결 사항을 체크하기도 했다.

당시 나의 '직업'은 기도였고, '부업'은 전도였다. 처음에는 조금이라도 더 상을 받기 위해 성가대, 교회 청소, 각종 봉사 등에 다 참여하여 멀티 플레이어를 시도했지만, 곧 뱁새가 황새 따라가려다 가랑이가 찢어질 판이 되었다. 주일에는 새신자가 오는 것을 문자로 계속 확인하다가 미리 약속 장소에 나가서 맞이해야 하는데, 성가대 연습 때문에 전도를 해 놓고도 교회로 인도하기가 어려워졌다.

각종 봉사에 다 참여를 하다가 고민 끝에 전도에만 올인하기로 결정했다. 이유는 간단했다.

첫째, 전도가 상이 제일 크다고 믿었기 때문이다.

둘째, 하나님은 한 영혼이 돌아올 때 가장 기뻐하시니 하나님을 기쁘시게 하려면 전도가 최고라고 생각했다.

셋째, 내가 전도한 열매 때문에 하늘에서 큰 잔치가 열린다고 믿었기 때문이다. 피조물인 사람이 그 어떤 대단한 것을 한들 그것 때문에 천국에서 큰 잔치가 열릴까?

오직 전도 밖에 없다. 전도가 최고다!

그래서 눈이 오나 비가 오나 밤마다 전도지와 전도 수첩을 들고 강남역으로 갔다. 그럼에도 불구하고 뭔가 부족한 것 같아 찜찜했다. 상이 제일 크다는 전도에 아무리 미치더라도 인생 전부를 드리고 24시간 풀타임으로 사역하시는 목사님에 비하면 상이 턱없이 작을 것 같았다.

나는 비록 초신자였지만, 하루 8시간 이상을 주님께 맞추고 있었다. 4시간 기도, 2시간 설교 듣기, 1시간 성경 읽기, 1시간 전도를 하면서도 일반 평신도로 살 바에는 차라리 목회자가 되는 것이 더 나을 것 같았다.

사실 내 삶의 패턴은 평신도라기보다는 차라리 목회자에 가까웠기 때문에 이왕 고생할 바에는 목사로 사는 것이 나을 것 같았다. 부르심의 소명을 받은 것도 아니고, 그저 돼지처럼 상급 욕심에 눈이 멀어 목사가 되겠다고 충동적으로 결심했다.

솔직히, 어릴 적 친구 따라 몇 번 교회에 갔을 때 보았던 목사의 인생은 그리 매력적이지 않았다. 목사는 평일에는 놀다가 남들이 노는 일요일에 출근해서 30분 강의하는 것이 전부인 것처럼 보였기 때문에 세상에서 가장 따분하고 무료한 직업 같아 보였다. 그래서 남자에게 최악의 직업은 목사라고 생각했었다.

그런데 은혜를 받아 영적인 눈과 귀가 열리자 목사처럼 귀한 직업이 없었다. 특히 내가 다녔던 교회의 목사님은 영적 카리스마가 대단하셨다. 겉모습은 단아한 선비 같고 우아한 학 같았지만, 병자들을 위해 기도하실 때는 화력을 뿜어내는 탱크 같았고, 말씀은 꿀처럼 달아 답답한 심령을 시원케 하셨다. 청년들은 목사님을 아버지처럼 따르며 존경했고, 자매들은 목사님 같은 남자와 결혼하길 소망했었다.

J전도사님은 목사님을 전도해서 예수님께 인도하신 분인데, 청년들은 그분을 어머니처럼 따랐다. 장로님들도 훌륭한 신앙인이셨다. 사랑과 성령이 충만한 교회에서 신앙생활을 하다 보니, 목사에 대한 나의 인식이 '일요일만 일하는 직장인'에서 '하나님이 세우신 종'으로 바뀌게 되었다. 그리고 그 삶을 사모하게 되었다. 초신자 때부터 목사님을 닮고 싶어서 성경책을 옆구리에 끼고 점잖게 걸어 다녔고, 어느 날부터 목사가 되기를 꿈꾸며 기도했다.

어느 날 친구로부터 뜻밖의 이야기를 들었다.
"야! 선교사라는 게 있는데 목사가 되어서 해외에 나가 개고생하는 거야. 그게 상이 더 많아!"

선교사라니? 생전 처음 듣는 말이었다. 그런데 목사보다 선교사 숫자가 더 적고 하는 일도 훨씬 어렵다는 친구의 설명을 들으니 정말 그럴싸해 보였다. 그날로 꿈을 목사에서 선교사로 바꾸었다. 그리고 '부흥 2000' CD 음반을 들으며, 선교사의 비전을 키워나갔다.

얼마 지나지 않아 더 놀라운 이야기를 들었다.
"야! 순교라는 게 있는데, 목사가 해외에 나가서 선교사가 되어서 개고생 하다가 뒤지는 거야! 그게 상이 제일 커!"

귀가 번쩍 뜨였다. 안 그래도 하나님께 빨리 가지 못하는 게 한이었다. 내가 세상에 있을 때는 여자가 보고 싶으면 밤늦게라도 달려가서 얼굴을 봐야만 성에 찼다. 그런데 하나님과 사랑에 빠지니 하루라도 빨리 죽어서 그분을 어서 만나고 싶어 몸과 마음이 달았다.

그러나 자살은 지옥행이었다. 그리고 천국에도 상급이 각각 다르다는 것 때문에 빨리 죽고 싶어도 죽지 못하고, 조금이라도 상을 더 쌓은 후에 가려고 꾹꾹 참으며 봉사하던 참이었다. 그런데 빨리 죽어도 최고의 상을 받는 비법이 있다니 그야말로 일석이조였다. 더 말해 무엇하랴? 그날로 꿈을 순교로 바꿨다. 훗날 필리핀에서 마당에 개를 키웠는데, 개 이름을 '순교'라고 지었다. 나는 하루에 수백 번 "순교야~"하고 부르면서 꿈을 키우고 마음을 다잡았다.

선교사가 되어 순교하겠다는 꿈이 생기면서 나는 곧장 순교할 땅부터 찾았다. 고난이 클수록 상이 클 것 같아서 이왕이면 가장 고생할 국가를 찾았다. 오래 찾을 필요도 없었다. 동토의 땅, 북한이 있었다. 나는 북한에서 30살까지 죽도록 고생하고, 이스라엘로 건너가서 예수님처럼 33살까지 사역하다가, 예수님처럼 예루살렘에서 순교하게 해 달라고 기도했다. 이왕 죽을 것이면 스데반처럼 설교하다가 순교하면 상이 조금이라도 더 클 것 같았다. 그래서 이렇게 기도했다.
"하나님! 예루살렘에서 설교하다가 순교하되 스데반처럼 돌을 맞으면 너무 아프니 총으로 한 방에 끝내주세요!"
영화처럼 멋진 시나리오를 만들며 순교를 꿈꿨지만, 막상 선교사가 되려면 무엇을 어떻게 준비해야 하는지 전혀 몰랐다. 더욱이 당시 우리 교회는 선교사를 파송하지 않았기 때문에 접할 수 있는 정보가 없었다. 선교사가 되어 하루 빨리 순교하게 해 달라고 매일 기도하는 것이 그저 내가 할 수 있는 전부였다.

주님, 사랑합니다

나는 어려서부터 성장이 늦은데다 똘망한 구석도 없었다. 초등학생이 될 때까지 말을 더듬었고, 글을 깨치는 것도 남들보다 2배는 걸렸다. 그래서 칭찬 받은 것보다 지적과 꾸중들은 기억밖에 없다. 제일 많이 들었던 말은 "단디해라!"(조심해라)와 "니, 우짤라 그라노?"였다. 머리 회전도 느리고, 일 매무새도 깔끔하지 않아서 나는 항상 자신감이 없고 주눅 든 채로 살았다.

초등학교 3학년 때 아버지와 목욕탕에 갔을 때였다. 밀어도 밀어도 계속 나오는 때를 언제까지 밀어야 할지 몰라서 2시간이나 때수건을 붙잡고 밀었다. 속이 터지실 만도 한데 아버지는 나를 칭찬하셨다.

"니 때 미는 거처럼 진득허니 공부하면, 마 잘 할끼다."

그것이 아버지한테 받은 첫 칭찬이었다. 지금까지도 생생하게 기억나는 아버지의 첫 칭찬은 내게 엄청난 격려였다. 그때부터 '진득함'은 나의 무기가 되었다. 남들보다 뒤처져서 속상할 때마다, '그래도 나는 진득하니 결국엔 다 따라 잡는다!'라고 스스로 힘을 냈다. '질'은 장담 못해도, '양'은 자신 있었다. 중학교, 고등학교 때에도 머리는 나빴지만, 다른 학생들보다 몇 배의 시간을 쏟아 부어 성적을 올렸다.

　신앙도 진득함에서 나오는 '양'으로 승부했다. 다들 앞서 달리고 있을 때 나는 출발선을 막 벗어났기 때문에 기도와 성경, 전도 등 모든 것을 양으로 승부했다. 특히 기도의 '양'은 누구보다 자신 있었다. 공부를 포함해 다른 모든 것은 아무리 '양'으로 쏟아 부어도 '질'이 안 되면 어느 정도까지만 성장하다가 멈추지만 기도는 달랐다. 기도는 기도의 '양'이 많은 사람이 기도가 깊고 역사도 강했다. 기도의 '양'을 늘리는 만큼 '질'도 높아졌다.

　그러면서 내 생애 처음으로 고속승진을 경험했다. 교회에서 직분을 맡는 것은 승진이 아니지만, 주님의 일꾼이 되길 간절히 바랐던 내게 직분이 생긴다는 것은 꿈같은 일이었다. 79년생 구역의 구역원으로 교회 생활을 시작했던 나는 5개월 만에 그 구역의 권찰이 되고, 권찰 6개월 만에 80년생 구역의 구역장이 됐다. 우리교회에서 나처럼 빨리 직분을 받은 사람이 없었다. 아무리 빨라도 최소 2년은 되어야 구역장이 될 수 있었다.

　11개월 만에 구역장이 된 것은 파격적인 일이었다.
　21살 겨울에 자살하려다 하나님을 만났는데, 22살 겨울에 구역장이 되다니! 나를 처음으로 인정해 주신 분은 사람이 아니라 하나님이었다. 나는 하나님의 신뢰에 부합하기 위하여 내가 맡은 80년생 구역을 위해 3개월마다 3일씩 금식했다. 구역원일 때에도 구역원들을 위해서 매일 1시간씩 기도했지만, 권찰이 되고 나서는 여름 내내 모기와 싸우며 하루 3시간씩 기도했다.
　구역원 20명의 일주일 스케줄을 달달 외워서 그들을 예배와 기도회로 인도했다. 그리고 리더를 사랑하고 존경하는 마음으로 최선을 다해 보필했다. 하나님은 작은 일에 충성하려는 나를 조금 특별하게 봐 주신 것 같다. 세상 사람들은 속도계와 저울로 결과를 따져본 후에 나를 평가했지만, 하나님은 내 마음의 중심만 보셨다. 인하대에서 퇴학당하고 세상과 친구들, 가족에게 버림받은 것처럼 살았지만, 하나님은 나를 끔찍이도 귀하게 여겨주셨다.

그때 나는 첫 눈에 반한 여인을 만난 것처럼 예수님으로 인해 마음이 항상 들떠 있었고, 실제로 사랑의 열병을 앓기도 했다. 세상에서 여자를 사랑할 때 주체할 수 없는 사랑의 감정을 이기지 못 하고, 시를 쓰고 편지를 쓰고 꽃을 선물하곤 했다. 나는 '사랑'을 진심으로 사랑했다. 그리고 그 사랑은 온전히 하나님께로 옮겨졌다. 하나님을 향한 절절한 사랑으로 마음이 뜨거워지면 순식간에 시를 써 내려갔고, 몇 주 동안 그 시를 묵상하며 글을 다듬었다. 그리고 예쁜 편지지에 정성껏 시를 옮겨 적고, 편지 봉투에 담아서 꽃다발을 사들고 교회로 갔다. 아무도 없는 시간에 살그머니 예배당에 들어가 십자가 앞에 꽃을 놓아드리고, 무릎 꿇고 시를 낭송 해 드렸다. 시 한 편을 만들어 고백하기까지 그 1달 동안 내 마음은 하나님을 향한 사랑으로 가득했다. 나는 그렇게 정기적으로 하나님께 특별한 사랑을 고백했다.

예배와 헌금도 유별나게 준비했다. 특별히 직분을 맡고 나서는 더욱 정성을 다했다. '사랑'을 사랑했기에 사랑하는 이에게 진심과 정성을 쏟았다. 세상에서 사랑하는 여자를 만날 때면 나는 목욕재

계하고 수염을 깨끗이 깎고, 각을 세워 옷을 다렸다. 구두를 반짝반짝 광을 내고, 머리에는 젤, 몸에는 향수를 뿌리고 약속시간보다 30분 일찍 나갔다. 그랬던 내 사랑의 마음이 온통 주님께 집중됐으니 얼마나 철저히 준비했을지 짐작이 갈 것이다.

나는 금요일부터 주일 예배를 준비했다.

먼저 은행에서 새 돈을 바꿔 헌금을 준비했는데, 신권이 없을 때는 나름대로 '돈 세탁'을 했다. 지갑에서 가장 깨끗한 돈을 찾아서 반나절 동안 물에 담가 두었다가 결이 고운 수건에 비누 거품을 내서 정성껏 문질러 때를 빼고 광을 냈다. 잘 말린 돈은 손수건에 올려놓고 다림질을 해서 헌금 봉투 안에 넣고 성경에 끼워 두었다. 그렇게 헌금을 준비하는 내내 내 마음은 주님으로 가득차고 정결해졌다.

온 마음과 정성을 다해 헌금을 드리면 돈이 아니라 나 자신을 올려드리는 것 같았기 때문에 헌금 시간마다 가슴이 뜨거워지고 눈시울이 붉어졌다. 나는 여자들에게 선물할 때마다 내 마음에 감동되지 않은 선물은 주지 않았다. 하나님께도 마찬가지였다. 나를 설레게 하는 정성과 진심이 담겨진 헌금만 주님께 드렸다.

토요일에는 정장과 와이셔츠, 손수건과 넥타이를 미리 손질했다. 그리고 주일에 새벽 4시에 일어나 목욕재계하고 날면도기로 솜털까지 완벽하게 정리한 후에, 직접 구두약을 발라서 문지르고 구두에 광까지 내고, 잘 다린 정장을 입고 교회로 출발했다. 주일에는 새벽예배가 없었기 때문에 6시에 교회에 도착하면 하나님을 단독자로 만날 수 있었다. 그때가 일주일 중에 가장 설레는 시간이었다. 내 손으로 하나님의 성전 문을 열고 들어가서 텅 빈 예배당에서 주님과 오붓하게 지내는 그 시간은 내 삶에서 가장 고요하고 깊은 밀월의 시간이었다. 어스레한 본당에 홀로 앉아 십자가에서 나오는 불빛을 바라보고 앉아 있노라면, 가난한 내 심령은 하나님의 사랑으로 가득 차올랐다.

그럴 때면 주색잡기에 빠져 귀한 세월을 탕진했던 시절, 유서를 쓰면서 술과 죽음에 취해 살던 시절, 그날 밤 대성통곡하던 나를 찾아오신 하나님, 이후에 변화된 삶이 영화 필름처럼 지나가면서 감사와 눈물이 쏟아졌다. 하나님을 몰랐을 때 새벽 4시는 한창 술을 마시던 시간이었다. 아침 6시까지 마신 적도 종종 있었다.

그런데 내가 거룩한 성전으로 나아가기 위해 새벽 4시에 일어나고, 6시에 성전에 앉아 있다니! 내 의지로는 도저히 있을 수 없는 일이었다. 내가 어떻게 그 시간에 십자가 앞에 있을 수 있을까? 하나님께서 내 얼굴이 너무 보고 싶어서 부르신 것이라 느껴졌다. 세상 죄로 찌든 나와 더욱 친밀해지기 위해서 하나님은 새벽을 깨워 나를 십자가 앞에 앉히신 것 같았다. 십자가 보혈로 나를 거룩하게 씻기시고, 더 깊은 교제를 나누시려고 하나님은 나를 성전으로 이끄셨다. 그 하나님의 마음을 생각할 때마다 가슴이 뭉클해지면서 눈물이 하염없이 흘렀다.

그 은밀한 기쁨이 우리 구역원들에게 전해져서 주일 새벽을 여는 구역원들이 늘어갔다. 그중에는 서주희 권찰, 위OO 권찰도 있었는데, 그들에게도 귀한 은혜가 임하여 우리 구역은 주일 새벽을 감사의 눈물로 열었다. 초짜 구역장에게 과분한 축복이었다. 능력보다 충성심을 귀히 여기시는 하나님은 나의 진득함으로 리더십을 강화시켜주시면서 맡은 직분을 잘 감당할 수 있도록 하셨다.

내 사랑 라합, 나의 반쪽 서주희

 전도를 통해 나는 하나님께 큰 축복을 받았다. 바로 서주희 자매, 아내를 만난 것이다.

어느 금요일이었다. 나는 버스를 기다리는 서주희 자매에게 다가가 "교회 다니세요?"라고 물었다. 주희 자매는 "네!"라고 응수하며 나의 접근을 원천봉쇄했다. 당시 주희 자매는 집을 이사한 이후로 하나님께 좋은 교회로 인도해 달라며 기도하고 있었지만, 내가 이단 교회 출신인 것 같아 거짓말로 둘러댄 것이다. 그런데 성령의 인도하심이었는지 내가 떠난 직후에 자신이 교회를 위해 기도했던 내용이 생각나면서 마음이 찔렸다고 했다.

"하나님, 혹시 하나님께서 제 기도의 응답으로 저 사람을 보내신 것이라면 정말 죄송합니다. 하나님께서 보내신 것이라면 다시 한 번 보내주세요. 그러면 솔직하게 말하겠습니다!"

그렇게 짧은 기도를 마치자마자 다른 전도팀이 주희 자매에게 왔다. 전도왕 형이 이끄는 팀이었다. 주희 자매는 솔직하게 교회를 안 다닌다고 대답했고, 전도왕은 집요하게 달려들어 연락처를 알려달라고 했다. 어떤 교회인지 소개만 받으려고 했던 주희 자매는 연락처를 알려주지 않으려고 했지만, 버스가 오는데도 전도왕이 자신을 놓아주지 않는 바람에 어쩔 수 없이 적어주었단다. 보통 내키지 않을 경우에 가짜 연락처를 적어주는 여성이 많은데 주희 자매는 곧이곧대로 적어주었다. 덕분에 토요일에 전도왕의 전화를 받고 긴 설득 끝에 주희 자매가 우리 교회에 오게 되었다.

혼자 오기 어색했던 주희 자매는 여동생과 함께 교회에 왔다. 전도왕은 예배가 끝나자 두 자매를 내게 데리고 왔다. 주희 자매가 80년생이라 내 구역에 속했기 때문이다. 그런데 주희 자매를 보는 순간, 왠지 얼굴이 낯익었다. 매일 100명에게 복음을 전했기 때문에 사람들의 얼굴을 기억하진 못했지만, 만난 지 48시간도 채 되지 않았기 때문에 어디선가 본 듯한 느낌이 들었다.

그래서 나는 조심스레 물었다.

"혹시 저 모르세요? 우리 어디서 마주치지 않았나요?"

그때 나를 본 주희 자매가 당황하는 것 같았다. 나중에 들었지만 그때 아내는 자신의 눈을 의심했다고 했다. 정장을 입었지만 눈앞에 서 있는 남자는 분명 금요일에 봤던 그 빨간 점퍼 청년이었다. 먼저 전도한 내게 거짓말을 한 것이 마음에 걸려서 그 다음 전도팀에게 솔직하게 대답하고 교회에 왔는데, 하필 그 빨간 점퍼 청년을 만나다니! 미안함이 더해진 주희 자매는 나를 모른다고 딱 잡아떼고, 나를 처음 보는 사람처럼 대했다.

우여곡절 끝에 구역장과 구역원으로 만났지만 주희 자매는 감동적일 정도로 하나님과 구역에 열심이었다. 구역 모임 때마다 가장 먼저 와서 준비하고, 가장 많이 도왔으며 마지막까지 남아서 헌신했다. 대학생만 있던 우리 구역에서 유일하게 직장인이었던 주희 자매는 우리 구역의 총무이자 회계이자 유일한 물주였다. 그리고 구역원들의 식사, 간식, 소소한 물품 구입 등에 헌신했다. 주일 저녁을 간단히 때웠던 배고픈 구역이 주희 자매의 등장으로 피자 등을 먹는 화려한 구역으로 거듭났다. 주희 자매도 전도와 기도의 사람으로 성장했는데, 하나님의 임재를 사랑하여 참 오랫동안 진득하게 기도했었다. 주희 자매는 하얀 복사꽃 같았다. 나는 어렸을 때부터 까만 피부가 콤플렉스여서 얼굴 하얀 여자를 좋아했는데, 주희 자매의 피부는 교회 자매들 중에 가장 희었다. 그러나 나는 선교사가 꿈이었기 때문에 연인보다는 동역자로서의 아내가 필요했다.

나는 배우자를 위해 10가지 제목으로 기도를 했는데, 그 중에 특별히 3가지에 집중했다.
첫째는 '라합'이라는 이름을 가진 여성, 둘째는 시계 선물을, 셋째는 피아노 연주였다.
그런데 첫째 조건에 합한 사람을 찾기가 가장 어려웠다.
당시 우리 교회는 단기 선교 붐이 일어서 다들 영어 이름 짓는 데 열심이었다. 나는 일찌감치 여호수아로 이름을 정했다. 형제들에 비해 자매들은 선택의 폭이 좁았다. 자매들에게 인기 있는 이름은 사라, 리브가, 라헬, 드보라, 룻, 한나, 에스더, 브리스길라 등이었다. 이방인인데다 창녀인 라합은 아무도 선택하지 않았다.
나는 어릴 적부터 삼국지를 좋아했다. 제갈공명이 안에서 성문을 열어주는 사람 덕분에 쉽게 성을 정복했던 것처럼, 여호수아에게 라합이 꼭 그런 존재 같았다. 여호수아가 난공불락의 여리고 성을 정복했던 것처럼, 내 인생의 라합을 찾아서 세상의 모든 여리고 같은 죄악 된 도성들을 복음으로 정복하고 싶었다.

그러나 기다려도 라합을 선택하는 자매는 나타나지 않았다.
우리 목사님은 주일, 수요일은 항상 인물 중심으로 설교하셨다. 매년 1월이 되면 아담을 설교하셨고, 2월 즈음에는 아브라함, 그 다음에는 이삭, 야곱, 요셉, 모세, 여호수아, 그리고 훌쩍 건너뛰어서 기드온, 입다, 한나, 사무엘 순서로 나갔다. 그러다 새해가 되면 다시 아담이었다. 사사기에는 기드온이 한 번도 빠진 적이 없었지만, 다른 사사를 설교하신 적도 없었다. 그래서 다음 주 설교가 어떤 인물일지 충분히 예측 가능했다. 그런데 라합은 주일 예배, 수요 예배를 포함해서 심지어 저녁기도회 때에도 하지 않으셨다. 내가 3년 동안 5일 이하로 결석했지만, 한 번도 라합을 주제로 설교하신 적이 없으셨다.

드디어 여호수아 설교 차례가 왔다. 다음 주는 기드온으로 훌쩍 건너 뛸 것이 분명했다. 그런데 그즈음 주희 자매가 눈에 들어왔고, 확증을 구하는 기도를 하고 있었다. 그래서 믿는 자에게 능치 못할 일이 없으니 추호도 의심하지 않고 라합을 설교하시도록 한 주 내내 기도했다.
토요일 기도회가 끝나면 청년들은 인쇄된 주일 주보를 접었다. 떨리는 마음으로 주보를 보니 설교 제목이 '라합'이었다. 오! 할렐루야! 나는 앉으나 서나 주보를 붙들고 기도했다.

"내일 주희 자매가 은혜 받고, 이름을 라합으로 정하게 해 주세요!"

주일이 되어 목사님께서 라합 설교를 시작하셨다. 나는 설교 시간 내내 주희 자매가 은혜 받게 해 달라고 간절히 기도했다. 예배를 드린 후에 주희 자매가 조용히 내게 다가왔다.

"구역장님, 저 영어 이름을 라합으로 하면 어떨까요?"

'오, 아멘! 할렐루야~'

하지만 나는 기쁜 내색을 보이지 않고 차분히 그 이유를 물었다.

"요즘 부모님을 전도하려고 기도하는 중이거든요. 라합을 통해 온 가정이 구원받은 부분이 은혜가 되었어요."

당장 '오~ 그래! 그래야지!'라고 말하고 싶었지만, 잠시 생각하는 척 하면서 "그래, 라합이 된 네게도 라합의 가족 구원의 역사가 일어났으면 좋겠구나"라고 점잖게 대답했다.

"정말 그렇게 될까요?"라고 묻는 주희 자매에게 나는 '그럼! 이제 나도 결혼해야지!'라고 대답하지 않고 "그럼! 반드시 구원 받으실 거야!"라고 격려해 주었다. 그렇게 주희 자매는 '라합'이 되었다.

저 청년, 사위 삼자

 여리고 정복처럼 불가능해 보였던 '라합 이름'을 응답 받고 나자 당장이라도 결혼식을 올리고 싶었다. 무엇보다 주희 자매의 부모님께 인사를 드리고 싶었다. 하지만 주희 자매와 연인 사이도 아닌데 부모님과 식사하는 것도 우스운 일이었다. 그리고 짧은 인사로 끝내야지, 식사라도 할라치면 나의 인간성의 바닥까지 드러날 게 분명했다. 내가 가장 잘 차려 입은 상태에서 짧게 인사드릴 수 있는 곳은 교회 밖에 없었다. 당시 주희 자매는 라합으로 이름을 정한 이후로 부모님 전도를 위해서 맹렬히 기도하고 있었다. 나도 사심이 가득한 기도였지만 그분들이 교회를 나오시길 간구하고 또 간구했다.

어느 날 주희 자매가 상기된 표정으로 말했다.
"구역장님, 이번 주일에 저희 부모님이 교회에 오실 것 같아요. 기도해 주세요."
할렐루야! 하나님은 내가 작정하고 기도하는 것은 다 응답해 주셨다. 나는 매일 3시간씩 주희 부모님을 위해서 1주 내내 기도했다.
"하나님, 그분들이 반드시 교회에 오게 하시고, 저를 보자마자 사윗감으로 점찍게 해 주세요!"
하나님이 내 기도를 거절하실 분이 아니었다.

드디어 주희 자매의 오랜 기도가 응답되었다. 주일 예배 후에 나는 1층 주차장에서 기도하며 기다렸다. 이 순간을 위해 1주 동안 20시간이나 기도했다. 마음은 초조했지만 압도적인 기도 때문에 자신감이 넘쳤다. 10분 정도 기다리니 주희 자매가 부모님을 모시고 주차장에 나타났다.
"아빠! 우리 구역장님이셔."

나를 보자마자 주희 자매는 환하게 웃으며 부모님께 나를 소개했다. 오랜 기도의 응답이었으니 얼마나 기뻤겠는가? 나는 최대한 정중하게 아버님과 악수하고 배웅해 드렸다. 그러나 한 번으로는 부족했다. 나는 다시 매일 3시간씩 1주 동안 약 20시간의 기도를 쏟아 부었다.

"하나님! 한 번으로는 부족합니다. 한 번만 더 보내주세요!"

놀랍게도 부모님은 또 오셨다. 나는 주차장에서 최대한 예를 갖춰 인사드렸다.

두 번이면 충분했다. 자칫 또 오시기라도 하면 교회에 등록하실 가능성도 있었다. 그러면 나의 인간성과 허물의 바닥을 보시게 될 것은 시간 문제였다. 다시 1주 내내 간절히 기도했다.

"하나님! 이제 충분합니다. 주희 자매와 결혼할 때까지 절대로 우리 교회 근처에도 못 오시게 하소서!"

하나님은 전심으로 향하는 자에게 능력을 베푸시는 분이셨다. 그날 이후로 결혼식 날까지 장인어른과 장모님은 교회 근처에도 오지 않으셨다.

훗날 알게 된 비하인드 스토리가 있다. 주희 자매의 아버지께서 나를 교회에서 만나신 날마다 밤에 집에서 주희 자매에게 이렇게 말씀하셨다.

"주희야, 너희 구역장 참 마음에 든다. 우리 사위 삼을까?"

"여호와의 눈은 온 땅을 두루 감찰하사 전심으로 자기에게 향하는 자들을 위하여 능력을 베푸시나니"(대하 16:9)

하지만 막상 결혼을 추진했을 때는 처가에서 반대하셨다.

우리가 본격적으로 교제할 때의 일이다.

"아빠, 나 구역장 오빠와 만나요."

"그래? 잘 됐구나! 그 청년은 어디 사람이냐?"

처부모님은 전라도 분들이셨는데, 특히 장인어른은 경상도 사위는 절대 반대였다. 그런데 내가 '갱상도 부산 싸나이'였으니 허락하실 수가 없었다. 그런데 내 고향도 모르고 두 번이나 스스로 나를 사위 삼자고 하셨으니, 반대할 명분이 사라진 장인어른은 딜레마에 빠지셨다.

그러나 그것은 시작에 불과했다. 나에 대해 하나씩 알아갈 때마다 장인어른의 놀람과 분노는 커져갔다. 나는 학사경고 3회, 퇴학, 변변한 기술도 없고, 무직이었다. 주제에 꿈은 선교사인데, 신학교에 들어갈 생각도 없고, 하루 종일 교회에서 지내는 놈팽이였다. 고생길이 훤한데 어찌 귀한 딸을 시집보낼 수 있으랴?

그 후로 장인어른은 거의 날마다 내게 전화하셨다. 속이 상하셔서 항상 취하신 상태였고, 하셨던 말씀을 10분씩 반복 재생하셨다.

"자네, 다시 한 번 생각해봐! 꼭 주희와 결혼해야겠나? 다시 생각해 봐."

내가 끄덕도 하지 않자 전략을 바꾸셨다.

"자네, 꼭 내 딸과 결혼하겠다면 선교를 다시 생각해봐. 가난한 사람을 돕는 것은 좋네. 그러면 한국에서 돈을 벌어서 외국으로 보내게나."

취하신 장인어른을 설득하는 것은 불가능할 것 같아서 나는 내내 듣기만 했다. 술이 깨신 상태에서 통화하고 싶었지만, 다음날 저녁에도 어김없이 취한 목소리셨다.

딸 가진 아버지로서는 당연한 입장이셨지만, 나는 주희 자매도 선교도 모두 포기할 수 없었다. 자식 이기는 부모도 없었고, 기도를 이기는 사람도 없었다. 오랜 반대 끝에 처부모님이 결혼을 허락하셨다. 기도 응답을 받기까지의 시간은 고통스러웠지만 내 인생의 크고 작은 문제에 항상 개입하셔서 선한 역사를 이루시는 하나님을 바라보며 나는 끝까지 인내하며 이겨낼 수 있었다.

베드로만 제자고, 나는 제자가 아닙니까?

2001년 11월이었다. 선교사 되기를 소원하며 기도하던 중에 기적이 일어났다. 선교 비전을 품은 지 2년 만에 교회가 처음으로 단기 선교를 계획했다. 나는 단기선교팀 1기에 합류해서 필리핀 중앙에 위치한 파나이 섬(Panay Island)의 서북부 끝에 있는 항구도시 굴라시(Culasi)로 갔다.

모두 잠든 시간, 나는 굴라시 바닷가에 앉았다.

그때 푸른 밤하늘이 무슨 뜻인지 눈으로 피부로 가슴으로 느꼈다. 파도 소리는 소름끼치도록 청량했다. 반짝이는 별들이 머리 위에서부터 저 멀리 수평선 바로 위까지 빼곡한 것이 마치 보석이 촘촘히 박힌 헬멧으로 나를 덮으신 것 같았다. 어지러울 정도로 빼곡한 별들에 둘러싸여 하나님이 창조하신 자연의 아름다움을 넋 놓고 바라보다 문득 아브라함을 느꼈다. 헤아릴 수 없는 많은 별들을 약속으로 받은 믿음의 조상, 아브라함은 하늘을 올려 보며 무슨 기도를 올렸을까? 나는 밤마다 하늘과 궁창과 별과 바다 속에 내재하시는 하나님을 찬양하며 그분의 사랑에 빨려 들어갔다.

하나님을 알아갈수록 하나님을 향한 충성심은 용암처럼 들끓는데, 무엇을 어떻게 해야 할지 몰라 눈물만 흘렸다. 십자가를 품고 첫 발을 내디딘 땅, 필리핀 굴라시에서 나는 사명으로 펄펄 끓어서 밤마다 바닷가에 앉아 기도했다.
"주님! 어디든 말씀만 하십시오! 말씀하시면 어디든 가겠습니다! 주님, 제발 저를 써 주세요!"
2주간의 짧은 선교를 끝내고 돌아오자 날마다 필리핀과 굴라시 바다가 눈에 어른거렸고, 선교에 대한 갈망은 더욱 간절해졌다. 그러나 여전히 선교사의 길은 열리지 않았다. 유일한 꿈이 내동댕이 쳐진 것 같았다. 그래서 사랑하는 주희 자매와 연애를 하고 있었지만, 꿈을 이루지 못하여 마음이 공허하며 한없이 외로웠다.

나는 사방이 막힌 상황에서 모든 인간적인 방법들을 배제하고 하나님께만 매달리며 기도했다. 오후에 교회에서 3시간, 저녁기도회 때 40분, 노방전도가 끝나고 집 앞의 대치순복음교회(옛 부활의 교회) 2층 소예배실에서 새벽 4시까지 기도했다. 하루 7시간을 기도에 매달렸다. 아니, 통곡을 했다. 그때는 앉으나 서나 선교사 생각 밖에 없었기 때문에, 모든 기도가 선교사 쪽으로 흘러갔다.
기도뿐만 아니라 모든 호흡마다 "주님~"하며 탄식 같은 긴 호흡이 쏟아져서 죽어가는 사람처럼 진이 빠지지 시작했다. 사람이 바짝바짝 말라가는 것 같아 차라리 죽는 것이 낫겠다고 생각했다. 세상에서 대통령이 아니면 죽는 것이 낫다고 생각했던 것처럼, 예수 안에서 선교사가 아니면 빨리 천국 가는 것이 낫다고 생각했다. 정말 나에게 선교사 아닌 다른 인생은 아무 의미가 없었다. 선교사로 안 쓰실 생각이면, 제발 하루 빨리 데려가 달라는 기도가 탄식처럼 쏟아졌다.

예수님의 제자들처럼 나도 3년 동안 주님을 쫓았고, 그 사이에 전도한 사람도 200명이 되어가는데 주님은 나를 쓰시겠다는 응답을 주지 않으셨다. 나는 오직 주님 한 분께만 초점을 맞춰 달려왔기 때문에 그분께 쓰임 받지 못 하면 내 인생은 아무 의미가 없었다. 왜 주님은 응답하지 않으실까? 내 인생이 마치 꽉 막힌 1차선 도로 같았다. 차를 돌릴 수도 나아갈 수도 없었다. 선교사가 되지 못해 울고 있는 내 신세가 처량하고 불쌍했다. 마음이 타들어가니 정상적으로 장의자에 앉아서 기도할 수가 없었다. 저절로 장의자에 올라가 옆으로 엎드려서 절규하며 떼를 썼다.

"하나님, 베드로만 하나님 아들이고, 나는 하나님 아들이 아닙니까?"

"예수님, 베드로만 예수님 제자고, 나는 예수님 제자가 아닙니까?"

"베드로는 3년 따라다니고 나서 쓰셨는데, 나도 3년을 따라다녔는데, 왜 나는 안 씁니까?"

"베드로 걔만 쓰고, 왜 나는 안 씁니까?"

그 교회는 밤 12시부터 철야 기도하시러 오시는 집사님, 권사님들이 꽤 있으셨다. 아예 이부자리까지 가지고 오시는 기도꾼들도 있었다. 띄엄띄엄 앉아서 뜨겁게 기도하는 은혜로운 분위기였다. 그런데 그 교회 교인도 아닌 이상한 청년이 밤마다 와서 소란을 피우며 "쓰던지, 빨리 죽이던지 해 달라!"며 고래고래 소리를 지르다가, 절규하다가, 애원하다가, 엉엉 울다가, 통곡하다가, 종종 괴성을 지르며 울부짖으니 방해꾼도 그런 방해꾼이 없었다.

나 때문에 기도가 안 되셨겠지만 너무나 구슬프게 우는 청년을 쫓아낼 수도 없고, 그분들도 난감하기 짝이 없었을 것이다. 그래서였을까? 한참 울다가 고개를 들면 아무도 없었다. 그분들은 철야하다가 교회에서 자려고 이불까지 들고 오셨으니, 지금 생각하면 그분들에게 너무 죄송하다.

그 중에 가장 오래 기도하시는 권사님이 계셨다. 밤마다 성가대 악보 파일 안에 기도제목이 빼곡히 적은 종이들을 넣고 작은 손전등으로 한 줄씩 비추시며 기도하시던 엄청난 중보자셨다. 권사님은 항상 오른쪽 제일 앞에 앉으셨는데, 그 바로 뒷자리가 내 자리였다. 하루는 낮에 기도하러 갔는데, 그 권사님과 딱 마주쳤다. 권사님은 나를 보시자마자 손짓하여 부르셨다.

"청년, 도대체 무슨 일이 있기에 날마다 그렇게 기도를 하나?"

"저는 내년에 결혼해서 선교사로 나가야 합니다. 그런데 집에서는 결혼을 반대하고, 교회에서는 저를 안 보내줍니다"라고 말씀드리니, "청년과 자매의 이름, 나이를 줘 봐요"라고 하시더니 기도 수첩에 적으셨다.

역시 기도 전문가는 달랐다. 대단한 포스와 프로 정신이었다. 그분의 노트에 적히기만 하면 무조건 응답받을 것 같았다. 생각해보면 귀한 중보자님들에게 민폐도 그런 민폐가 없었다. 그분들의 기도를 방해하고 소란을 피워 죄송하다고 사과부터 드렸어야했는데, 나는 오히려 나의 기도를 이루시려고 주님이 강한 기도꾼을 붙여주셨다고 좋아하기만 했다. 그렇게 나는 자기중심적이고 철이 없었다.

그때 나는 철부지이기도 했지만 진퇴양난에 빠져 있었기에 앞뒤 돌아볼 겨를이 없었다. 내가 꿈꾸던 2가지 모두 부모님의 강한 반대에 부딪혔기 때문이다. 초신자 때부터 핍박을 하셨던 아버지는 신학을 하겠다고 하니 더욱 반대하셨다. 아버지의 눈에 나는 못미더운 아들이었다. 세종대를 1학기 만에 때려치우더니 인하대는 3회 학사경고로 '광속 탈락'을 당했다. 게다가 장남인데도 예수에 미쳐서 제사까지 거부했으니, 나를 정상인으로 보시기는 어려우셨을 테다. 그런데 그 아들이 선교사가 되겠다고 하니 기가 막히셨을 것이다.

내가 목사 이야기를 꺼낼 때마다 아버지는 "니 인생이 개판인데, 누구를 가르친단 말이냐?"라고 하셨고, 선교사 이야기를 하면 "니가 선교가 필요한 놈인데, 누구를 선교한단 말이냐?"고 호통을 치셨다. 혹시나 결혼해서 선교 나간다고 하면 좀 누그러지지 않으실까 하여, 결혼을 하겠다고 말씀드렸더니 더 역정을 내셨다. 아버지는 노발대발하시며 "니가 대학을 졸업했냐? 공부를 하냐? 기술이 있냐? 그렇다고 정식 선교사냐? 지 한 몸 하나 간수 못 하는 놈이 무슨 결혼이냐? 니 인생 망치는 것도 모자라서, 남의 집 귀한 딸을 데려와 인생까지 망치려느냐? 네 앞가림이나 해라!"고 하셨다.

불에 기름을 부은 격이었다. 구구절절 옳은 말씀이었지만, 이제 와서 대학, 기술, 직업, 살림살이 등을 모두 갖추기에는 몇 년의 세월이 더 걸릴 것이 분명했다. 그러나 나는 선교사도 결혼도 당장 하고 싶었다. 말씀을 붙잡고 기도하면 더 빨리 응답될 것 같아서, 이번에는 애꿎은 모세를 걸고 넘어졌다.

"하나님! 모세는 집에서 쫓겨났고, 양치는 기술도 없고, 직장도 없고, 가진 것이라고는 달랑 지팡이 하나였는데 결혼하지 않았습니까? 모세는 지팡이 하나만 있어도 결혼을 했는데, 나는 모세보다 나은데 왜 안 됩니까? 왜 모세는 되고 나는 안 되고.. 내가 더 나은데, 모세는 뭐 길래.. 모세~ 모세~"

나는 매일 애간장을 녹이며 이렇게 기도했다.

반대는 어머니가 더 심하셨다. 아들이 선교사가 되겠다는 것도 못 마땅하셨지만, 어머니는 전라도 출신의 며느리는 도저히 용납할 수 없다는 입장이셨다. 아버지는 부산, 어머니는 울산 출신이셨는데 그 당시에 어머니는 지역감정이 엄청 심하셨다. 말로는 도저히 설득할 수가 없어서 전략을 바꿔서 주희 자매를 어머니께 보여드리기로 했다. 착하게 생긴 주희 자매를 만나면 어머니의 마음이 열리실 것 같아 억지로 식사 자리를 만들었다.

그런데 결과가 너무 황당했다. 어머니는 주희 자매의 눈 밑에 남편의 눈물을 빼는 점이 있다며 반대하셨고, 나보다 생일이 빠른 것을 꼬투리 잡아 여자가 남자보다 생일이 빠르면 남편 앞길을 막는다며 절대 결혼하면 안 된다고 필사적으로 말리셨다.

그런 어처구니없는 반대에는 무당이 한몫 거들었다. 무당은 어머니에게 "서주희? 주희? 주회? 주의? 주의하라!"라면서 '주희'를 '주의'하라고 했다. 그뿐 아니라 나는 30살이 넘어서 결혼해야 한다는 말까지 곁들였다. 나는 '주희를 주의하라!'는 말을 듣는 순간 화가 머리끝까지 올랐다. 사주를 풀려면 제대로 공부해서 할 것이지, 멍청한 무당이 공부도 안 하고 말장난을 하다니!

게다가 30살이 넘어서 결혼을 하라니!

나는 여자를 좋아했지만 예수를 믿고 3년 동안 많은 여성들의 대시를 받으면서도 한 번도 여자를 만나지 않았다. 3년간 죽어라 신앙생활을 하고, 그에 대한 상으로 25살에 사랑하는 여자와 결혼하려고 했다. 그래서 3년간 악착같이 금욕생활을 하며 버텼다. 나는 초신자 때부터 배우자 기도를 이렇게 했다.

"하나님, 1,000명 전도하고 결혼하겠습니다. 최고의 아내가 되어줄 지혜로운 여자를 주소서!"

그런데 하나님은 100명 남짓 전도했을 때 주희 자매를 만나게 해 주셨다. 이제 그 짝과 결혼해서 수많은 영혼들을 예수님께 인도하는 선교사가 되려고 하는데, 무당 따위가 헛소리를 지껄이다니!

"그 돌팔이 무당을 가만 둘 수 없다. 다시는 무당 짓을 못 하도록 요절을 내겠다!"

나는 펄펄 뛰고 난리를 쳤다.

그리고 어머니에게 결혼을 반대하시려면 결혼식에 오시지 말라고 하고, 독불장군 식으로 결혼을 밀어붙였지만 이상하게 계속 일이 꼬였다. 그렇다고 결혼을 포기할 수는 없었다. 아내를 사랑하기 때문이기도 했지만 두 가정 사이에 막힌 담을 허물어야 하는 사명이 내게 있다고 믿었다. 나는 선교사가 될 사람이었다. 열렬한 애국주의자로 일본을 지독히 미워했지만, 주님께서 '일본으로 가라!' 하시면 일본을 사랑으로 품고 목숨 걸고 선교하려고 했었다. 일본 뿐 아니라 열방을 품어야 할 선교사가 국내의 지역 갈등도 극복하지 못한다면 어찌 선교사가 될 수 있을까?

우리 윤씨 집에서부터 경상도, 전라도의 갈등을 없애야겠다고 다짐했다. 그래서 지역갈등 때문에라도 주희 자매와 결혼하기로 결심하고 응답받을 때까지 긴 기도의 터널 속으로 들어가기로 했다.

(물론 지금은 우리 집은 전라도를 사랑하고, 처가도 경상도를 사랑한다. 할렐루야!)

선교 훈련생 3개월, 드디어 결혼을 허락받다

결혼을 결심하고 우여곡절 끝에 처부모님의 허락은 받았지만, 우리 부모님은 요지부동이셨다. 특별히 나의 어머니는 설득해도 우겨도 떼써도 끄덕하지 않으셨다. 어머니와 팽팽한 신경전으로 몸도 마음도 지쳐갈 무렵, 교회에서 선교사를 파송하겠다고 광고했다. 드디어 선교의 길이 열린 것이다. 나는 일단 선교지에서 먼저 뿌리 내린 다음에 결혼을 추진하기로 작전을 수정했다.

필리핀 선교사로 4명이 지원했다.

두 형(32살, 29살), 오정민 자매(25살), 나(25살)였다. 목사님은 나와 오정민 자매는 나이가 어리니 일단 선교사 훈련생으로 시도해 보라고 하셨다. 나는 그것만으로도 기쁘고 감사했다. 하나님께서 한 걸음 인도해 주셨으니, 반드시 다음 걸음도 인도하시리라 믿었기 때문에 하나님께 결혼 문제를 맡기고 필리핀으로 향했다.

2003년 3월 23일, 우리는 필리핀 중부에 위치한 파나이 섬의 '일로일로 시'(Iloilo City)에 도착했다. 우리 네 사람은 '만두리아오(Mandurriao) 마을'에 월세로 집을 구했다. 그곳에서 활발하게 사역하시는 심OO 선교사님께서 집 계약, 살림 구입, 영어 교사 등을 도와주셨다. 나는 오매불망 순교를 원했기 때문에 안전을 위해 키운 강아지에게 '순교'라는 이름을 주었다. 그리고 개 이름을 부를 때마다 하나님 앞에서 순교를 다짐했다. 그렇게 비장한 마음이었지만 우리와 함께 오셨던 담임 목사님이 한국으로 돌아가시고 나자, 우리 4명은 모두 패닉 상태에 빠졌다.

"이제 무슨 말씀을 먹고 살아야 하나?"

한국에서는 저녁기도회에서 말씀과 기도로 영성을 잘 빚어나갈 수 있었지만, 필리핀에서는 우리 스스로 영혼의 채찍질을 하지 않으면 곧 무너질 것 같았다.

우리는 새벽 체질이 아니었지만 살아남기 위해 새벽과 저녁에 30분씩 함께 기도했다. 숨 막히는 더위, 불면 날아가는 안남미(알랑미), 알쏭달쏭한 현지 언어 등 모든 것이 낯설어 적응이 힘들고 몸이 천근만근이라 꾸벅꾸벅 졸지언정 새벽기도는 목숨같이 지켰다. 그러면서 우리는 가장 시급한 문제인 영어를 해결하기 위해 공부를 시작했다. 우리를 도와주셨던 심 선교사님은 필리핀 최고의 대학인 UP 대학교 학생들을 전도하여 제자훈련을 하고 계셨다. 그분의 제자들이 우리의 영어 선생님이 되었다. 형들은 현지 교회에서 영어 예배를 드렸고, 우리 훈련생들은 한인교회를 찾았다. 일로일로제일좋은교회를 개척하신 엄OO 목사님은 악기, 찬양, 설교, 운동, 얼굴까지 모두 만능이셨다. 사모님은 요리 솜씨가 뛰어나셔서 김치를 먹으러 한인 교회를 찾는 유학생들도 많을 정도였다.

우리는 '파워 프레이즈 찬양팀'의 초창기 멤버가 되었는데, 조용한 일로일로에서 영어 공부를 하며 진로를 결정하려고 모인 청년들이 많았다. 많지도 않은 찬양팀에서 목회자, 사모, 선교사가 많이 나왔고, 목회자 자녀, 선교사 자녀도 많았으니 신기한 일이었다. 마치 하나님께서 의도적으로 주의 종이 되려는 청년들, 주의 종의 자녀들을 한 곳에 모으신 것 같았다. 그래서 우리는 뜨겁게 신앙으로 교제하며 자주 뭉쳤다.

그러다 1기 김OO 대장, 정OO 부대장은 한국으로 돌아가서 신대원에 입학했고, 목사가 되었다. 윤OO 자매는 대장과 결혼해 사모가 되었다. 1기 리더들은 떠났고, 노래 실력은 엉망이었지만 신앙 때문인지 내가 2기 대장으로 뽑혔다. 오정민 자매는 부대장이 되었다. 나는 찬양팀 대원들을 집으로 초청해서 숯불에 고기를 구워 먹으며 저녁파티를 열곤 했다. 돈 없던 시절이라 그마저도 많이 먹지는 못했지만, 하나님을 향한 사랑과 열정만으로도 배불렀던 아름다운 청춘의 시절이었다.

영어 교사와 살림살이가 구해지자마자 나는 본격적으로 기도에 매달렸다. 내가 선교사 훈련생 신분으로 필리핀에 오기 원한 것은 훈련을 받기 위해서가 아니라 현장에서 기도하기 위해서였다. 선교지에서 영적 어두움에 눌려 있는 헐벗은 영혼들을 내 눈으로 직접 봐야지 필리핀에 대한 간절한 마음이 더 끓어오를 것이고, 그래야 더 절박한 기도로 하늘을 시원하게 뚫을 수 있을 것 같았기 때문이다.

그래서 자유 시간이었던 오후에는 기도만 했다. 필리핀은 주택마다 파출부 방이 있다. 보통 눈에 띄지 않은 뒷마당에 작은 나무 침대와 사람이 겨우 들어갈 크기의 좁은 화장실로 구성돼 있는데, 우리가 살던 집 뒷마당에도 파출부 방이 있었다. 방 안에는 오랫동안 쓰지 않았는지 구석구석 거미줄이 가득했고, 쾌쾌한 냄새와 곰팡이가 사방에 퍼져 있었다. 누구도 그 방에 들어가려고 하지 않았기 때문에 그곳에서라면 방해 받지 않고 마음 놓고 기도할 수 있을 것 같았다.

파출부 방은 나만의 기도실이 되었다. 무더운 날씨에 통풍도 안 되는 좁은 방에 들어가면 가만히 앉아 있어도 땀범벅이 됐다. 그래서 속옷도 벗고, 헐렁한 반바지 하나만 입고 들어갔다. 거기에 작은 2층 침대가 있었는데 어찌나 낮고 좁은지 1층에서 고개를 살짝 들어도 2층 침대 바닥에 머리가 부딪혔다. 침대 매트도 없어서 나는 얇고 좁은 나무판 위에 무릎을 맞추어 올려놓고 기도했다.

그러나 그 자세도 오래가지 못했다. 무릎을 꿇으면 허벅지와 종아리에 땀이 줄줄 흘러내렸고, 엎드리면 배와 허벅지가 붙은 곳에 땀이 찼다. 그래서 사지를 크게 벌려 엉성하게 웅크린 상태에서 등과 엉덩이를 번쩍 들고, 가랑이를 최대한 벌리고 기도했다. 3분만 기도해도 땀이 허리에서 등을 타고 내려와, 양쪽 어깨를 통해 침대로 뚝뚝 떨어졌다. 3시간이 지나면 침대 나무판은 내가 흘린 땀으로 축축했다. 팔꿈치와 무릎이 매우 저렸지만, 모기, 파리, 개미, 거미가 괴롭히는 것에 비하면 아무 것도 아니었다. 팔꿈치와 무릎은 저려서 움직이지 않았고, 벌레 물린 자리마다 퉁퉁 붓고 물집이 잡혔다. 게다가 침대 앞에 있는 오래된 화장실에는 문짝이 없어서 숨 쉬기도 괴로운 냄새가 나를 괴롭혔다. 그래서 코로 숨 쉬는 것을 포기하고 입을 크게 열어 숨 쉬며 기도를 했다.

그런데 그런 환경적인 것들은 내게 전혀 문제가 되지 않았다. 나는 불타는 마음으로 찜통더위를 이겨냈고, 쏟아지는 눈물로 흐르는 땀을 씻었다. 나의 절박함이 나를 물어뜯으며 기도를 방해하는 모기, 개미, 벌레들과 코를 찌르는 악취를 극복하게 해 주었다. 기도 응답보다 더 중요한 것은 없었기 때문에 여러 장애물이 내게는 조금도 기도의 걸림돌이 되지 않았다.

하루하루 날짜가 지나갈수록 필리핀 선교에 대한 나의 간절함은 커져갔다. 선교사가 뭔지도 몰랐지만, 항상 마음은 선교 아니면 죽음이었다. 나는 어디로 튈지 모르고 누구도 못 말렸던 사람이었지만, 하나님만큼이나 목사님과 J전도사님을 사랑하고 두려워했기 때문에 그분들의 말씀은 무조건 순종했었다. 그래서 가장 두려운 것은 목사님께서 나에게 한국으로 돌아오라고 명령하시는 것이었다. 그런데 선교와 순교에 대한 마음이 얼마나 컸던지 목사님께서 나를 끌고 가기 위하여 직접 필리핀에 오셔도 전봇대에 올라가 쇠사슬로 몸을 묶고 온 힘을 다해 전봇대를 끌어안으리라 다짐하곤 했다. 그때 나는 정말 '선교' 아니면 '죽음'이었다.

하늘을 연 염전밭 기도

"훈련생이 훈련은 안 하고, 기도하러 왔냐?"
필리핀 선교지에서 내가 형들에게 제일 많이 들었던 말이다. 형들은 신학대학교 입학을 앞두고 영어를 파고 있는데 나는 기도에만 빠져 살았으니 아마 답답했을 것이다. 형들 눈에는 내가 선교사 훈련과 신학교 입학을 모두 포기한 사람처럼 보였을 것이다. 3개월간 함께 살았지만 형들은 나의 상황을 잘 몰랐다.

그때 나는 선교사 뿐 아니라, 동시에 결혼이라는 큰 산도 넘어야 했다. 선교사 훈련을 잘 통과하더라도 결혼은 어찌한단 말인가? 복잡다단한 문제를 단번에 끝내주실 분은 하나님뿐이시기 때문에 나는 기도에 매달릴 수밖에 없었다.

나는 끈질기고 필사적인 기도로 하나님께 악착같이 매달려서 하나님의 마음을 돌이키는 기도를 몇 번이나 성공했었다. 한국에서 하루 7시간까지 기도했던 나였지만, 필리핀에서의 3개월 동안에는 여태껏 해 보지 못한 내 한계를 뛰어 넘는 기도를 했다.

그런데 아무리 기도해도 목사님은 아무런 말씀이 없으셨다. 형들의 입학이 눈앞으로 다가오면서 우리 모양새도 이상하게 되었다. 심령이 답답한 나와 오정민 자매는 저녁을 간단히 먹고 손전등을 들고 염전밭으로 갔다. 사방에 불이 꺼져 캄캄한 곳을 더듬거리며 걷다보니 기도하고 싶은 마음이 들었다. 염전 풀밭에 주저앉아 내가 대표로 기도했다.

"하나님! 구한 말, 전 세계에서 조선으로 향했던 선교사들도 대부분 20대 초중반이었습니다. 그런데 어찌 우리는 안 되는 것입니까?"

당시 나는 한국 나이로 25살이었지만 국제 나이로는 '만 23살'이었으니, 구한 말 선교사들과 딱 맞는 나이였다. 열정 하나만으로는 선교할 수 없다는 주변의 우려, 걱정, 편견이 우리를 꼼짝달싹할 수 없게 꽁꽁 묶고 있는 것 같았다. 그 답답한 심정을 주님 앞에 토하니, 눈물, 콧물이 끝없이 쏟아졌다. 꺽꺽거리며 우는 와중에도 기도를 끊을 수가 없어서, 나는 염전 밭에 있는 풀을 한 움큼씩 뽑아서 코를 풀고 눈물을 닦았다. 얼마나 풀을 뽑아댔는지 기도를 마치고 보니, 내가 앉았던 자리가 휑했다. 지혜로운 오정민 자매는 휴지를 가져 와서 코 푼 휴지로 주머니가 불룩했다.

불과 5분 남짓한 기도였지만 평생 잊을 수 없는 뜨거운 기도였다. 눈물, 콧물과 함께 내 마음을 다 쏟아내니 심령이 매우 시원했다. 현실은 그대로였지만, 기도가 하늘 보좌에 닿았는지 마음에 평안이 일었다. 대표 기도를 마치고 나는 풀과 콧물이 엉켜있는 손바닥을 툭툭 털고 곧장 집으로 돌아왔다.

집에 도착하니 형들이 목사님과 채팅을 막 끝내던 참이었다.

놀랍게도 목사님은 나와 채팅을 하고 싶다고 하셨다. 긴장감을 추스르며 자리를 넘겨받아 앉았는데, 목사님이 처음으로 "너희는 어떻게 하고 싶냐?"고 물으셨다. 나는 내가 얼마나 선교를 원하는지 솔직히 말씀드렸다. 즉시 목사님은 선교를 허락하셨고, 한국에 돌아와서 정식으로 선교사 파송을 받아서 필리핀으로 들어가라고 하셨다. 꿈에도 그리던 선교사 파송을 허락받은 것이다. 불과 30분 전만 해도 앞길이 캄캄했는데, 30분 만에 인생이 바뀌는 역사가 일어났다. 염전밭 기도로 천근같았던 마음이 새털처럼 가벼워졌으니 염전밭에서 올린 기도가 하나님 보좌에 닿아 하늘 문이 열린 것이 분명했다.

나는 즉시 주희 자매에게 국제전화로 자초지종을 얘기했다. 그리고 어머니께도 전화 드렸다.

"엄마! 목사님이 나를 정식 선교사로 파송해 주신데요! 이제 훈련생이 아니라, 선교사로 파송되는 거예요. 한국에 들어가면 교회에서 결혼식을 하고, 목사님께서 주례도 봐 주시기로 하셨어요. 정식으로 선교사 파송예배도 드리게 될 거예요!"

하나님의 역사하심은 참 놀랍다. 그때 어머니가 순순히 결혼을 허락하셨다. 나는 그 전화가 어머니의 마음을 움직일 거라고는 상상도 하지 못했다. 무엇에 꽂히면 물불 안 가리고 덤비는 내 성격을 아시는 어머니는 기후도 안 맞는 곳에서 내가 얼마나 고생하고 있을지 짐작하고 계셨다. 그런데 그 고생은 안중에도 없고 선교사가 된 것만으로도 기뻐서 울먹이는 걸 보면서 이놈 고집은 절대 꺾을 수 없겠다는 생각이 드셨단다.

사실 어머니의 마음은 서서히 변하고 있는 중이었다. 어차피 반대해도 소용없다면 선교사도 결혼도 허락해 주는 것이 아들의 고생을 조금이나마 덜어주는 길이라고 생각하며 반쯤 마음을 접고 계실 무렵, 벽에 걸린 달력이 눈에 띄었다고 하셨다.

나는 훈련생으로 필리핀에 가 있는 동안 나의 기도로 상황이 역전될 것이라 믿었다. 그래서 3월에 필리핀으로 떠나면서, 5월 달력의 어느 토요일에 빨간색 펜으로 원을 그리고 '결혼식'이라고 크게 써놓았다. 4월이 지나 5월 달력을 펴 보신 어머니는 그것을 보시고는 마음이 녹아지셨다고 했다.

'얼마나 결혼을 하고 싶으면 저렇게 달력에 써 놓았을까? 그래! 우리 아들이 좋아하는 걸 하게 해 주자! 전라도 여자건, 생일이 빠르건, 눈 밑에 점이 있건, 지들 좋아 결혼하는 것이니 밥은 끓여먹고 살겠지!'

목사님께 선교사 파송을 허락받고, 어머니께 결혼 허락까지 받았지만 마지막 암초가 남아있었다. 결혼 날짜를 앞두고 '한인 필리핀 연합 찬양집회'가 있었다. 일로일로제일좋은교회가 일로일로 시에서 최초로 한인과 필리핀의 연합 찬양집회를 추진했고, '파워프레이즈 찬양팀'이 집회를 진행했는데 집회 날짜가 하필이면 6월 28일(토), 결혼식 일주일 전이었다.

결혼을 앞둔 내가 빠진다고 한들 아무도 반대할 사람은 없었지만 나는 그 집회에 꼭 참석하고 싶었다. 찬양팀이 주최가 된 첫 집회라서 한 사람이라도 더 필요한 상황이었다. 그러나 그것보다는 아무나 할 수 없는 특별한 헌신과 사랑을 하나님께 먼저 드리고 나서 결혼식을 하고 싶은 마음이 더 컸다.

나는 한국에서 신학을 하지 않아서 인맥도 후원자도 없었다. 게다가 양가 부모님은 재정적으로 빠듯하셨고 신앙도 걸음마 수준이셨으니, 그 어느 것을 보더라도 나의 미래는 불투명하고 불안정했다. 내 상황이 어려울수록 남들이 하지 못하는 특별한 헌신과 사랑을 하나님께 드려서 특별한 복을 받고 싶었다. 그래서 엄 목사님을 찾아뵈어 '결혼보다 하나님 일이 우선'이라고 말씀드린 후에 집회 준비에 올인했다. 은혜롭게 찬양집회를 마치고 주일 예배까지 드린 후에 한인교회 목사님, 사모님, 찬양팀, 성도들의 축복기도를 받고 월요일에 한국에 발을 디뎠다.

덕분에 아내에게 불똥이 떨어졌다. 신랑 없이 결혼준비를 해야 하는 것도 기막힌데, '내 눈에 흙이 들어가도 절대 주희는 안 된다'던 시어머니와 함께 결혼준비를 해야 하는 상황이 되었으니 얼마나 당황스러웠겠는가? 나는 하나에 집중하면 옆을 돌아보지 못하는 사람이라 결혼 준비를 할 때 아내도 어머니도 배려하지 못했다.

'내가 하나님 일을 하면, 하나님께서 내 일을 해 주시리라!'는 마음으로 결혼 기도 대신 집회 기도에만 집중했다. 또 집회 준비에 정신이 팔려 아내에게 전화도 못 했다.

그러는 사이에 어머니와 아내는 급속히 친해졌다. 하나님께서 기이한 방법으로 내 일을 해 주셨다. 무심한 아들과 무심한 남편을

둔 두 사람의 처지가 동병상련이 되어 아내와 어머니는 서로 마음을 나누는 사이가 되었다. 천방지축 아들 때문에 마음고생이 심하셨던 어머니는 아내에게 속마음을 털어놓으시며 눈물을 쏟으셨고, 아내는 그 말씀을 귀담아 들으며 위로하는 가운데 두 사람 사이에 놓여있던 담이 허물어졌다. 함께 결혼 준비를 하면서 어머니는 아내를 든든한 동지로 여기시며 고마워하셨다.

장남이 선교사가 되어서 부모님을 잘 챙겨드리지 못 해서 항상 죄송했는데, 아내가 부모님께 잘 해 드려서 다행이었다. 아내가 아무리 실수를 해도 천하의 불효자인 나보다는 부모님께 더 잘 할 것이 분명하니 이 부분이 아내에게 매우 유리하게 작용했다. 또 어머니는 '주희를 주의(?)'한 것을 늘 미안해 하셨다. 덕분에 아내의 시집살이가 많이 헐거워졌다. 이 또한 합력하여 선을 이루시는 하나님의 놀라운 역사였다.

2003년 7월 5일(토), 우리는 교회에서 결혼식을 올렸다.
재정이 빠듯했지만 아내의 많은 기도와 발품으로 결혼에 관계된 모든 것들(웨딩 촬영, 화장, 웨딩드레스 대여, 결혼식 촬영 등)을 120만원에 해냈다. 우리의 초저가 결혼식을 몰랐던 젊은 청년들은 아내의 드레스와 화장이 예쁘다며 소개해 달라고 했으니, 이것도 하나님의 은혜였다.

내 나이 25살, 아내 나이 24살. 요즘에 신랑, 신부 나이 합쳐서 50살이 안 되는 경우가 흔치 않으니, 우리는 참 풋내기 어린 부부였다. 우리는 결혼하게 됐다는 사실만으로도 벅차게 행복했다. 또 양가 부모님들이 우리 결혼식으로 인해 교회에 오셔서 예배드리신 것도 큰 은혜였다.

결혼식 다음날은 주일이었다.
우리는 일생에서 가장 귀한 첫 주일을 하나님께 드리고 싶어서 나란히 한복을 입고 주일 예배를 드렸다. 성도들과 함께 떡을 나누고 축복과 덕담으로 배를 불렸다. 예배 후에 청년들이 '웨딩카'로 단장해 놓은 아내의 빨간색 중고 마티즈를 타고 신혼여행을 떠났다. 우리는 '예수님과 함께 하는 신혼여행'이라는 주제를 정하고, 전국을 누비며 행복을 만끽했다. 돈이 없어서 해외로 가지 못했지만, 곧 한국을 떠나게 되니 한국을 눈에 담자며 서로 위로했다.

신혼여행 첫날은 어느 조그만 기도원에 가서 금식 기도를 하며 첫 가정 예배를 드린 후에 전국을 돌았다. 우리는 방문하는 도시마다 교회에 먼저 들러서 예배와 기도를 드렸다. 대전을 방문했을 때는 장경동 목사님께서 사역하시는 대전 중문교회를 들렀는데, 텅 빈 본당에서 우리는 이런 기도를 드렸다.
"하나님, 우리의 가장 소중한 신혼여행을 금식과 예배로 시작합니다. 세상 여행이 아닌 기도원과 교회에 먼저 왔으니, 훗날 우리가 전 세계를 다니며 하나님을 증거하게 하옵소서!"

정식 선교사로 필리핀에 파송되다

8월 17일(일)에 파송 예배를 드렸다. 결혼식을 올린 지 1달 만이었다. 목사님의 설교가 끝나고 우리 부부와 오정민 자매는 성도들 앞에서 축복 기도와 파송 찬양을 받았다. 그날 우리는 3차 단기선교팀과 함께 필리핀으로 향했다.

그때 필리핀으로 날아가는 비행기 안에서 아내는 무엇을 꿈꾸고 기대했을까? 철없고 어렸던 우리 부부는 결혼과 선교에 대한 구체적인 비전이 없었다. 양가의 반대가 심했기 때문에 결혼이라는 산을 어떻게 넘어야 할지만 고민했었다.

선교 역시 막연히 잘 될 거라고만 생각했다. 아내는 나와 교제하면서부터 선교를 결심했지만, 선교사의 삶이 어떤 것인지 잘 몰랐다. 필리핀에 단기선교 갔을 때처럼 행복하게 찬양하고, 아이들에게 율동과 말씀을 가르치면 될 것이라 생각했다. 선교지가 얼마나 치열한 영적 전쟁터인지 모르고 그저 낭만적으로만 생각했다. 어린 나이에 하나님께 충성했으니 하나님께서 물질이든 사람이든 사역이든 모두 넉넉히 채워주실 거라고만 믿었다.

나도 마찬가지였다. 나는 강력한 신유사역자가 되어 전 세계를 누비며 순회 선교하는 것을 항상 꿈꾸었다. 모든 나라, 모든 도시들을 방문하여 지구촌을 성령의 불로 태워버리겠다는 뜨거운 꿈을 꾸었다. 비록 아무도 나에게 설교할 기회를 주지 않았지만, '베니 힌'과 '라인하르트 본케'처럼 100만 명 앞에서 설교하고 신유 사역을 하는 나의 모습을 그려보며 가슴 벅차했다. 25살의 나는 비록 배고픈 청년이었지만 마음만큼은 현실과 동떨어진 상상의 세계를 꿈꾸는 순수하고 뜨거운 청년이었다.

목사님은 선교팀에 합류한 우리 부부에게 100kg(여행용 가방 4개)의 짐을 배려해 주셨다. 우리 부부는 컴퓨터 본체, 밥솥, 현금 150만 원만 챙겼다. 가장 기본적인 것만 챙겼는데도 금세 100kg가 찼다. 자리가 모자라서 컴퓨터 본체만 가져가고, 모니터는 현지에서 사기로 했다. 지금 생각하면 참 무모하기 짝이 없었다. 필리핀에 돈을 묻어둔 것도 아니고 고작 150만원을 가지고 가면서, 당장 덮을 이불도 밥그릇, 숟가락, 젓가락도 가지고 가지 않았으니 말이다. 노트북 살 돈이 없어서 아내가 사용하던 컴퓨터 본체만 덜렁 가져갔는데, 그것이 안쓰러우셨는지 한인교회 엄 목사님께서 모니터를 사 주셨다. 그때까지 살면서 내가 받아본 제일 큰 선물이었다.

8월 23일(토), 선교팀이 한국으로 돌아갔고, 24일(일)이 되었다.
드디어 정식 선교사가 되어 필리핀에서 첫 날을 시작하는데, 그날이 마침 내 생일이었다. 수많은 선교사들 중에서 자기 생일에 선교지에서 첫 날을 시작하는 이가 몇이나 될까? 이 모든 것이 우연이 아닌 것 같아 너무나 감사했다.
결혼 첫날을 금식으로 하나님께 드렸는데, 선교사 첫날을 생일로 하나님께 드렸으니 얼마나 감사한지 모른다. 동시에 하나님은 선교지에서 맞는 첫 생일 선물을 '첫 날'이라는 특별 깜짝 선물로 주셨으니 우리 하나님 같이 멋있는 분이 없다.

우리 부부는 교회에서 정식 선교사로 파송 받았지만 후원은 일체 없었다. 형들과 같이 선교센터에 살았을 때는 월세, 전기세, 물세, 음식 등은 무료였다. 형들은 정식 선교사라 생활비가 나왔지만, 우리 훈련생에게는 그런 후원이 없었다.

그래서 오정민 자매와 나는 선교센터에 얹혀살았다. 방이 2개였기 때문에 리더 형과 오정민 자매가 하나씩 쓰고, 둘째 형은 마루 왼쪽에, 나는 마루 오른쪽에 누워서 잠을 잤다. 그래도 그때는 전혀 불편할 게 없었는데 결혼을 하니 어디서 자야 할지 고민스러웠다. 그렇다고 아내와 함께 선교센터에 얹혀 살 수는 없었다. 우리 부부를 위한 방이 없다고 떼를 써서, 다른 사람의 방을 빼앗고 싶지 않았다. 그래서 센터 근처에 월세 집을 하나 구했다. 그 바람에 우리는 모든 살림을 전부 우리 힘으로 감당해야했다.

우리 부부가 선교사가 된다고 하니 다들 먹고 사는 것을 걱정하셨다. 특히 부모님의 걱정은 이만저만이 아니셨다. 아버지는 항상 나를 핍박하셨는데 상황 상황마다 단골 멘트가 바뀌었다.

"야! 니 필리핀에 가면 결국 내 밖에 책임질 사람이 있나?"

그 말을 들으니 내가 부모님께 의지하면 부모님에게 신앙이 생기지 않을 것 같았다. 초신자 아버지, 불신자 어머니에게 나의 살아계신 하나님을 보여드릴 필요가 있었다.

"아버지가 저를 도우시는 것이 아니라, 저를 필리핀으로 보내시는 하나님께서 저를 도우실 겁니다! 반드시 두고 보세요!"

우리는 양가 부모님과 형제들에게 일체의 후원금을 받지 않고, 오직 우리의 인생을 하나님께 맡겼다.

"뭐라꼬? 니 하나님이? 내, 니 두고 볼끼다!"

아버지는 말씀은 그렇게 하셨지만 그래도 우리가 뭔가 믿는 구석이 있어서 큰 소리를 치는 것이라고 생각하셨다. 아버지가 생각하신 나의 믿는 구석은 아내였다.

하지만 아내 역시 빈털터리였다. 직장에서 월급을 받았지만 적지 않은 돈을 부모님께 용돈으로 드렸고, 구역의 궂은일을 도맡아 하느라 저축을 하지 못했다. 그나마 있는 돈은 결혼식 비용으로 썼고, 퇴직금 500만 원이 수중에 남아 있었다. 그 돈이 우리 인생 최초의 종자돈이자 우리 가정의 전 재산이었다.

그런데 기도를 할수록 그 돈을 하나님께 드리고 싶었다. 돈도 하나도 없는 거지 주제에, 그것도 해외 선교사로 가는 상황에서 한 푼이라도 더 손에 쥐고 가야 하는데, 오히려 손에 쥔 것을 모두 깨끗이 털어서 하나님께 드리고 싶었다.

특히 아내가 매우 원했다. 아내는 한국에서 6년 동안 직장생활을 인도해 주신 하나님, 필리핀에서 앞으로 선교사역을 인도해 주실 하나님께 가장 귀한 예물을 드리고 싶어 했다. 우리는 아무도 없는 시간에 어수룩한 교회 본당에 들어가서 헌금함 앞에서 두 손 잡고 기도를 올리고 퇴직금 전액을 하나님께 드렸다.

헌금함에 넣는 순간, 세상에 속해 있던 그릇을 깨끗이 비워낸 것 같았고, 그제야 하나님이 채워주실 양식으로만 살 수 있는 마음의 준비를 마친 것 같았다. 천만다행으로 선교지로 떠나기 직전에 150만원이 생겨서 필리핀에서 생필품들을 조금 구입할 수 있었다.

그렇게 순수한 마음으로 필리핀에 왔지만 온갖 기대와 설렘은 신혼집으로 이사한 날에 다 깨져버렸다. 우리의 신혼집은 찬양팀 1기 대장이 살았던 집으로 띠마와(Timawa) 마을에 있었다. 공항을 벗어나 허름한 판자촌을 지나서 수풀이 우거져 길도 나지 않은 정글 같은 곳으로 들어가니, 아내는 점점 말수가 적어지고 표정까지 어두워졌다. 비가 내리면 발목까지 흙과 쓰레기 섞인 물이 차오르는 흙길을 통과하고, 무릎까지 올라오는 풀밭을 지나자 '설마 이런 곳에 집이 있을라고? 조금 더 가면 번듯한 동네가 나오겠지?'라고 생각하며 반신반의하는 표정이었다.

하지만 그곳이 바로 우리가 살 곳이었다. 폐허 같은 곳에 대문 입구도 없이 공사판 벽돌로 된 담벼락이 있고, 그 안에 콘크리트 집 2채가 달랑 서 있는 곳. 건물 외벽은 페인트는커녕 미장질도 되어 있지 않아 음산하고 괴기스러웠다. 아내는 충격을 받았는지 한동안 집 안으로 들어가지 못 하고 멍하니 서 있었다. 선교지인 것을 감안하고 가난한 첫 살림이란 것도 감안했지만, 그래도 힘이 쭉 빠지는 모양이었다.

훗날 아내의 고백이 안타까웠다. 아내는 한국에서 소박하게 살았기 때문에 어떤 집도 감사하게 받아들일 수 있을 것이라 생각했는데, 그 집은 자신의 상상을 뛰어넘는 집이었다고 고백했다. 평범하지만 깨끗한 집에서 자란 아내에게 미장질도 안 된 담벼락과 집의 외벽은 공사판 한 가운데 서 있는 느낌이었다고 했다.

그러나 내게는 더없이 소중한 집이었다.

1층에는 주방과 거실이 있었고, 2층에는 조그만 방이 3개 있었다. 2층 베란다에서 보이는 하늘이 기막히게 아름다웠다. 집이 정글 같이 더러운 곳에 위치한 덕분에 월세가 22만으로 매우 저렴했다. 더군다나 목회자가 되기 위해 귀국하는 찬양팀 1기 대장의 집을 이어받게 되었으니 얼마나 복된 일인가! 나는 자랑스러운 마음으로 사랑스런 아내의 손을 잡고 우리의 신혼집으로 들어갔다.

나는 "이제부터 시작이다!"라는 흥분과 기대에 부풀었지만, 아내는 "시작부터 이렇다니…"하며 한숨을 내쉬었다.

아내의 한숨은 점점 더 깊어졌다.

필리핀에 도착한 지 2달 만에 우리가 가지고 있던 돈이 바닥났다. 살림을 못 가지고 와서 현지에서 최소한의 생필품만 샀는데도 금세 빈털터리가 되었다. 허니문은 순식간에 끝나고, 그때부터 본격적인 광야가 펼쳐졌다. 몸도 마음도 영혼도 어린 아이 같았던 우리를 단련시키기 위한 하나님의 거친 특별훈련이 시작되었다.

필리핀 학생보다 더 가난한 한국 신학생

나는 필리핀에 도착하기만 하면, 바울처럼 온 지역을 다니며 복음을 전할 수 있을 줄 알았다. 하나님께서 말씀과 신유 은사를 주셔서 필리핀을 순식간에 뒤집을 수 있을 거라 믿었고, 그것이 속히 이루어지게 기도했었다. 그런데 정식으로 파송 선교사란 타이틀을 달고 제일 먼저 한 것은 신학교 입학이었다. 선교사가 되겠다고 결심했지만 복잡한 신학 공부를 할 생각은 추호도 없었다. 성경을 읽으면 성령님께서 다 가르쳐 주실 것인데, 신학교에서 4년이나 시간을 낭비하는 것은 어리석은 짓이라고 생각했다. 그런데 목사님께서 신학교 이야기를 꺼내셨다.

"목사님, 신학하지 않고 바로 사역하면 안 될까요?"

"털도 안 뽑고?"

'털을 뽑다?' 처음 듣는 말이었다. 목사님의 대답은 아리송하기만 했다. 너무 궁금하고 답답했지만 나에게 목사님은 하나님보다 더 어려운 분이셨다. 감히 여쭤보지 못하고 벙어리가 되어 그 자리를 빠져나왔다. 무슨 털을 말씀하시는 것이지? 설마 닭털인가? 무수한 고민 끝에 나는 목사님께서 닭털을 말씀하신 거라고 깨달았다.

그런데 그것이 더 복잡했다. 나는 닭이 아니라 닭털도 없고, 닭을 요리할 줄도 모르는데 왜 그런 말씀을 하셨지? 도대체 신학교와 닭털은 무슨 영적 관계가 있을까? 몇 주 동안 혼자 끙끙 앓으며 묵상했다. 그리고 나중에야 깨달았다.

'닭 요리를 하려면 먼저 닭의 털부터 뽑아야 하는데, 너는 신학교도 건너뛰고 선교사가 된단 말이냐?'

끙끙 앓는 것이 불쌍했는지 성령님께서 그렇게 알려 주셨다. 항상 나는 이런 식이었다. 한 번에 알아듣지 못하고 한참을 헤매고 고민하다가 나중에야 깨달았다. 그런데 그럴 때마다 나는 나의 어리석음을 탓하지 않고 '어떻게 내가 이 어려운 것을 깨달았지? 하나님께서 정말 나를 사랑하시구나!'하고 감탄했다. 이렇게 우둔하고 어리석었으니 내 앞에 얼마나 큰 환난과 고생이 기다리고 있었겠는가? 또 아내는 그런 남편 때문에 얼마나 고생했겠는가?

결국 나는 신학교에 입학했다.

거기에는 현실적인 문제도 있었다. 학생 비자를 받아야 체류 기간이 길고 온 가족이 혜택을 받을 수 있기 때문에 신학교 입학은 선택이 아닌 필수였다. 그래서 2학기가 시작되는 10월, 나와 오정민 자매는 'CPU 대학교'(Central Philippine University)의 신학과에 입학했다. 더불어 고난도 시작했다. 선교 사역도 없는 25살의 신학생을 후원하는 교회는 없었다. 부모님께 큰 소리를 쳤기 때문에 손을 벌릴 수도 없었다. 입학하기도 전에 돈은 다 떨어졌고, 아내는 임신까지 했다. 학비, 월세(22만원), 생활비까지 마련하자니 눈앞이 캄캄했다. 나는 바닥에 엎드려 매일 3~4시간씩 기도했다. 3시간 기도하면 1주는 겨우 입에 풀칠했고, 3시간 밑으로 기도하면 배고프고 비참한 1주가 되었다. 그때부터 오직 하늘만 바라보는 인생이 되었다.

가장 비참한 것은 점심 식사였다.

교내 식당은 비록 맛은 없지만 밖에서 파는 것보다 저렴하고도 양이 많았다. 반찬 2개의 세트 메뉴는 1,000원, 반찬 3개는 1,200원이었다. 우리 선교사 네 사람은 필리핀 학생들처럼 교내 식당에서 점심을 먹었다. 그런데 1달도 안 되어 그 돈이 너무 부담스러워졌다. 아내를 위해, 살아남기 위해, 무조건 무엇이든 줄이고 또 줄어야만 했던 나는 점심부터 줄이기로 했다.

둘째 달부터 나는 점심을 집에서 싸왔다. 점심시간이 되면 아무리 가난한 학생일지라도 삼삼오오 모여서 교내 식당으로 향했지만, 나는 교내 식당과 제일 먼 곳으로 향했다. 운동장 구석의 그늘로 가서 아내가 싸준 샌드위치와 물로 끼니를 해결했다.

아내의 샌드위치는 단순했다. 식빵에 마요네즈로 버무린 양배추를 넣은 게 전부였다. 아내는 주일마다 식빵 한 줄과 양배추 한 통을 사서 5일 동안 먹을 샌드위치를 만들었는데 그마저도 양이 충분치 않았다. 하루에 식빵 네 개를 사용해서 샌드위치 두 개를 만들어 비닐봉지에 넣어 주었다. 채소라도 더 넣고 싶었지만, 좀 넉넉하게 넣었다 싶으면 금요일에는 채소 없이 빵만 먹어야 했다.

허기보다 더 괴로운 것은 갈증이었다. 가장 저렴한 음료수는 플라스틱 컵에 담은 가루 주스였는데 115원(5페소)였다. 콜라, 사이다를 마시고 싶은 마음은 굴뚝같았지만, 늘 맛없는 가루 주스로 만족해야 했다. 그런데 둘째 달부터는 그마저도 어렵게 되었다. 가난한 필리핀의 초등학생들도 자유롭게 마시는 음료수가 내게는 그림의 떡이었다. CPU 대학교 안에는 부속 유치원, 초등학교, 고등학교가 있었다. 그들이 먹는 것을 보면 더 배가 고팠고, 그들이 마시는 것을 보면 더 갈증이 났다. 눈을 찔끔 감든지 빨리 다른 곳으로 보던지 해야 했다. 그래서 교내 식당 근처에도 가지 않았다. 강의실을 이동할 때에는 항상 교내 식당을 멀리 둘러서 이동했다.

몸은 축축 늘어지는데 마실 물조차 없다는 사실은 나를 너무나 힘들게 했다. 그때 내 소원은 물을 벌컥벌컥 원 없이 마시는 것이었다. 그래서 집에서 작은 $800ml$ 물병에 물을 담아 왔다. 아침에는 그것도 제법 양이 많은 것 같았는데, 점심시간이 되면 절반 밖에 남지 않았다. 필리핀에서의 첫 생활이었기 때문에 찜통더위가 나를 집어삼킬 것 같아서 나도 모르게 홀짝홀짝 마시다 보면 반나절 사이에 반통 이상 없어졌다. 그렇게 마셔도 갈증이 가시지 않았다. 아니 더 심해졌다. 아침에는 물이 차가워서 입만 축여도 시원한 맛이 있었는데, 오후에는 물이 뜨뜻해져서 입을 더 텁텁하게 했다.

그때 나는 항상 배고프고 목이 말랐다. 점심시간에 나무 그늘에 혼자 앉아서 물을 아끼려고 마른 침을 삼켜가며 빵을 먹을 때면, 혼자 밥 먹는 외국인의 모습이 신기했는지 대학교 부속 유치원 아이들이 눈을 동그랗게 뜨고 쳐다보곤 했다. 그 모습이 귀여워 내가 씨익 웃으면 나를 훔쳐보던 아이들이 깜짝 놀라 도망가곤 했다. 아이들의 눈에는 혼자 처량하게 빵을 먹는 내가 이상하게 보였겠지만, 나는 절망하거나 좌절하지 않았다.

세상에 나 혼자만 남겨지고 버려진 것 같은 그 묘한 느낌들이 오히려 내 마음에 새 힘을 불러 일으켰다. 25살의 79년생들 중에서 나보다 힘든 사람은 없을 거라고 생각하며 큰 자부심을 느꼈다. 내 삶이 또래들에 비해 거칠고 힘든 이유는 병사의 훈련과 장교의 훈련이 다르기 때문이라고 생각했다. 나는 일반 병사도 특수부대 병사도 아닌 특수부대의 사령관이 될 것이라며 나를 위로하며 칭찬했다. 게다가 나의 고난은 피할 수 없었던 고난이 아니라, 젊은 날 주를 위해 자처한 것이 아닌가!

나는 아침 7시에 첫 수업을 들으러 6시에 '지프니'(Jeepney, 버스 보다 작은 필리핀의 대중교통 수단)에 올라타면 "하나님, 오늘 하루를 주셔서 감사합니다. 오늘도 동행해 주세요!"라고 짧게 기도했다. 그리고 도시락이 든 가방을 단단히 움켜쥐면서 '지금은 이렇게 살지만 훗날 하나님께서 귀히 쓰시리라!'고 나를 격려했다. 수업을 마치고 집에 돌아오는 길도 쉽지 않았다. 등교 때는 지프니를 2번 갈아타면 학교 후문에 도착할 수 있었다. 하교 때는 지프니 두 번에 자전거 한 번을 타야 했는데, 자전거 90원이 아까워서 항상 걸었다. 이글거리는 태양을 직통으로 맞으면서 20분간 걷는 것은 고역이었다. 집에 도착하면 땀으로 흠뻑 젖어서 샤워부터 해야 했다.

그때 내가 가진 것이라고는 달랑 동전 몇 개뿐이었다. 학교 갈 때는 항상 320원(14페소)만 들고 나왔는데 23원(1페소) 동전 하나도 더 들고 나올 수 없었다. 그 어디에도 나를 도와 줄 사람이 없어 하루하루 버티기가 힘들었지만 믿기 어려울 정도로 나는 행복했다. 등교할 때는 그날 하루 동안 나와 동행해 주실 하나님 때문에 행복했고, 집으로 돌아오는 길은 사랑하는 아내를 만날 생각에 행복했다. 그리고 이 고난 끝에는 베드로와 바울이 감당했던 위대한 사역들이 두 팔 벌려 나를 기다리고 있을 거라 생각하며 가슴 벅차게 행복한 나날을 보냈다.

닭다리가 먹고 싶어요

갈증과 배고픔은 참 무서웠다. 온 몸이 땀으로 흠뻑 젖는 필리핀의 더위도 힘들었지만, 입에서 텁텁함과 뜨거운 바람이 나오는 것을 느낄 때면 참 괴로웠다. 허기에 지쳐 접혀 버린 배에서는 항상 꼬르륵 소리가 났는데, 사람들 앞에서도 물색

없이 아우성을 쳐서 민망했지만 그래도 견딜 만 했다. 하지만 아내와 함께 있을 수 있는 시간이 부족한 것은 참기 어려웠다.

결혼 전에 3개월 동안 선교사 훈련생으로 지내느라 떨어져 있어서 서로에 대한 그리움이 최고조에 달한 상태에서 결혼을 했는데, 필리핀에 와서도 아침저녁으로 꿈결같이 만나니 아내에 대한 애틋함이 점점 커졌다. 학교에 있어도 아내 생각뿐이었다.

아내도 마찬가지였을 것이다. 내가 아침 6시에 등교해서 오후 4시에 하교할 때까지 아내는 집에서 혼자 지냈다. 상고를 졸업해서 영어라고는 'Thank You', 'Sorry', 'I love you' 정도 밖에 몰랐고, 돈까지 없으니 외출도 못 했다. 평일에는 차비가 없어서 한인교회도 가지 못했다. 지금이야 인터넷 전화가 있어서 저렴하게 국제전화를 할 수 있지만, 그때는 국제전화를 엄두도 내지 못했다.

내가 학교에 가고나면 아내에게 신혼집은 감옥이 되었다. 아내가 유일하게 기댈 수 있는 사람은 남편이었지만, 나도 든든한 의지가 되어 주지 못했다. 현지 휴대폰이 있었지만 통신비 때문에 23원(1페소)하는 문자 메시지도 하루 3번으로 제한했다. 길게 쓰면 추가요금이 붙기 때문에 문장을 쪼개고 농축해서 기본 용량에 맞춰 보내느라 내 마음을 다 담지도 못했다.

그러다보니 혼자 집에 있을 아내가 걱정도 되고 보고 싶기도 하여, 어떤 날은 오후 수업을 안 듣고 집으로 달려왔다. 헐레벌떡 집에 오면 아내는 오도카니 거실에 앉아 멍하니 밖을 보고 있었다. 내가 신학교에 입학할 즈음 아내는 임신했고, 곧 우울증이 찾아왔다. 밤마다 아내는 먹고 싶다고 했다. 점점 불러오는 배를 끌어안고서, 떡볶이, 순대, 만두, 딸기, 복숭아 등을 읊어대며 입맛을 다셨다. 한국에는 얼마든지 있는 음식이지만 우리는 필리핀에 있었고, 당시에 일로일로 시에는 한인식당이 하나도 없었다. 수중에 돈도 없었지만, 아내가 먹고 싶은 음식을 파는 곳도 없었다.

아내는 상고를 졸업하고 일찍 취직해서 돈을 잘 벌었다. 아내는 집에서나 교회 구역에서나 큰 손이었다. 그런데 말도 안 통하는 필리핀에서 입덧으로 고생하는데 아무것도 먹을 수 없으니 얼마나 서러웠겠는가? 그런 아내를 지켜보는 나도 편치 않았다. 아내가 한국에서만 구할 수 있는 음식을 먹고 싶다고 할 때는 마음은 아파도 죄책감은 덜했다.

그런데 시간이 갈수록 아내가 먹고 싶어 하는 메뉴가 현지화 되어갔다. 급기야 일로일로 시의 어디서나 700원(30페소)면 살 수 있는 닭다리를 먹고 싶다고 할 때는 정말 괴로웠다. 그걸 먹으려면 아내 손을 잡고 지프니를 타서 시내로 가야 하는데 왕복 차비만 320원(14페소)이었다. 25살에 얻은 토끼 같은 아내를 너무나 사랑했지만, 단 돈 1,000원을 쓸 만한 형편이 못 되어 닭다리를 사주지 못했다. 그 돈을 써 버리면 나는 1주 동안 학교에 갈 수가 없었다. 그래서 밤마다 졸라대는 아내를 모른 척하고 끝내 닭다리를 사주지 않았다.

그게 지금도 한으로 남아 눈물이 난다. 왜 우리는 닭 한 마리는 고사하고, 닭다리 한 쪽을 못 먹었을까? 그저 한쪽, 내 아내만 먹일 수 있다면 충분했는데…

그때 우리는 날마다 이것이 마지막 끼니가 될 수 있다는 생각으로 밥을 지었다. 극한 가난을 겪고 있었기 때문에 아내는 과일 한 조각도 얻어먹지 못했다. 임산부가 배가 고프다 못해 속이 쓰려 밤잠을 못 잘 정도였으니 말해 무엇 하랴. 아내는 참다 참다 새벽 2시쯤 일어나서 한 손으로는 배를, 다른 한 손으로는 난간을 붙잡고 1층 부엌으로 내려가 밥에 찬물을 부어 말아 먹곤 했다. 김치도 없었거니와 저렴한 필리핀 반찬도 없었기 때문에 물에 말은 밥 말고는 먹을 것이 없었다.

밤새 뒤척이다 그거라도 먹겠다고 아내가 일어나면 나도 같이 일어났다. 미안하기도 했고 어두운 계단에서 발을 헛딛을까 걱정도 됐다. 아내를 부축해서 1층에 내려오면, 아내는 식탁에 덜렁 밥 그릇 하나만 올려놓고 물을 부어 허겁지겁 먹었다. 맨 밥을 그렇게 맛있게 먹는 것이 신기해서 나는 눈을 동그랗게 뜨고 세상에서 가장 멍청한 질문을 하곤 했다.
"반찬도 없는데, 그게 그렇게 맛있어?"
나에게 핀잔을 주지 않으려 했을까? 아니면 물 말아 먹는 밥을 허겁지겁 맛있게 먹는 모습이 민망했을까? 아내는 항상 부끄러워하며 이렇게 대답했다.
"어, 맛있어!"

그때 아내는 몇 번 도망을 쳤다. 아내는 모든 것을 포기하고 싶어서 임신한 배를 붙잡고 몇 번이나 도망을 쳤지만, 돈이 없어서 멀리 갈 수도 없었다. 지프니를 탈 80원(3.5페소)도 없었으니 밤길을 혼자 걷고 또 걷다가 결국 돌아왔다. 당시 일로일로 시는 그야말로 시골 동네였다. 지금처럼 한국인도 많지 않았고 치안도 형편없었다. 칠흑같이 캄캄한 밤에 홀몸도 아닌 임신한 외국 여자가 불 꺼진 도시를 배회하는 것은 참으로 위험천만한 일이었다. 겁도 많고 소심했던 아내가 얼마나 힘들었으면 그랬을지 싶다.

잠을 자다가 옆자리가 허전해서 부엌에 가 봐도 아내가 없으면 정말 온갖 생각이 다 들었다. 떠도는 흉흉한 소문들이 생각나고, 배를 붙들고 밤길을 울며 헤매고 있을 아내가 걱정되고 미안해서 미칠 것 같았다. 하지만 전화비가 없어서 아내에게 전화를 걸 수도 없었고, 문자 메시지를 보낼 돈도 없었다. 내가 할 수 있는 것이라고는 아내가 돌아올 때까지 바닥에 엎드려 아내가 무사히 돌아오기만 간절히 울며 기도하는 것이었다.

그렇게 간절히 애태우며 기도하고 있으면, 새벽 3~4시 즈음 완전히 탈진된 몸을 이끌고 아내가 돌아왔다. 터덜터덜 힘없이 걸어오는 모습이 너무 가엾고 가슴 아파서 나는 달려가 끌어안고 엉엉 울었다. 아내가 못 견디고 나갈 수밖에 없는 상황을 만든 내가 한심했고, 오죽하면 그 위험한 밤길을 임신한 몸으로 나섰을지 생각하니 가슴이 아팠다. 아내를 너무 사랑하지만 나는 가진 게 너무 없었다. 돈도, 시간도, 생각도, 이해하는 마음도 부족했다.

그런 나와 살면서 아내가 얼마나 마음고생을 했을지 짐작조차 할 수 없다. 지금까지도 내 곁에서 나를 참아주고 이해해주는 아내에게 진심으로 고맙고 미안하다. 지금도 어린 나이에 나 같이 못난 사람과 결혼해서 필리핀으로 따라온 아내를 쳐다보면 죄인이 된 마음이다. 눈물 나게 고마운 사랑, 서주희 사모, 사랑합니다.

저 개 옆에서 풀 뜯어 먹고 죽어야지

하루하루 겨우 연명했던 필리핀에서의 생활에 끝이 왔다. 돈이 다 떨어지고, 당장 먹을 쌀 한 줌만 남았다. 집에 쌀 한 줌 외에 아무 것도 없으니 더 이상 버틸 수가 없었다. 필리핀에 남을 것인지 한국으로 돌아갈 것인지 결정할 때가 온 것이다. 언젠가는 그런 순간이 올 줄은 알았지만 그렇게 빨리 올 줄은 몰랐다. 막상 닥치니 아무 생각도 나지 않고 머리만 복잡했다. 사실 결단이라고 할 것도 없었다. 한국으로 돌아가지 않으면 굶어 죽는 것이니 결정하고 말 것도 없었다. 방에 들어가 기도를 해도 머리만 더 아플 뿐 해결책은 없었다.

그래서 아무 생각 없이 현관문을 열고 문틀에 기대어 멍하니 서 있는데 개 한 마리가 보였다. 집 앞에는 발목까지 오는 풀이 있었는데 동네 배고픈 강아지가 풀을 뜯어 먹으며 놀고 있었다. 그때 이상한 생각이 들었다.

'한국으로 철수한다? 그래, 내가 지금 다시 한국으로 돌아가 공부하면 인하공대 정도는 다시 들어갈 수 있을 거야. 졸업하면 번듯한데 취직도 할 수 있겠지? 그렇게 살다보면 집사가 되고 나이가 들면 장로가 되겠지? 한 평생을 편하게 살 수는 있겠네. 하지만 그렇게 살면 하나님 앞에 집사나 장로가 되어 서겠지? 그런데 만약 내가 여기서 죽는다면 나는 선교사로서 죽는 것일 텐데.. 하나님 앞에 장로로 서는 게 좋을까? 선교사로 서는 게 좋을까? 장로로 서느냐? 선교사로 서느냐?'

여기까지 생각이 미치자 모든 방법론이 무의미해졌다. 해결책을 찾아야만 한다는 부담감도 사라졌다. 살아남아야 한다는 절박함도 없어졌다. 지금 당장 죽으면 선교사로 하나님 앞에 설 수 있으니, 오히려 좋은 것이었다.

'그래! 남은 쌀이 떨어지면 저 개 옆에서 같이 풀을 뜯어먹어야지! 저 풀을 뜯어먹다가 그것마저 없으면 풀밭에서 죽어 버려야지!'

순식간에 마음이 정해졌다. 그러자 눈앞의 현실이 두렵지 않고 오히려 평안해졌다.

그렇게 소명을 떠올리게 하면서 하나님 앞에 새롭게 설 수 있게 인도하신 하나님은 아내에게 다른 방식으로 접근하셨다.

아내는 자신이 살아왔던 환경과 전혀 다른 곳에서 말 못할 고통을 혼자 겪고 있었다. 게다가 뱃속에서 생명을 키우고 있던 아내는 선교지의 삶이 너무 힘들어서 후회하고 원망할 기운조차 남아 있지 않았다. 선교에 온통 마음이 쏠려있는 남편에게 자신의 상황과 마음을 다 털어놓을 수도 없었다. 결국 아내는 내가 없는 낮 시간에 베란다로 나가서 차가운 타일 위에서 데굴데굴 구르며 절규했다.

"주님, 이 생활을 견디기가 너무 힘듭니다. 모든 걸 포기하고 싶어요. 지금 여기엔 주님이 안 계신 것 같아요. 주님! 듣고 계세요?

제 사정을 알고 계시다면 그리고 지금 제 기도를 듣고 계시다면 번개라도 한 번 쳐 주세요!"

그때 갑자기 마른하늘에 번쩍하고 번개가 쳤다. 아내는 너무 놀라서 "하나님? 지금 하나님이 치신 거예요? 정말 하나님이세요? 정말 하나님이 하신 거라면, 한 번만 더 해 주세요!"라고 하자 즉시 번개가 쳤다. 놀랍기도 하고 설명하기도 힘든 일이었다. 너무 힘들어서 한탄하며 했던 기도였지, 정말 번개가 칠 것이라 기대하며 기도한 것이 아니었다. 아내는 믿기지 않아서 "하나님, 더 이상 구하지 않겠습니다. 진짜 마지막으로 한 번만 더 보여주세요. 그러면 주님의 뜻으로 알고 순종하겠습니다!"라고 기도했다. 그런데 그 말이 끝나기도 무섭게 아내의 머리 위에서 번쩍하고 번개가 쳤다.

그날 아내는 장엄하신 하나님, 아내와 함께 계시는 하나님, 모든 것을 세밀하게 눈동자처럼 지켜보시는 하나님을 만났다. 하나님은 겨우 24살, 선교사의 사명 없이 철없는 남편을 따라 이국땅에 온 새 신부의 마음을 따뜻하게 어루만져주셨다. 하나님은 세상과 하나님으로부터 내팽개침을 받은 것 같아 실망감에 몸부림치는 아내에게 직접 나타나셨다. 그리고 아내를 위로하시고 용기와 사명을 주셨다. 자상하신 우리 하나님은 당신의 자녀를 세세하게 살피시고 돌보셨다. 학교에서 돌아오니 아내는 화색이 도는 얼굴로 나를 맞았다. 그리고 그날 낮에 있었던 일을 말해 주었다. 아내는 간증을 하면서도 실감이 나지 않는지 얼떨떨해 했다.

놀라운 것은 하나님이 우리만 만나주신 것이 아니었다는 것이다. 내 아버지도 만나주셨다. 하나님은 내게 개가 풀 뜯어 먹는 장면을 보여주시고 내가 스스로 결단하도록 유도하셨다. 하나님은 아내에게 마른하늘에 번개를 3번이나, 그것도 아내의 기도가 끝나기가 무섭게 보여주셨다. 하나님은 내 아버지 눈앞에 우리 부부를 어른어른하게 하셨다. 내가 필리핀에서 순교하길 각오하고 마지막 끼니를 먹고 있을 즈음, 한국에서 아버지로부터 국제전화가 왔다.

보통은 어머니가 전화를 하셨는데, 그날은 아버지가 전화하셔서 좀 의아했다. 뜬금없이 아버지는 매달 30만원씩 보내주시겠다고 하셨다. 나는 살아계신 하나님을 양가 부모님께 보여드리기 위해 어려운 내색을 전혀 하지 않았었다. 아버지를 포함해 그 누구도 우리 집에 쌀이 떨어졌다는 것을 몰랐다. 게다가 아버지는 "니 하나님이? 내, 두고 볼끼다!"라고 하셨던 분이 아닌가? 사실, 아버지는 우리를 안 도와주신 것도 맞지만, 상황이 어려워서 못 도와주신 것이기도 했다. 그런데 그때 갑자기 일이 잘 풀리셔서 내게 전화하신 것이다.

그 일을 통해 나는 사람 앞에서 비굴하게 굴지 않아도 하나님께서 우리를 책임져 주신다는 것을 처음으로 경험했다. 삶을 염려하여 뭔가를 쟁여놓지 않아도, 하나님은 집에 쌀이 몇 톨 남아있는 것까지 살피시고, 미리 준비하시는 분이란 것을 경험으로 알게 되었다. 그 경험은 이후의 선교사역을 해 나가는데 하나의 큰 이정표 역할을 했다. '선교도 돈이 있어야 할 수 있다!'는 말은 선교사에게 불문율과 같다. 하지만 전 재산이 500원 밑으로 떨어진 적이 많았던 우리 부부는 '내게 있는 나사렛 예수 그리스도의 이름'만 의지하며 사역하는 선교사가 되어갔다. 그 믿음이 생길 수밖에 없는 상황으로 인도하신 나의 하나님을 찬양한다.

지혜롭고 어진 나의 딸, 지인이가 태어나다

나는 26살에 아빠가 되었다. 부모가 된다는 것이 무엇인지도 모르고 필리핀에서 적응하느라 좌충우돌하고 있을 때 덜컥 아빠가 되었다. 막달이 다가오니 장모님이 국제전화를 하셨다. 마닐라도 아닌 일로일로 촌구석에서 출산하게 될 만딸을 걱정하셨다. 장모님은 우울증을 겪고 있는 아내가 병원에서 간호사와 말도 통하지 않을 상황을 생각하며 안쓰러워하셨다. 첫 딸의 탄생을 못 봐서 아쉬웠지만, 나 역시 아내와 아기의 안전이 우선이었다.

비행기 표를 예약하려데 임신 8개월부터는 비행기를 탈 수 없다는 규정을 듣게 되었다. 불행인지 다행인지 아내는 영양 부족으로 배가 조금 밖에 나오지 않아서 아무런 의심과 제재를 받지 않았다. "할렐루야!"하기엔 너무 슬펐지만 나는 아내를 배웅하고 돌아섰다. 기말고사를 포기하면 다시 한 학기를 다녀야 했기 때문에 나는 필리핀에 남았다. 1학기 등록금이 50만원도 안 되었지만 우리에게는 엄청난 부담이어서 어떻게든 빨리 졸업하는 것이 내가 할 수 있는 최선이었다. 나는 하나님의 은혜로 신학교를 3년 반 만에 졸업했다.

한국에서 아내는 출산까지 2달 동안 꿀 같은 휴식을 만끽했다.

장모님의 살뜰한 보살핌을 받으며 아내는 남편 앞에서 울면서 졸라도 못 먹었던 한국 음식들을 실컷 먹고, 맘껏 자면서 평안히 쉬었다. 그렇게 안정을 되찾으며 몸과 마음을 회복해갔다.

그 사이 필리핀에서는 예상치 못한 일이 터졌다. 정식 선교사로 파송된 두 형이 한국으로 철수했다. 주변 선교사님들에게 칭찬과 격려를 받으며 현지 적응에 성공했던 형들이었다. 특히 전도왕 형은 한국에서는 나를 전도의 세계로 잘 이끌어 주었으며, 필리핀에서는 우리 선교팀의 리더로서 항상 모범이 되었다. 그런 형이 한국으로 돌아가면서 리더쉽의 공백이 생기자, 본부는 J전도사님의 둘째 따님을 급파했다. 새 리더의 지휘로 우리팀은 순식간에 안정을 찾았지만, 주변에서는 형들의 갑작스러운 귀국을 의문스러운 눈으로 보았다. 결국 우리는 마닐라로 새 둥지를 틀기로 했다.

2004년 8월 5일, 그런 혼란스러운 상황 속에서 지인이가 축복처럼 태어났다. 나는 기말고사와 복잡한 현지 사정으로 아내의 출산이 며칠 지나서야 한국에 들어왔다. 내 딸은 정말 천사 같았다. 눈, 코, 입 어느 것 하나 신기하지 않은 게 없었다. 특히 신생아가 어찌나 머리숱이 풍성한지 머리가 새까맣다. 야무지게 꼭 다문 입술과 꼭 감은 눈을 보니 나와 달라 보여서 감사했다.

지인. 내가 智(지혜 지)를 짓고, 아내가 仁(어질 인)을 지었다. 지인이는 이름대로 지혜롭고 어진 아이로 자라고 있다. 나는 거의 매일 아내 배에 손을 얹고 축복기도를 했다. 많은 기도제목 중에 '5개 국어'(필리핀어, 한국어, 영어, 중국어, 이스라엘어)가 있었다. 언어 하나를 제대로 배우려면 억 단위의 돈과 많은 시간이 들어가니 여러 언어를 배우는 것이 돈과 시간을 버는 것이라 싶었기 때문이고, 글로벌 리더가 되려면 언어가 강해야 하기 때문이다. 무엇보다 언어에 재능이 없는 내가 세계를 누비며 사역하려면 공짜 통역관이 필요했다.

사실 그 기도는 내 처지에서는 언감생심의 기도였다. 가난한 선교사가 무슨 수로 아이에게 언어교육을 시킨단 말인가? 나는 4만 원이 없어서 딸이 언어를 민감하게 흡수할 수 있는 유아 시절에 유치원에도 못 보냈다. 초등학교도 1년 늦게 들어갔다. 그렇게 돈 없는 무능한 아빠였지만 나는 항상 기도했다. "하나님! 돈이 아닌 하나님의 은혜로 지인이가 5개 국어에 탁월하게 하소서!" 하나님은 그 기도를 응답하셔서 현재 지인이는 중국어까지 4개 국어를 한다. 가끔 필리핀 생활을 투덜대지만 매우 밝게 자라고 있는 딸을 볼 때마다, 얼마나 대견스럽고 고맙고 미안한지 모른다.

나는 자식 하나도 제대로 키울 능력이 없어서 둘째를 갖지 못했다. 그런데 지인이가 언어를 구사하는 것을 보면서 깨달은 바가 있다. 최고의 자녀 교육은 부모의 기도라는 사실이다. 그래서 돈 없는 부모일수록 필사적으로 자녀 기도를 많이 해야 한다. 하나님께서 태 안에서 아이를 만드실 때부터 부모도 기도로 함께 만들어야 한다. 그러니 선교사 자녀는 가장 불쌍한 아이가 아니라 가장 복된 아이다. 부모들이여, 기도하자!

3부

선교

필리핀의 중심, 마닐라로 가다

한국에서 아내와 딸과 함께 지냈던 시간이 꿈만 같았다. 더 머물고 싶었지만, 필리핀 사정이 급했다. 일로일로에서 신혼집을 서둘러 정리하고 전학 준비를 마쳐야 했다. 또 마닐라로 가서 새 집과 새 학교도 찾아야 했다. 아쉬운 마음을 뒤로 하고, 나는 일로일로로 돌아와 짐을 싸고 마닐라로 향했다. 마닐라는 일로일로와 전혀 딴판이었다. 일로일로에는 최고층 건물이 4층이었지만, 마닐라에는 30층이 넘는 건물도 제법 있었다. 촌구석에 고작 1년 살았을 뿐인데 나는 촌사람이 다 되어 있었다.

마닐라에서는 신학교 사역을 활발하게 하시는 홍OO 선교사님의 도움을 받았다. 그분의 도움으로 이사, 새 집 계약, 신학교 전학 등의 일들을 속전속결로 해결했다. 수도 마닐라의 월세와 물가는 상상을 초월했다. 일로일로에서는 2층 독채를 월세 23만원에 썼는데, 마닐라에서는 주방도 없이 작은 방 1개, 화장실 1개의 6평짜리 집이 월세 20만원이었다. 내 능력으로는 마닐라에서 1달도 버티기 힘들었다. 나 같이 가난한 선교사는 촌구석에 있을수록 버티기가 유리했다. 그러나 마닐라가 좋아서 온 것이 아니라, 리더의 결정에 순종하려고 온 것이라 뒷일은 하나님께 맡겼다.

워낙 살림살이가 없다보니 6평짜리 집도 좁지 않고, 오히려 생활공간이 쾌적하고 넉넉했다. 일로일로에서는 살림이 없어도 공간이 널찍널찍해서 우리가 그렇게까지 가난한 줄 몰랐다. 그런데 마닐라로 이사와 살림을 다 부려놔도 6평짜리 집을 반도 못 채우는 걸 보고서 어지간히 가난하다는 걸 실감했다. 그러면서 일로일로의 신혼집에서 좌절했던 아내의 모습이 떠올랐다. 비록 집은 좁지만 마닐라의 첫 집에 대한 인상은 좋게 만들어주고 싶다는 생각이 들었다. 그래서 집 안팎을 깨끗이 쓸고 닦았다. 지인이와 아내를 생각하며 힘든 줄도 모르고 콧구멍만한 집을 몇 번씩 들었다 놨다 하면서 구석구석 대청소를 했다. 아무 것도 모르는 갓난아기지만 번쩍번쩍한 새 집을 보면 딸도 감동하리라 생각하니 흥이 절로 났다.

이사를 마친지 일주일 만에 지인이가 필리핀에 왔다.
100일 된 딸이 필리핀 땅에 첫 발을 내디딘 그 날은 내게 역사적인 날이었다. 장모님도 함께 오셨는데 아내와 장모님의 표정이 밝았다. 지인이가 무슨 애교를 부렸는지 모르겠지만, 지인이의 능력으로 3명 모두 이코노믹 석에서 비즈니스 석으로 옮겨 타서 편안하게 왔다. '아빠는 이코노믹석도 쩔쩔매지만, 자식은 시작부터 비즈니스 석이라니! 아빠는 가난해도 딸은 훨훨 날면서 살겠구나!' 첫 비행을 공짜 비즈니스 석으로 시작했으니, 지인이가 앞으로 전 세계를 편안하게 다닐 거라는 안도감이 나를 더 기쁘게 했다.

하지만 밝고 행복한 분위기는 집에 도착하자마자 산산이 깨졌다. 내 기대와 달리 아내는 일로일로 신혼집 때보다 더 놀라고 실망했다. 여자들은 왜 그러는지 모르겠다. 남편이 온 집을 닦고 쓸고 광낸 것이 하나도 눈에 보이지 않는 모양이었다. 오로지 집이 좁은 것만 보며 한숨을 내쉬었다. 그러고 보니 일로일로 집이 마닐라 집보다 4배는 컸다. 새 식구가 생겼는데 집은 4분의 1로 줄었으니 속상할 만 했다. 방이 하나라서 안방이라고 할 것도 없었지만 방에서 야단이 났다. 침대 매트를 하나 놓았을 뿐인데, 발 디딜 자리는 고사하고 문도 열기 힘들다며 아내는 울상을 지었다. 요즘은 심플(Simple)을 추구한다지만 과하게 심플하면 눈물이 난다는 것을 그때 뼈저리게 경험했다. 우리 살림은 한심할 정도로 심플했다.

아내가 왔다는 기쁨에 세상모르고 단잠에 빠졌던 그 밤, 아내는 앞으로 벌어질 우리의 험난한 인생을 생각하며 밤새 울었다고 한다. 장모님은 아내에게 '남자가 이 정도면 잘 치운 편이다!'라고 밤새 위로하셨지만 아내의 눈물은 마르지 않았다. 아내를 위한 나의 헌신은 항상 아무런 위로를 주지 못 했다. 그날도 평범하게 알콩달콩 살고 싶은 아내의 작은 소망에 나는 찬물을 부었다.

땅콩과 물로 배를 채우는 신학생

집도 마련했고 가족도 왔지만 학교가 문제였다. 자취를 하겠다던 오정민 선교사는 마닐라의 살인적인 물가에 놀라서 기숙사가 있는 신학교로 들어가 버렸다. 그러나 나는 100일 된 딸과 또 우울증에 걸린 아내를 생각해서 그럴 수가 없었다.

다행히 홍 선교사님의 도움으로 등하교가 가능한 MTC 신학교에 들어갔다. 산타메사(Sta. Mesa) 지역에 위치한 오래된 5층 건물에서 MTC는 4층을 신학교와 신대원, 도서관으로 사용했고, 5층은 고등학교로 임대해서 운영했다. 학교 총장님은 군인 출신의 의사이자 교육자셨는데 믿음, 학식, 인격을 두루 겸비한 분이셨다. 하나님의 은혜로 나는 MTC에서 학부, 석사 과정을 공부할 수 있었다.

우리 선교팀이 마닐라에 짐을 풀기가 무섭게 한국에서 J전도사님이 방문하셨다. 전도사님을 모시고 지인이의 조촐한 100일 잔치를 했고 축복 기도도 받았다. 그런데 또 한 번 놀라운 일이 벌어졌다. 전도사님이 그분의 따님을 데리고 한국으로 돌아가셨다. 그 자매는 한국에 돌아가자마자 청년부 전체를 섬기는 직분을 받았고, 필리핀에 다시 돌아오지 않을 거라고 했다.

두 번째 리더십의 공백이었다. 영원히 함께 할 것만 같았던 두 선교사 형들의 철수, 새로운 리더의 한국행으로 나는 좀 혼란스러웠다.

게다가 뒤늦게 일로일로에 합류한 목사님의 아들 P군이 갈 곳 없는 상황이 되어 버려, 우리가 P군을 맡기로 하고 한 차례 더 이사했다. 6평짜리 콧구멍만한 집에서 P군과 함께 살 수가 없어서 방 2개가 있는 집으로 이사했다. 월세가 35만원이라 매우 부담스러웠지만 P군을 맡으면서 한국 본부에서 매달 40만원씩 지원해 주셨다. 파송 교회에서 처음 받는 선교비였다. 나는 목사님의 배려에 감사했고 그제야 정식 선교사가 된 것 같아 감격스러웠다. P군은 마닐라에서 고등학교를 졸업하고 대학에 입학하고, 군대 문제로 한국으로 돌아가기까지 5년 동안 우리와 함께 살았다.

필리핀의 삶은 고난의 연속이었지만 마닐라에서 보낸 첫 해가 가장 힘들었다. 마닐라에 도착하자마자 아버지께서 몇 달간 보내주셨던 30만원이 끊겼다. 지금 생각해 보면 그 당시를 어떻게 버텼는지 모르겠다. 그때 하도 배를 많이 곯아서 키 177cm에 체중이 60kg를 겨우 넘었다. 마닐라에서 나는 돈을 아끼기 위해 매일 점심을 건너뛰었다. 내가 점심을 굶는 만큼 우리 가족이 하루를 더 버틸 수 있기 때문이었다. 처음에는 그럭저럭 견딜 만 했지만 체중이 급속히 빠지면서 어지럽기 시작했다.

그때 학생들이 간식으로 땅콩을 먹는 것이 보였다.

이상하게도 땅콩을 먹어야 영양부족으로 쓰러지지 않을 것 같은 생각이 들었다. 부리나케 매점으로 달려가 작은 플라스틱 컵에 담긴 땅콩을 샀다. 115원(5페소)짜리 동전 하나면 살 수 있었지만 막상 사려니 그 돈도 부담스러웠다. 그러나 고민 끝에 과감히 땅콩을 샀다. 비록 한 줌도 안 되는 퍼석한 땅콩이지만 그것은 내게 비타민이나 인삼뿌리 같아 보였다. 하루를 버틸 수 영양이 거기에 있는 것 같아 땅콩 하나를 천천히 잘근잘근 씹어 먹으며 힘을 냈다.

마닐라 신학교에서도 나는 혼자 점심을 먹었다.

점심시간에 학생들이 썰물처럼 빠져나가고 나면 학교에는 나 혼자 밖에 없었다. 홀로 남겨진 점심시간이 너무 길게만 느껴졌다. 그러면서 내가 지금은 이렇게 가난하고 비참하게 살지만, 이 훈련을 잘 받고 나면 하나님께서 반드시 나를 귀하게 사용하실 것이니 조금만 더 참고 인내하자며 스스로 달랬다. 5층에서 땅콩을 씹으며 주변 마을을 내려다보면서 나의 부푼 꿈을 기도로 올려드렸다. 기도가 끝날 즈음에는 학생들이 점심을 맛있게 먹었는지 하하 호호 하며 학교로 돌아왔다.

그래도 마닐라 신학교는 일로일로 신학교에 비하면 천국이었다. 일로일로 학교와 달리 마닐라 학교는 물이 공짜였다. 화장실 앞에 허리 높이의 물탱크가 있었는데, 발로 페달을 밟으면 시원한 물줄기가 무한정 뿜어져 나왔다. 화장실 냄새가 고약했지만 마음껏 물을 마실 수 있다는 현실에 나는 행복했다. 일로일로에서는 하루에 $800ml$의 물로 겨우 입술만 적셨는데 마닐라에서는 매일 물 잔치였다.

체면 때문에 쉬는 시간에는 여느 학생처럼 나도 목을 축이는 정도로만 마셨다. 뒤에 줄 선 학생들이 다 지켜보는데 혼자 물통을 독점해서 물을 밥 먹듯이 마셔 버리면 미친 사람이나 거지같이 보일 것 같아 조심했다. 대신 수업 때마다 화장실에 가는 척하면서 강의실을 조용히 빠져나와 물을 마셨다. 한국 학생들 중에 더러는 냄새나는 더러운 화장실 앞에 있는 그 물이 비위생적인 것 같다며 마시지 않았지만, 나는 곰돌이 푸우가 꿀통을 잡고 바닥까지 긁어서 꿀을 먹듯 물탱크를 박살내는 심정으로 배를 빵빵하게 채웠다. 매 수업마다 화장실에 가는 나를 교수님들이 이상하게 생각하셨겠지만, 나는 쉬는 시간과 수업 시간을 이용해서 매 30분마다 물을 마셨다.

한국에서 온 유학생이 필리핀 학생 보다 더 배고프고, 한국 선교사가 필리핀 성도보다 가난한 경우가 몇이나 될지 모르겠지만 그때 나는 그랬다. 하지만 그 고난만 통과하면 곧 전 세계를 누비는 사역자가 될 것 같아 조금도 주눅 들지 않았다. 오히려 20대에 초고강도의 특수 훈련을 받지 못하는 다른 신학생들이 측은했다.

28살, 산골 교회의 담임 목사가 되다

복 된 사람을 만나게 기도했더니 하나님께서 만남의 복을 주셨다. 매일 혼자서 땅콩과 물로 끼니를 연명하던 나에게도 친구가 생겼다. 정 전도사님(36살)은 사회생활을 하다가 늦게 신학을 했고, 한인교회를 섬기고 있었다. 김 전도사님(30살)은 한국에서 전도사로 사역하다가 결혼해서 필리핀 선교사로 왔고, 현지교회 7개를 섬기는 인재였다. 나는 제일 어렸다. 나와 정 전도사님은 학부 4학년이었고, 같은 수업을 들었다. 이때는 나도 닭다리 정도는 뜯을 형편이 되어 어렵사리 그분들과 어울릴 수 있었다.

교제가 깊어지면서 서로의 속사정도 알게 되었다.

나는 3년 반 만에 학부를 졸업하려니 점수가 부족해서 고민이었다. 그런데 김 전도사님은 산골 교회를 건축하는 일로 고민이라고 했다. 세상에! 나는 사역지도 후원자도 없어서 매일 기도만 하고 있는데, 그는 현지 교회 7개도 모자라 건축까지 하다니 놀랍고도 부러웠다. 우리는 같은 신학생이고 같은 전도사였다. 겨우 3살 차이가 날 뿐 겉으로 보기에는 크게 다르지 않았는데 소프트웨어에서 그렇게 차이가 날 줄이야. 나는 교회를 건축할 정도로 하나님과 사람에게 신뢰를 얻은 그가 너무 부러웠다.

그에 비하며 나는 너무 형편없었다.

신학은 하고 있지만 본부의 지원이 언제 끊길지 몰랐다. 신학교를 졸업하더라도 영어도 더듬는 나를 청빙해 줄 필리핀 교회가 있을지도 의문이었다. 한국에서는 방언하는 청년들이 제일 부러웠지만, 필리핀에서는 김 전도사님이 제일 부러웠다. 그때부터 나는 그에게 현장에 가실 때 나를 꼭 데려가 달라고 졸랐다. 며칠 후 우리 3명은 건축 현장으로 향했다. 나는 조수석에 앉았는데, 4륜 자동차를 운전하는 김 전도사님을 보니 번쩍번쩍 후광이 나는 것 같았다.

하지만 그의 속내도 복잡했다. 싸피닛(Sapinit) 마을은 우리의 은사이신 아렌다인 교수님의 사역지였는데, 태풍으로 대나무 교회가 무너지면서 성도 100명이 다 떠나버렸다. 겨우 어린이 배식사역만 근근이 이어가다가, 제자인 김 전도사님에게 도움을 요청했다. 김 전도사님이 와서 보니 배식보다는 교회 건물이 먼저 필요할 것 같았고, 간절한 기도 끝에 여수의 오천교회로부터 지원을 받아 건축을 하게 되었다. 우리가 교회를 방문할 때는 싸피닛 교회의 건축이 8부 능선을 넘어가던 무렵이었다.

김 전도사님이 사역하는 '빰빵가 시'(Pampanga City)의 현지 교회 7개와 안티폴로시에서 건축하던 산골 교회는 정 반대 방향이었다. 동시에 두 도시를 사역하는 것은 물리적으로 불가능했다. 몇 년째 섬기던 7개 교회를 포기할 수도 없고, 자기 손으로 처음 건축하는 교회를 내려놓을 수 없어서 김 전도사님의 고민은 깊어만 갔다. 전후 사정을 몰랐던 나는 김 전도사님처럼 대단한 인재는 고민도 없을 것이라 생각하며 싸피닛에 가는 내내 김 전도사님을 부러워했다.

싸피닛 마을에 도착하자마자 나는 건축을 축복하는 척하며 양손을 교회 벽에 대고 "하나님, 이 교회를 꼭 저에게 주십시오!"라고 간절히 기도했다. 콧구멍만한 교회라도 해보고 싶었던 나에게 30평 교회는 300평의 대형 교회만큼 웅장해 보였고, 콘크리트 마감도 안 된 상태였지만 어느 건물보다 화려하고 아름다워 보였다.

처음 교회를 보는 순간 첫눈에 빠져 버렸다. 어찌나 산골 교회에 마음이 간절하게 타들어 가던지 나는 두 전도사님이 말씀을 주고받는 사이에 슬며시 빠져나와 여리고를 돌듯이 돌면서 계속 기도했다. "주여, 나 같은 자에게도 은혜를 베푸사 이 교회를 주소서! 할렐루야! 주셔서 감사합니다!"

건축 중인 교회를 보면서 그런 기도를 드리다니 도둑놈도 그런 날도둑놈이 없었다. 당시는 건축에 예상치 못한 추가비용이 생겨서 오천교회의 건축헌금 1,000만 원을 쓰고도 300만 원이 더 필요한 상황이었다. 그 정도 큰 액수라면 오천교회에 요청할 수도 있을 텐데, 김 전도사님은 추가 비용은 본인이 주님께 드리고 싶다면서 비용 이야기를 일체 꺼내지 않았다. 어떻게 갓 서른이 된 선교사가 그런 놀라운 결정을 할 수 있는지 놀라웠다. 그것도 본인이 맡을지 결정도 못 내린 교회를 말이다. 그런 김 전도사의 충성심에 감동받아야 마땅했지만, 나는 그때 교회를 탐내는데 급급했다. 너무 사역을 하고 싶다 보니 양심도 인격도 사라져 버렸다.

그날부터 나의 기도는 오직 하나였다.
"주님, 싸피닛 교회요! 제발요. 싸피닛! 싸피닛!"
아침, 저녁마다 나무 바닥에 무릎 꿇고 몸을 앞뒤로 흔들어가며 미친 듯이 기도했는데 기도할수록 더 애가 탔다. 나는 상사병에 걸린 사람 같았다. 앉으나 서나 싸피닛이 어른거려 탄식처럼 기도가 흘러나왔다.

며칠 후 3명의 전도사는 다시 싸피닛을 방문했다. 이번에도 내가 보조석에 앉았고 정 전도사님은 뒷자리에 앉았다. 내 마음은 온통 싸피닛에 빼앗겨, 교회를 얻을 수만 있다면 김 전도사님 앞에 엎드려 구걸이라도 하고 싶었다. 다리를 건널 무렵이었다. 대뜸 김 전도사님이 입을 열었다.

"윤 전도사님이 싸피닛 교회를 맡으면 어떻겠습니까?"
순간 머리가 멍해졌다. 방금 들은 말이 방언인지 한국말인지 싶었다. 얼빠진 사람처럼 "예?"하고 대답했다.
"저는 빰빵가 때문에 싸피닛은 힘들 것 같습니다. 건축이 끝나면

윤전도사님이 싸피닛을 맡았으면 합니다."

할렐루야! 이쪽에서 엎드려 구걸해도 쉽지 않은 일을 저쪽에서 오히려 부탁해 오다니! 기도 앞에는 장사가 없다더니, 며칠 동안 수십 시간의 기도를 쏟아 부은 보람이 있었다. 갑자기 입가가 씰룩거리면서 웃음보가 터지려고 했다. 해맑은 어린아이처럼 "아멘! 감사합니다. 바로 그거에요! 그것이 하나님의 뜻이었습니다! 안 그래도 그날부터 정말 열심히 기도했습니다!"라고 말하고 싶었지만, 그러면 천하에 도둑놈이 될 것 같았다. 나는 김 전도사님을 보며 최대한 심각한 얼굴로 나지막하게 말했다.

"기도해 보겠습니다."

그러자 뒤에서 정 전도사님이 자기 일처럼 좋아하시며 "아니? 기도할게 뭐가 있어? 이미 다 됐는데?"라고 말씀하셨다.

"그래도 하나님의 뜻을 여쭤봐야죠"라고 응수하니, "아니? 뭘 여쭤봐? 이게 응답이라니까?"라고 하시며 나를 설득하셨다. 정 전도사님이 나를 설득하실수록 웃음보가 미칠 듯이 터질 것 같아서, 나는 아예 창밖으로 고개를 돌려 혀를 있는 힘껏 깨물었고, 김 전도사님은 두 전도사의 대화를 들으며 혹여나 내가 거절할까봐 마음을 졸이셨다. 30분 넘게 혀를 세게 깨물어서였을까? 싸피닛에 도착하니 혀가 말벌에 쏘인 것처럼 퉁퉁 부어 얼얼했다.

현장에 도착하자마자 나는 여전히 하나님의 뜻을 몰라서 고뇌하는 표정을 지으며 양손과 얼굴을 교회 벽에 대고서 기도했다.

"하나님! 감사합니다! 이제 다 되었습니다!"

그리고 두 전도사가 대화하는 동안, 나는 '내가 이것을 어찌 감당할 수 있을까? 주여, 어찌해야 하옵니까?'라는 표정을 지으며 깊은 한숨만 연신 내뱉었다. 그런데 신기하게도 처음에는 심각한 표정의 연기를 했는데, 나중에는 정말 심각하게 교회를 위해 기도하게 되었다. 병법에 이르기를 남을 속이려면 무릇 나부터 속이라고 했는데 정말 그렇게 되었다.

지금도 그때를 생각하면 감사한 마음뿐이다.
'내가 이만큼 했으니 당신이 공사를 마무리해서 교회를 하시오!'라고 해도 감사할 판인데, 김 전도사님은 사비로 공사를 마무리 하고 나에게 사역을 넘기셨다. 천사 같은 분이셨다. 또 하나님은 얼마나 대단하신 분인가! 하나님은 나 같이 의지할 곳 없는 사람의 깊은 탄식까지 세세히 들으시는 분이셨다. 나는 돈도 땅도 후원자도 교회도 성도도 없는 거지 선교사였지만, 하나님 나라의 끝자락이라도 붙들고 뭔가 해 드리고 싶었던 나의 중심을 귀하게 보셨다. 그 은혜로 나는 신학교 4학년, 28살의 나이로 '오천 싸피닛 교회'의 담임 전도사가 되었다.

하나님, 판을 크게 키워봅시다

2006년 9월, 첫 예배를 드렸다.
성도 9명이 참석했다. 성도들은 몇 년 만에 교회가 생겨서 얼떨떨했고, 나는 이것이 정말 내 교회인지 싶어 얼떨떨했다. 모두 낯선 산골 사람이었지만 한 사람 한 사람이 '내 성도, 내 양떼'로 보이면서 귀하고 사랑스러웠다. 필리핀에서 처음 겪는 감정이었다. 교회를 담임하자 본부에서 기존의 월세 40만원에서 선교비 30만원을 추가로 보내셨다. 주유비까지 해결되었으니 양떼를 성실히 돌볼 수 있게 되었다. 집에서 왕복 3시간이 넘는 거리였지만 거의 매일 오가며 목회에 전념했다. 설교의 달란트와 노련함은 없었지만 기도로 덮으면 된다고 생각하고, 10시간 기도로 불을 빵빵하게 채운 후에 강대상에서 불을 토했다.

나는 말씀의 능력은 없었지만 하나님은 내 중심을 받아주셔서 교회를 세워나가 주셨다. 나는 하나님의 이런 부분이 참 멋있었다. 3개월 만에 100명이 모였다. 교회가 2년 만에 다시 문을 여니, 떠난 성도들이 하나 둘씩 돌아왔다. 부흥은 아닐지라도 아무튼 하나님께서 사람을 모으셨다. 영어를 못하는 그들이 나의 엉터리 영어 설교에 은혜 받은 것은 아니었을 것이다. 그러나 워낙 기도를 많이 해서인지 교회는 항상 밝고 따뜻했고 그런대로 잘 굴러갔다.

교회가 어느 정도 자리 잡으니 내 안에서 오랜 꿈이 꿈틀대며 일어났다. 필리핀에 첫 발을 내디뎠을 때부터 품었던 나의 꿈, 베니힌처럼 전 세계를 누비며 신유 집회를 통해 복음을 전하고 싶었던 그 마음이 다시 간절해졌다. 그래서 항상 "하나님, 저를 신유 사역자로 써 주세요!"라고 기도했다. 갈급함은 넘쳤지만 아무리 기도해도 응답은 없었다. 그래서 주님께 사인을 구했다.
"하나님, 만약 병자가 저에게 기도 부탁을 하면 그때가 그때인 줄 알겠습니다!"

신유 은사를 받은 적도 없고 정식으로 신유 기도를 해 본적도 없었는데, 무슨 배짱으로 그런 기도를 했는지 알다가도 모르겠다.

그러다 12월이 되었다. 예배를 마치고 성도들과 악수하며 인사를 하는데 한 아주머니가 감기에 걸렸다며 기도를 부탁했다. '아! 그때가 바로 이때인가?'라는 생각에 갑자기 긴장이 되었다. 일단 그분을 의자에 앉히고 나는 선 채로 안수하여 기도했다.
"예수의 이름으로 나을 지어다!"
자신감이 없으니 불안한 마음에 소리만 꽥꽥 질러댔다. 능력도 테크닉도 없으니, '예수의 이름'으로 명령하기만 반복했다. 내가 간절히 기도하니 성도도 간절히 기도를 받았다. 성도가 간절해지니 내 마음은 더 간절해졌다. 처음 기도할 때는 '나의 부족한 믿음과 능력'에만 신경이 쓰였지만, 기도 시간이 길어지면서 '하나님, 저분이 저렇게 간절히 기도 받는데 꼭 고쳐주세요!'로 기도가 바뀌었다.

내 안의 연약함을 바라보던 시선이 전능한 하나님께로 모아지는 순간, 이상하게 '이제 기도를 그만해도 되겠다!'는 생각이 들었다. 그래서 기도를 마치고 일어서는데 눈앞이 캄캄하고 어지러웠다. 목에서는 피 맛이 났다. 세계를 누비는 신유 사역자가 되고픈 마음에 첫 기도에 온 힘을 쏟아 부었더니 몸에서 진이 다 빠져버린 것 같았다. 굉장한 역사가 일어나진 않았지만 기도를 받은 아주머니는 기분이 좋아진 것 같다고 했다.
집에 돌아오는 내내 나는 신유기도만 생각했다.
기도할 때의 느낌이 너무 생생했다. 마치 허공에다 헛주먹질을 하고 있다가 갑자기 내 안에서 뭔가 뜨거워지면서 목표를 정확하게 맞춘 느낌이었다. 목표를 강타한 그 느낌을 다시 느끼고 싶었다. 그리고 과연 그분이 나았을까 궁금했다. 혹시나 싶어 매일 그분의 쾌유를 위해 기도하면서 주일만 기다렸다.

 드디어 주일이 되었다. 나는 교회에 도착하자마자 그 아주머니부터 찾았다. 한눈에 봐도 표정이 밝았다. 나와 눈이 마주치자 아주머니는 약간 부끄러워하면서 기도를 받고 감기가 다 나았다며 고맙다고 했다. 그 말을 듣자 벌써 신유 사역자가 된 것 같았고, 훨훨 하늘을 나는 듯 했다. 첫 교회에서 첫 신유의 역사가 일어났으니 성도들 앞에서 어깨가 쫙 펴졌다.
 나는 주먹을 목표점에 정확히 때렸던 그 신기한 느낌을 다시 한 번 느껴보고 싶었다. 그래야 감을 좀 잡을 것 같았다. "하나님, 제가 감을 못 잡았습니다. 한 번 더 기회를 주세요!" 예배를 마쳤는데 다른 아주머니가 본인도 감기로 고생한다며 기도 부탁을 했다.
 이번에도 성도를 의자에 앉히고 머리에 안수했다. 이번에도 어느 시점에서 기도를 그만해도 되겠다는 느낌이 들었다. 집에 돌아가서도 그분의 쾌유를 위해 기도했지만, 나을 것이라 믿어져서 불안함 없이 안심하고 기도했다. 다음 주일에 그분도 나았다며 간증을 했다.

 신유 은사가 나타나고 세 번째 주일에 예배를 마치고 성도들과 인사하는데, 또 다른 성도가 감기에 걸렸다면서 왔다. 이미 2번 연속으로 성공했기 때문에 자신감으로 충만했다. 갈수록 허공을 치는 시간이 짧아지고, 목표를 정확히 때리는 시간이 길어졌다. 그만 기도해도 된다는 감동도 더 생생해졌다.

신유 기도를 끝내고 아주머니를 보니 얼굴이 벌써 편안해졌다. 지난 경험으로 봐서 이분도 나은 것이 분명했다. 집에 돌아와서 별로 기도하지 않아도 믿어졌다.

그때 이상한 호기심이 생겼다. 세 번 모두 오른손으로만 안수했는데, 혹시 왼손으로 안수해도 병이 나을지 궁금했다. 만약 왼손에도 능력이 생긴다면 양손으로 안수할 수 있지 않을까? 그러면 더 많은 병자들에게 빨리 기도해 줄 수 있으니 하나님께도 영광이다 싶었다.

겨우 감기 환자 3명에게 역사가 나타났을 뿐이지만, 나는 그것을 '엘리야의 손바닥 구름'으로 받아들였다. 그래서 조만간에 엄청난 역사가 일어날 것이라 확신했다. 비행기가 이륙하려면 활주로를 달릴 때 가속을 해야 한다. 그처럼 신유가 나타날 때 기도를 많이 부어야 훨훨 날아다니는 신유 사역자가 될 것이라 생각했다. 나는 전 세계를 누비는 신유 사역자를 상상하며 일주일 내내 신유의 능력을 키워 달라고 맹렬히 기도했다.

다음 주일이 되었을 때 그분 역시 병이 나았다고 간증했다. 그러자 성도들이 내게 놀라운 말을 했다.

"전도사님, 교인들이 전도사님을 의사라고 불러요!"

세상에, 내가 그런 말을 듣는 날이 오다니! '할'렐루야가 아니라 '놀'렐루야였다.

"다 하나님이 하신 거죠."

대답은 그렇게 했지만 마음속은 기쁨으로 날뛰었다. 귓속에서 비행기 이륙 소리가 들리는 것 같았다. 하나님께서 드디어 나를 날아오르게 하시는 것 같아 감격스러웠다.

예배 후에 한 아주머니가 아기를 안고 찾아왔다. 3번 연속 100%의 성공률을 보이자 병자가 두렵지 않았다. 나는 '누가 아프냐?'라는 당당한 표정으로 아주머니와 아기를 번갈아 보았다. 놀랍게도 둘 다 감기에 걸렸다고 했다. 기도한 것도 아니고 단지 궁금했을 뿐인데, 하나님은 나의 생각을 들여다보시고 감기 걸린 모자(母子)를 보내주셨다. 하나님처럼 크고 광대하신 분이 어찌 그리 세밀하게 우리 생각까지 감찰하시는지 놀랍다. 왼손으로 기도하는 것도 처음이어지만 양손으로 기도해야 하니 긴장이 됐다. 허리를 굽힌 채 진액을 쏟으며 기도하면 기도를 끝내고 몸을 일으킬 때마다 앞이 깜깜하고 어지러웠다. 그래서 이번에는 의자를 벽 앞에 놓고 내가 벽에 등을 기대고 서서 기도했다. 기도를 끝내고 일어서니 휭 하고 어지러웠지만, 아주머니와 아기 모두 나았다는 감동이 들었다.

4주 연속으로 5명의 감기 환자가 나왔고, 마지막에는 양손 안수까지 성공하니 내 특유의 성격이 발동했다.

'5명이나 나왔는데 더 이상 무슨 확증이 필요한가? 이제는 신유 집회다!'

황당하기 짝이 없는 결심을 하고 하나님께 도발적인 기도를 드렸다.

"하나님! 이젠 됐습니다! 이제, 판을 키울 때가 되었습니다. 당장 신유 집회를 합시다!"

　세상에서 나는 도박을 좋아했다. 대체적으로 판을 키우면 리스크(Risk)가 커지지만, 이기기만 하면 그간의 손해를 감하고도 남았다. '지 버릇 개 못 준다'고 하나님께 기도할 때도 옛 습관 그대로 기도하며 신유 집회를 바라고 구했다.

강력한 신유 사역자가 나타났다?

　2007년 새해를 맞는 기분은 그 어느 때보다 들뜨고 설렜다.

　하루 빨리 신유 집회를 열고 싶었고, 주님이 어디든지 부르시기만 하면 달려가고 싶었다. 그런 나의 마음을 아시는 하나님은 귀한 성령 사역자와의 만남을 준비해 주셨다. 어느 날이었다. 김 전도사님은 한국에서 오신 목사님이 선교사들을 저녁식사에 초대하셨다며 함께 가자고 했다. 사랑하는 아내에게 외식을 시켜줄 수 있는 절호의 기회인데 어찌 마다하랴? 나는 어떤 모임인지 누가 오시는지 묻지도 않고 무작정 아내를 데리고 갔다.

　모임 장소에는 약 30명의 선교사들이 모여 있었다. 자리를 마련하신 김OO 목사님은 S교회 담임 목사님이자 신학교 교수님이셨는데, 해외 선교지에서 고생하는 선교사들에게 애정이 깊으셨다. 식사 후에 김 목사님께서 앞으로 나가셨다. '성령의 기름부음'이란 말은 난생 처음 듣는 말이었지만, 나는 목사님의 간증에 매료되었다.

목사님은 간증을 끝내시고 한 사람씩 기도해 주셨다. 그때 방언 은사가 없었던 선교사님은 방언 은사를 받았고, 방언 은사가 있던 분은 더 유창한 방언으로 바뀌었다. 또 병이 치유되는 역사도 일어났다. 목사님은 부드럽게 소곤소곤 기도하셨지만 역사는 엄청났다.

다음 날 한국으로 떠나신다는 김 목사님은 임 선교사님 댁에 머물고 계셨다. 나는 밤새 뒤척이다 이른 아침에 김 목사님께서 묵으시는 임 선교사님의 선교센터로 찾아갔다. 나는 마닐라에서 선교사 두 분의 사택을 알고 있었는데 한 분은 집과 학교를 소개해 주신 홍 선교사님이셨고, 다른 한 분은 임 선교사님이었다.

기묘한 역사에 얼마나 감사했는지 모른다. 임 선교사님의 배려로 김 목사님과 깊은 대화를 할 수 있었다. 김 목사님은 순수하게 은혜를 사모하는 어린 전도사를 귀하게 봐주셨고, 나를 위해 다시 한 번 간절히 기도해 주셨다.

그 짧은 만남을 계기로 나는 수요일 새벽마다 김 목사님께 전화로 기도를 받았다. 다행히 그때는 인터넷 전화가 있어서 전화비 걱정은 없었다. 목사님께 기도를 받은 횟수가 늘어가면서 나는 이상한 경험을 많이 했다.

성령님을 의식하며 기도할 때마다 두 손이 번쩍 위로 들려서 한동안 내려오지 않았고, 팔을 살짝 아래로 내리면 더 강하게 위로 올라갔다. 마치 누가 위에서 잡아주는 것처럼 양손이 내려오지 않아서 오래 기도해도 팔이 저리거나 피곤하지 않았다. 또 기도할 때마다 등이 뜨거웠는데 점점 더 뜨거워지면서 그 부위가 넓어졌다.

나중에는 다리미로 지지는 것처럼 등 전체가 뜨거웠다.

그때까지 나는 성령님을 부르면서 기도한 적이 없었는데, 김 목사님을 통해 '성령님의 기름부음'을 알게 되면서 성령님께 기도하는 시간이 늘었다. 그리고 기도, 설교, 사역에서 놀랍고 새로운 일들이 일어났다. 김 목사님은 나에게 명함을 주신 첫 목사님이셨고, 나를 성령님께 인도해 주신 고마운 분이다. 그리고 S교회는 한국에서 내가 처음 설교한 교회가 되었다.

성령의 역사를 경험하면서 신유 집회에 대한 갈망은 더 뜨거워졌다. 나는 하나님께서 사람을 붙여주실 거라 믿고, 나의 신유 집회를 도와줄 신학생을 찾기 시작했다.

나는 동기 신학생들에게 나에게 신유 은사가 있으니 집회를 열자고 제안했다. 단, 마닐라가 아닌 지방만 가능하다는 조건을 달았다. 많은 사람이 모이려면 수도 마닐라가 좋지만, 만약 실패라도 하면 무슨 망신인가? 그러나 지방은 다르다. 혹여나 역사가 안 일어나면 그 지역에 안 가면 그뿐이었다.

나름대로 완벽한 계획을 세우고 만나는 신학생마다 붙잡고 열변을 토했다. 신유 집회의 타당성, 신유 집회의 효율성, 신유 집회의 위대함 등등 오만가지 이야기를 다 해보았지만 다들 콧방귀만 뀌었다. 2학년 때부터 나와 함께 공부한 신학생들은 내가 아직 제대로 된 영어 문장을 구사하지 못한다는 걸 알고 있었다. 말도 제대로 못하는 사람이 집회를 하겠다는 게 말이 되는가? 사실 그때 나는 신유 기도를 할 때에도 제대로 된 문장을 구사하지 못하고 오직 한 문장만 5분 동안 외쳤다.

"예수 이름으로 나을 지어다!"(In Jesus' Name, Be healed!)

번번이 거절만 당하던 어느 날, 수업 시간에 처음 보는 학생이 내 옆에 앉았다. 속으로 '옳다구나!' 싶었던 나는 그 신학생에게 내가 하나님의 은혜로 신유 은사를 받았고, 지금 신유 집회를 위해 기도중이라고 담대히 말했다. 그 말을 곧이곧대로 믿어 나를 엄청난 신유 사역자로 착각한 제무엘 전도사는 자기 동네는 마닐라에서 10시간이나 떨어져 있는 깡시골인데, 그 먼 곳까지도 와 줄 수 있겠냐며 되레 내게 간절히 부탁했다.

제무엘 전도사는 타 학교에서 건너온 전학생이라 나에 대한 정보가 전무했다. 게다가 나는 신유 집회 이야기를 많은 학생들에게 했다. 그래서 이 단골멘트 만큼은 엄청 빠른 속도로 말할 수 있었고, 제무엘 전도사는 내가 영어 초보자라고는 상상도 하지 못했다. 그래서 그는 내 말을 순순히 믿었다.

그는 고향을 사랑하는 마음이 컸다. 제무엘 전도사의 고향은 '비콜(Bicol) 지역'의 '나가 시'(Naga City)에서도 한참 들어가는 촌동네여서 병원은커녕 약국도 없어서 주민들은 병에 걸려도 제대로 치료를 받지 못했다. 오래 전에 미국 선교사가 와서 신유 집회로 큰 역사를 일으켰지만 그 후로 아무도 오지 않았다. 그래서 모두들 신유 집회를 사모하고 있다고 했다. 이보다 딱 떨어지는 응답이 또 있을까? 우리는 나가 시에서 신유 집회를 열기로 결정했다.

집회 3주 전에 나는 현지답사를 위해 제무엘 전도사와 비콜 교회를 방문했다. 제무엘 전도사가 엄청난 신유 사역자가 온다고 대

대적으로 광고했는지 교회는 사람들로 가득했다. 교회 입구에 서자 교회 안의 열기가 후끈 느껴졌다. 나는 속으로 겁이 덜컥 났지만 내가 긴장하면 집회를 도울 스텝들이 위축될 것 같아서 오히려 담대하게 행동했다.

병자를 쳐다보면 너도나도 기도해 달라고 할 것이고, 그러면 집회를 해 보기도 전에 무산이 될 것 같아서 곧장 강대상 뒤쪽으로 가서 사택으로 이어지는 문을 열고 나갔다. 그리고 사택에서 제무엘 전도사와 이야기를 하는데 갑자기 기도하면 역사가 일어날 것 같은 감동이 들었다.

본당에는 많은 청년들이 기다리고 있었지만, 나는 믿음이 가장 좋아 보이는 청년 한 사람만 들어오게 했다. 그리고 그를 붙잡고 땀을 뻘뻘 흘리며 기도했지만 아무 일도 일어나지 않았다. '집회고 뭐고 다 망했구나!'는 생각에 등에는 식은땀이 흐르고 마음엔 탄식이 가득했다. 괜한 호기를 부렸다가 망신을 자초한 건 고사하고, 나 때문에 하나님까지 망신당하실 것 같아 걱정이 되었다.

나는 자리에 앉자고 제안하고 '노아'라는 신학생을 상담해 주는 척 온갖 이야기를 다 했다. 위대한 신유 사역자에게 특별 상담을 받는 노아의 눈빛이 사뭇 진지하고 간절했다. 저 아이가 저리 사모하는데 하나님이 내 능력이 아니라 저 아이를 봐서라도 뭔가 해 주셔야 하지 않나 싶었다. 그리고 이상하게 한 번만 더 기도하면 뭔가 일어날 것 같았다. 그 뭔가가 무엇인지는 모르겠지만 말이다. 그래서 노아를 다시 일으켜 세우고 안수했다.

그런데 그가 갑자기 뒤로 벌렁 넘어졌다. 내가 민 것도 아닌데 이

놈이 왜 그러나 싶었다. 다행히 뒤에 있던 제무엘 전도사가 잘 받았다. 왜 그러는지 모르겠지만 그가 누워서 흐느껴 울기까지 했다. 넘어진 노아도 놀랐지만 제무엘 전도사가 더 놀랐다.

"역시, 대단한 신유 사역자였구나!"하며 감탄어린 눈으로 나를 쳐다봐서 민망했지만, 그럴 때일수록 프로처럼 대수롭지 않은 척 자연스럽게 행동해야했다. 사실 그때 제일 놀란 것은 나였다. 왜 넘어졌는지도 모르겠는 데다, 고작 5명의 감기를 낫게 했던 영성으로 희한한 일이 일어났으니 나야말로 놀랍고도 신기했다.

울고 있는 노아와 곁에서 기도해주는 제무엘 전도사를 뒤로 하고 나는 담대히 사택 문을 열었다. 교회 안에 모든 청년들과 병자들이 일제히 나를 주목했다. 나는 무술 고수처럼 손을 들어 그들을 가리키고는 다들 들어오라고 손짓했다.

나는 사람이 왜 그리 능청스럽고 뻔뻔한지 모르겠다. 지금은 그 정도는 아니지만 아직도 내 안에 이상한 '연기 본능'이 있는 것 같다. 그날 기도를 받은 사람들은 모두 뒤로 벌렁 넘어지더니 바닥에 누워서 울었다. 그 일로 비콜 교회 교인들은 나를 대단한 신유사역자라고 굳게 믿었고, 나보다 더 집회의 성공을 확신했다.

다음 날 아침, 빵과 커피로 아침을 때우는데 밖에서 웅성거리는 소리가 요란했다. 무슨 일인가 싶어 내다보니 이게 웬일인가! 목발 짚은 사람, 허리를 동인 사람, 아이를 들쳐 업은 사람 등 약 30명이 사택 앞에 모여 있었다. 전날 기도 받고 병이 나았다는 소문이 밤새 동네에 퍼져서 꼭두새벽부터 사람들이 몰려온 것이었다.

나는 전날 밤에 병자가 있는 줄 몰랐다. 나는 신유 기도를 한 것이 아니라, 성령님께서 그의 자녀들을 만져 주시길 기도했을 뿐인데 사람들은 병이 나았다고 했다. 특별히 제무엘 전도사의 어머니가 "심한 두통으로 평생 밤잠을 설쳤는데, 어제 밤에 기도를 받고 처음으로 푹 잤습니다. 할렐루야!"라고 간증하셨다. 그 말이 떨어지기 무섭게 사람들은 서로 먼저 기도를 받겠다고 아우성을 쳤다.

더 이상 식사할 상황이 못 되었다. 어수룩한 신학생에게 기도만 받으면 병이 낫는다는 믿음을 가진 그들도 보통 믿음은 아니었다. '예수님이 용신할 틈이 없다고 하시더니 내가 딱 그 판이로구먼!'
나는 속으로 뿌듯해하면서 안수기도를 시작했다. 전날 밤보다 더한 역사가 나타났다. 나는 목발 짚은 사람에게 기도해 줄 자신이 없어서 특별 기도를 해 주겠다는 말도 안 되는 핑계로 제일 뒷줄에 세웠었다. 그런데 앞 사람부터 성령의 역사가 강하게 나타나니 마지막 목발 아줌마 차례가 됐을 때 이상한 자신감이 생겼다. 교통사고로 9개월간 목발을 짚던 아주머니가 기도 후에 어기적어기적 걷기 시작했다. 모두가 박수치며 놀라는 가운데 나는 이게 어떻게 된 일인가 싶어 멍하니 서 있었다.
치유의 기적을 경험한 사람들은 서로 집회를 돕겠다며 난리였다. 하나님은 신유 집회를 위해 나만 준비시키신 것이 아니라, 성령의 역사를 통해 집회를 도울 성도들의 마음도 미리 준비시키셨다.

신유 집회를 준비하신 하나님의 '열심'

집회 2주 전이었다. 나는 한국에서 봉사 단체를 섬기시는 문OO 목사님과 함께 비콜을 방문했다. 버스로 왕복 20시간 거리였는데, 목사님께서 당일 일정으로 돌아오셔야 해서 비행기를 탔다. 그때 나는 집회를 위해 매일 5~7시간씩 기도하고 있어서, 내 안에서 성령께서 역사하시는 것을 확실히 느끼고 있었다. 많이 기도한 만큼 새로운 역사를 기대하며 나는 의기양양하게 문 목사님과 함께 현장으로 향했다.

교회에 도착하니 제무엘 전도사는 귀신 들려서 2년 째 학교를 그만둔 여학생이 있는데, 그 집에 가서 기도해 달라고 했다. 기가 막혔다. 나는 귀신 들린 사람을 직접 본 적도 없는데, 무슨 수로 쫓아낼 수 있단 말인가? 게다가 2년이나 되었으면 귀신에게 나가라 해도 안 나갈 것이 아닌가? 하필 손님을 모시고 온 날에 미리 나와 상의도 없이 다짜고짜 일을 저질러 버리다니, 제무엘 전도사도 어지간히 눈치가 없었다.

나는 손님 때문에 오늘은 곤란하다며 버텼다. 뭔가 심각한 이야기가 오가자 문 목사님은 무슨 일이냐고 물으셨다. 나는 별일이 아니라며 안심시켜드렸다. 2년째 귀신들린 사람이 걸어서 교회를 올 수는 없을 것이라 생각했기 때문이었다. 그런데 그때, 교회 입구에서 누군가가 "여기 왔습니다!"라고 소리쳤다. 가슴이 철렁했다. 급히 입구 쪽으로 고개를 돌렸는데, 그 여학생의 어머니가 서 있었다.

불행 중 다행이었다. 내 예상대로 여학생은 오지 못 했다.

"이런! 여학생은 안 왔네? 아이고 안타까워라! 기도해 줄려고 했는데! 오늘은 손님 때문에 힘드니 어머니께는 내가 다음에 꼭 찾아가서라도 기도해 준다고 하세요!"라고 말하며 놀란 가슴을 쓸어내리는데, 또 다른 누군가가 "여학생도 왔습니다!"라는 것이 아닌가! 그 순간, 어머니 뒤에 숨어 있던 여학생이 옆으로 스르륵 하고 나왔다, 마치 공포영화의 한 장면을 본 것처럼 온 몸에 소름이 돋았다.

발이 얼어붙은 나는 빠져나갈 구멍을 찾느라 머리를 굴리고 있는데, 여학생의 어머니가 내게 오려고 발걸음을 뗐다.

그때였다. 여학생이 어머니가 못 움직이도록 뒤에서 잡았다. 그걸 보니 기운이 솟았다.

'옳지! 내가 기도를 많이 한 걸 알고 귀신이 두려워하는구나!'

나는 한껏 여유를 부리며 천천히 여학생에게 향해 다가갔다. 내가 가까이 갈수록 여학생은 두려워했다. 영적 싸움에서 승기를 잡았으니, 전쟁은 끝난 것이나 다름없었다. 나는 여학생을 사택으로 데리고 갔다. 여학생은 벌벌 떨며 나와 눈을 마주치지 않으려고 발버둥 쳤다. 내가 예수의 이름으로 명령을 할 때마다 여학생은 비명을 지르며 눈알을 희뜩거리고 침을 질질 흘렸다. 금방이라도 귀신이 나갈 것 같았다. 나는 제무엘 전도사와 청년들에게 용기를 주었다.

"이제 곧 나갈 거야! 꽉 잡아! 5분이면 끝나!"

이러기를 수십 번, 귀신은 온갖 비명을 지르며 발광하면서도, 우리 비행기 시간을 알았는지 끝내 3시간을 버텼다.

처음 하는 축사라 나는 끝장을 보고 싶었다. 동네 구경까지 다 하시고 교회로 돌아오신 문 목사님은 나에게 "정말 끝장을 보시네요!"라고 격려하셨지만, 나는 여학생의 온전해진 모습을 못 보고 돌아가는 것이 원통했다. 온 몸이 땀에 젖어 바지까지 축축했고 목에서는 피 맛이 났다. 다리가 후들거려서 서 있는 것조차 힘들었다. 신기한 것은 내가 그날 무슨 성령의 감동을 받았는지 출발 직전에 바지, 셔츠, 위아래 옷과 속옷까지 모두 챙겨서 갔다. 덕분에 축사 사역 후에 샤워하고 옷을 갈아입을 수 있었다.

나는 마닐라로 돌아오자마자 담임 목사님과 채팅을 했다. 신유, 축사가 탁월하신 목사님은 며칠 안에 여학생에게서 귀신이 나갈 것이라 말씀하셨다. 놀랍게도 2주 후에 제무엘 전도사로부터 그 여학생이 온전히 나아서 어머니와 교회도 나오고, 성경도 읽고 찬양도 한다는 소식을 들었다. 내 인생 최초로 귀신을 쫓은 것이다.

귀신들린 사람을 처음 접했던 내가 귀신을 쫓은 것도 신기했지만, 한국에서 채팅으로 보고를 받으신 목사님이 어떻게 며칠 안에 귀신이 나갈지 아셨는지 그것이 더 신기했다.

아무튼 나는 그 감격을 누구보다 먼저 담임 목사님께 알려드리고 싶었다. 목사님은 앞으로 더 강한 역사가 있을 거라며 칭찬해 주셨다. 목사님께 듣는 첫 칭찬이었다. 첫 귀신 축사, 첫 칭찬. 내 인생에 '최초'가 두 번이나 겹친 날이었다. 나는 목사님과의 모든 이메일, 채팅 내용을 따로 컴퓨터에 저장해 두었지만, 그날의 칭찬은 바탕화면에 저장하고 두고두고 봤다.

집회 1주 전이었다. 나는 처음으로 오정민 선교사를 데리고 비콜로 향했다. 그날도 예기치 않은 상황이 나를 기다리고 있었다. 교회에 도착하니 제무엘 전도사는 몇 년간 못 걷는 할아버지께서 기도받기를 원하신다며 함께 가자고 했다. 아니, 온갖 약과 민간요법으로도 못 고친 병을 내가 어떻게 고치겠는가?

황당하고 어이가 없었지만 보는 눈들이 많아서 차마 거절하지 못하고, 교회로 모시고 오면 기도해 드리겠다고 했다. 걷지 못하는 분에게 교회로 오시라는 것은 교묘히 피해가겠다는 수작이었다.

제무엘 전도사는 할아버지 집이 가까우니 우리가 가자고 했다. 나는 집이 가깝다면 얼른 모셔 오라고 했다. 제무엘 전도사는 할아버지가 일어나지도 못하시는데 어떻게 모시고 오냐며 우리가 빨리 갔다 오자며 버텼다. 오 선교사마저 제무엘 전도사의 편을 들어주는 바람에 버틸 명분이 없어진 나는 자리를 털고 일어났다. 청년들은 볼거리가 생겼다며 신이 났지만, 나는 도살장에 끌려가는 소 같은 심정이었다.

'아이고, 오늘 드디어 오정민 앞에서 개망신을 당하는구나! 내가 오정민을 왜 데려왔을꼬?'

생각할수록 내 처지가 황당했다. 얼마나 그 생각에 몰두했던지 가던 길에 그만 발을 헛디뎌 논두렁에 빠져 버렸다. 진흙투성이가 된 내 꼴이 한심했지만 곧 당할 망신에 비하면 아무것도 아니란 생각에 한숨만 깊어졌다.

우여곡절 끝에 할아버지 댁에 도착했다. 흙바닥에 대나무 기둥을 세우고 나뭇잎으로 지붕을 덮은 집 앞에 할아버지가 앉아 계셨다. 두발을 보니 갈라질 대로 갈라져서 사람의 발 같지가 않았다. 그런데 할아버지가 기도를 받자마자 비틀거리며 걷기 시작했다. 본인도 믿기지 않는지 감탄사를 연발하며 계속 발걸음을 떼셨다.

오 선교사도 놀라고 나도 충격을 받았다. 제무엘 전도사와 청년들은 나를 위대한 신유 사역자라고 오해했기 때문에 당연하다는 듯이 기뻐했다. 할머니는 소리를 지르며 집으로 뛰어 들어 가시더니, 내 손에 봉지를 하나 쥐어주셨다. 짓눌린 봉지에 담긴 것은 세 개의 초코빵이었다. 그날 할머니는 당신이 가지고 있던 것 중 가장 귀한 것을 내게 주셨다. 그 빵을 받고 나니 하나님께서 나와 함께 하신다는 믿음이 확고해졌다.

한껏 기세가 오른 나는 청년들에게 "하나님은 역사하시는 하나님이다! 이번 집회는 반드시 성공할 것이니, 마을에 있는 모든 병자를 모아라!"라고 당당히 말했다. 민망한 일이지만 나는 항상 이런 식이었다. 버스로 돌아오는 길에 초코빵이 얼마나 귀하던지 사진에 담았다. 나는 귀한 초코빵을 두 손에 쥐고 하나님께 귀한 신유 사역자로 써 달라고 기도했다. 그 후로 할아버지는 수풀과 논두렁을 지나 교회 예배에 참석하셨다고 한다.

감기 환자 5명 외에는 신유의 경험이 전무했던 나에게 비콜에서 있었던 3주간의 집중 훈련은 집회를 준비하는데 매우 큰 도움이 되었다. 그런 경험이 없이 신유 집회를 했다면 갑자기 몰려드는 병자들로 인해 무척 당황했을 것이고, 심각한 병자를 보고는 지레 겁

먹었을 것이다. 그래서 하나님은 나에게 3주 연속 현장을 방문할 수밖에 없게 만드시고, 매주 더 심각한 환자를 붙이시며 나를 더 깊은 신유의 세계로 인도하시며 준비시켜 주셨다. 불과 3주 만에 나는 전혀 다른 사람이 되었다.

내 인생의 첫 신유 집회

드디어 집회 날이 되었다. 나는 아내와 오 선교사, 필리핀 신학생들과 한 팀을 이루어 3일 동안 먹고 입을 것을 잔뜩 챙겨서 현장으로 갔다. 각오는 비장했고, 준비는 철저했다. 집회를 준비하면서 매일 10시간 이상, 일주일에 100시간 기도를 했기 때문에 마음이 든든했다. 그때부터 집회나 목회자 세미나를 앞두고 일주일에 100시간 기도를 채우는 습관이 생겼다.

현장에는 많은 사람들이 모여 있었다. 여러 교회에서 성도들과 병자들이 왔고, 심지어 불신자들까지 모였다. 감사하게도 관청에서 야외 농구장을 쓰도록 허락해 주었다.

첫날부터 놀라운 역사가 있었다. 여러 병자들이 나왔는데 그중에 44년간 고혈압으로 고생하신 65세의 할머니가 고침을 받으셨다. 다음 날 할머니는 아름다운 옷을 입고 집회 1시간 전에 오셔서 기도로 예배를 준비하셨고, 간증으로 하나님께 영광 돌리셨다.

둘째 날에도 여러 병자들이 즉시 고침을 받았다.

태어나서부터 선천적 천식으로 10년 동안 고생한 소년이 기도를 받고, 농구장을 가로지르며 뛰어다녔을 때 모두가 탄성을 자아내며 박수로 하나님께 영광 돌렸다. 태어나서 처음 달려본 소년은 신이 나서 깡충깡충 뛰어 다녔다. 고침을 받은 사람들은 다음 날 깔끔하게 옷을 입고 와서 간증으로 하나님께 영광 돌렸다.

셋째 날에는 소문 덕분에 병자들이 제일 많이 몰렸다.
그 전날 밤에 "하나님, 한 사람씩 기도해 주니 시간이 오래 걸립니다. 양손으로 기도해도 될까요?"라고 별 생각 없이 기도했는데 정말 병자들이 많이 왔다. 하나님께서 응답하시리라 믿고, 왼손에 무선 마이크를 잡은 채 양손으로 안수했다.

3일간 약 1,000명이 참석한 집회가 어느 사역자에는 작은 집회일지 몰라도, 내게는 웅장하고 영광스러운 집회였다. 첫 집회라서 무대 시설, 음향, 조명, 악기, 나의 설교 등 모든 것들이 부족했지만, 성령님은 모든 것을 초월해서 강하게 역사하셨다. 나는 악조건을 불평하는 대신 나 같은 사람도 사용하시는 하나님께 감사한 마음으로 최선을 다해 고군분투했다.

비록 나는 어리고 경험도 미천한 무명 선교사였지만, 영존하시는 전능한 하나님을 전심으로 의지했더니 하나님은 나를 통해 상상할 수 없는 놀라운 일을 행하셨다. 비로소 나는 경험, 재정, 배경 등이 부족한 것은 약점이 아니라는 것을 깨달았다. 오히려 그것 때문에 내가 하나님을 더욱 간절히 의지할 수 있게 되었고, 그로 인해 하나님은 나를 통해 더욱 강하게 역사하시니, 나의 약점은 축복의 통로이자 하나님의 영광이 더욱 풍성하게 드러나기에 합당한 최고의 조건이자 최고의 무대였다. 하나님께서 나의 부족함이라는 무대 위로 오르길 즐거워하시니, 나의 부족함과 연약함이 하나님 앞에서 부끄럽지 않았다. 오히려 감사의 조건이 되었다.

목회자 세미나로 판을 키우다

어렸을 때 나는 팔푼이 같아서 사람들을 답답하게 했었다. 그런데 다 자라서 사역자가 된 후에는 엉뚱한 기질 때문에 사람들을 종종 당황하게 만들었다. 지금도 엉망진창이지만 처음 신유 집회를 했던 29살의 나는 언제 어디로 튈지 모르는 돈키호테 같은 애송이 전도사였다. 신유 은사를 제대로 받기도 전에 도박판을 키우듯 하나님께 딜을 하며 신유 집회를 추진했으니, 보통 사람들과는 종자가 다른 좀 이상한 사람이었다.

하지만 하나님은 나의 그런 즉흥적인 성격을 적절하게 사용하셨다. 집회를 성공적으로 마치자 참석했던 목회자들이 찾아와서 목회자 세미나를 하자고 했다. 그 말에 귀가 번쩍했다. 양떼들보다 목자인 본인들이 더 갈급하다는 것이 이유였다. 신유 집회는 홍보와 차량 봉사에 돈, 시간, 에너지가 많이 들지만, 목회자 세미나는 적은 비용으로 최대 효과를 얻을 수 있다고 했다.

옳은 말이었다. 목회자들에게 신유 은사가 생기면 각 교회에서 성도들을 기도해 줄 것이니, 매번 큰돈을 들여서 집회를 열어 내가 1,000명에게 기도해주는 것보다 100명을 기도해 줄 수 있는 목회자 10명을 세우는 것이 훨씬 효과적이다. 만약 목회자 세미나를 한다면 수백 명은 모일 듯싶었다. 결과적으로 신유 집회보다 목회자 세미나가 더 '큰 판'이었다. 불경스럽게도 나는 이때도 목회자 세미나를 도박판에 비유해서 이해했다. 돈을 많이 따려면, 즉 많은 영혼을 구하려면 현재의 판을 키워야 했다.

그래서 목회자 세미나를 시작했다. 막상 시작해보니 그것도 고달프고 힘들긴 마찬가지였다. 일단 장소가 너무 멀었다. 마닐라에서 남쪽으로 400km 떨어진 소도시인 나가 시(Naga City)에서 목회 세미나를 열었다. 우리는 마닐라에서 주일 예배를 드리고 곧장 버스 터미널로 향했다. 저녁 8시에 버스에 올라타 꼬박 10시간을 달리면 새벽 6시에 나가 시에 도착했다. 그리고 작은 모텔에 방 2개를 잡아 스텝들과 1시간 정도 눈을 붙인 후에 샤워하고 닭다리 하나로 아침을 때우고 집회 장소로 향했다. 8시쯤 교회에 도착해서 마이크와 카메라 등을 세팅하고, 오전 9시부터 오후 5시까지 세미나를 했다. 3시간 설교, 1시간 점심, 4시간 기도 사역을 하는 엄청난 '노다가 사역'이었다.

문제는 항상 끝날 즈음 터졌다. 사람들은 좀 더 기도해 달라고 아우성을 쳤고, 우리는 버스를 놓칠까봐 노심초사했다. 저녁 8시 버스를 타야 다음날 아침에 마닐라에 도착할 수 있기 때문에 항상 시간에 쫓겼다. 한 번은 목사님들이 우리를 놓아주지 않아서, 어느 목사님이 버스 정류장에 전화해서 '한국 사역자가 저녁 8시 버스를 꼭 타야 하니까 꼭 기다려 달라'고 요청을 한 적도 있었다. 그래봤자 겨우 5~10분 더 기도해 드릴 뿐이었지만, 그들은 단 몇 초라도 더 기도 받기를 간절히 원했다.

집회를 마치면 카메라와 짐을 챙겨서 도망치듯 빠져나왔다. 다시 숙소로 가서 부리나케 샤워하고 버스 정류장으로 가면 저녁 8시였다. 덜컹거리고 흔들리는 심야 버스를 10시간을 내리 달려 마닐라에 도착하면 아침 6시, 집에 도착하면 7시였다. 잠깐 눈을 붙인 후에 늦은 오전부터는 내 교회를 돌보았다. 장정도 뼈가 녹을 만한 강행군이었다.

그러다보니 가장 한가한 시간은 심야 버스 안이었다.

잠을 잘 수도 있었지만 나는 그 시간이 가장 중요하다고 생각했다. 그래서 버스로 이동하는 10시간 중에 최소 7시간 이상 방언으로 기도했다. 전쟁터로 가는 버스에서는 물론이요, 심지어 돌아오는 버스에서도 그랬다. 그렇게까지 기도한 데는 두 가지 이유가 있었다. 첫째, 나는 하나님이 보시기에 더 맡겨도 될 사역자가 되고 싶었다. 집회를 마치면 온 몸이 탈진 상태가 되었다. 스태프들은 겨우 1~2시간 기도하고 기절하듯 잠들었지만 나는 그럴 수가 없었다.

나가 시에서 10시간 북쪽으로 올라와서 마닐라의 버스 정류장에 도착하자마자, 하나님께서 또 다시 북쪽으로 10시간 올라가서 어느 지역에서 사역하라고 명령하셔도, 즉시 순종할 수 있는 영적 상태를 준비하고 싶었다. 손으로 움켜 물을 핥아 마셨던 깨어 있는 기드온의 300용사를 뛰어 넘어서, 언제든 전쟁에 출정이 가능한 주님의 용사이자 백전불태(百戰不殆)의 장군이고 싶었다.

북쪽에 아는 사역자도 아는 사역지도 없었고 설령 있다하더라도 하나님께서 그렇게 시키실 리 만무하지만, 내가 항상 이런 자세로 사역에 임한다면 하나님께서 "이 종은 더 맡겨도 되겠구나!"하실 것 같았다.

당시 나는 버스에서 이런 희한한 생각을 많이 했다.

"비록 능력에 있어서 뛰어남이 없을지라도 군사 정신에 있어서 탁월하게 뛰어나다면, 하나님께서 나를 쓰시고도 남을 것이다. 지금 내가 고난 가운데 충성되면 하나님께서 10년 후에는 반드시 나를 귀하게 사용하실 것이다. 하나님께서 10년 후에 나에게 어떠한 사역을 맡기실 때에 지금 29살의 내가 어떤 자세로 하나님 나라를 섬겼는지를 반드시 고려하실 것이다. 29살에 씨를 잘 뿌려서 39살에는 영광스럽게 쓰임받자!"

나는 29살 때 버스에서 했던 기도와 생각을 잊어버렸는데, 이 책을 쓰기 위해 당시에 적어 놓은 기록을 보고 놀라지 않을 수 없었다. 하나님은 현재 39살인 나에게 너무나 과분한 사역을 맡기셨다.

내가 잠자지 않고 기도했던 것은 역사의 교훈 때문이었다.

세계 전쟁사를 들여다보면 승리에 취해서 방심하고 쾌락을 즐기다가 한 줌의 군대에게 기습을 당해서 무너진 사례가 무수히 많다. 집회도 영적 전쟁이다. 세상 전쟁보다 치열하면 더 치열했지 덜 하지 않다. 나는 전쟁을 할 때 전방보다 후방이 더 중요하고, 전쟁하러 갈 때보다 승리하고 돌아올 때가 더욱 중요하고 생각했다.

승리를 어떤 마음과 자세로 받아들이느냐가 프로와 아마추어를 결정짓는다고 생각했다. 그래서 비록 작은 전쟁이지만 100시간 기도를 채워서 전쟁에 임했고, 작은 승리였지만 돌아올 때 더욱 비장하고 날카롭게 기도했다.

그런 마음으로 목회자 세미나를 준비하고 최선을 다했다.
그 결과 9명에서 시작한 목회자 세미나는 4회 만에 300명으로 늘었다. 그리고 상상할 수 없는 엄청난 은혜가 임했다. 참석한 목회자와 사역자 중에 나보다 젊은 사람은 없었지만, 모두 겸손한 마음으로 말씀과 기도를 받았다. 서른도 안 된 새파란 청년 전도사가 머리가 희끗한 50~60세의 목사님들을 모시고 세미나를 하는 것도 민망한데, 세미나 때마다 연로하신 목사님들은 설교에 은혜를 받으며 눈물을 펑펑 흘리셨다.

또 기도 시간에는 손만 얹으면 역사가 일어나서 회복과 병 고침을 풍성하게 경험했다. 은혜에 갈급했던 그분들은 내가 마닐라에서 내려와 준 것만으로도 감사하고 감격해 했다.

하나님은 비콜에서만 '판'을 키워주신 것이 아니었다.
수도 마닐라에서도 큰 '판'이 벌어졌다. 하나님은 '판을 키워 달라'는 막무가내 기도에도 응답하셨고, 나는 '믿음의 문(Door of Faith) 교단'의 총회장님을 통해 그 교단 목회자들을 대상으로 세미나를 하게 되었다. 델라로사 총회장님은 나를 테스트 해 볼 겸, 그분이 담임하는 교회에서 먼저 집회를 하자고 하셨다.

이때도 나는 100시간 기도로 무장했다. 반드시 성령의 광풍 같은 역사가 있을 것이라 믿었다. 그때 교단 목회자 175명이 모였는데 한 마디로 난리가 났다. 보통 목회자들이 울기가 쉽지 않은데, 그날은 울음바다가 되었다. 내가 대단한 것이 아니라 기도의 능력이 대단하다. 그 누구라도 일주일에 50시간 이상만 기도한다면, 안수하기도 전부터 손에서 불과 전기가 흐르는 것을 생생히 느끼게 될 것이다.

총회장님은 대만족하셨다.
"이 집회는 우리 교회에서만 할 게 아닙니다. 일단 정식으로 마닐라에서 해 보고, 그 후에는 섬 투어를 합시다. 섬들마다 우리 교단의 교회들이 많은데, 그들 모두 이런 집회를 원하고 기다리고 있을 겁니다."
총회장님은 당신의 교단만큼은 책임지고 나를 강사로 세워 세미나를 열겠다고 하셨다. 총회장님은 곧장 마닐라에서 최대 규모를 자랑하는 '이나레스 실내 체육관'에 가셔서 400명을 수용할 수 있는 평션룸(농구장의 부속 세미나실)을 예약하셨다. 그리고 이곳에서부터 필리핀 투어를 시작하자고 하셨다.
내 귀로 듣고도 믿기지 않았다. 나는 유명한 사역자도 아니었고, 수도 마닐라에서 집회를 해 본 경험이 없었다. 하지만 약한 자를 들어서 강한 자를 부끄럽게 하시는 하나님께서 분명히 어떤 일을 이루실 거라 믿었다.

집회 당일이 되었다.

세미나실은 400명을 채우고도 모자라서 문을 열어 밖에도 의자를 놓고 들을 수 있게 했다. 그날 세미나 강사가 과연 나였었는지 의문이 들 정도로 엄청난 역사들이 있었다. 나는 강단에 오르자마자 "아프신 분 있습니까? 손들어 보세요!"라는 말로 인사를 대신했다. 그러자 여기저기서 손을 들며 '갑상선입니다!', '디스크입니다!', '피부병입니다!'라고 대답했고, 나는 "오늘, 당신들 모두 고침을 받을 것입니다!"라는 선포로 화답했다.

세미나를 할수록 성령님이 더 강하게 역사하셨기에 나도 점점 더 담대하게 선포했다. 또 담대하게 믿음으로 선포할수록 성령님도 강한 역사로 화답하셨다. 성령님께서 나를 제한 없이 사용하셨던 내 인생에 다시없는 때였다. 세미나가 끝나도 사람들은 쉬이 자리를 뜨지 않았다. 감사 인사를 하고 축복 기도를 받으려는 목회자들의 줄이 끝없이 이어져서, 세미나가 끝나고 2시간이 지나야 우리 팀은 겨우 뒷정리를 시작할 수 있었다.

마닐라의 목회자 세미나는 대성공이었다.

큰 은혜를 받으신 총회장님은 또 다시 섬 투어를 제안하셨다.

"우리 교단은 필리핀 전국에 흩어져 있습니다. 당신만 좋다면 큰 섬들부터 돌면서 '목회자 세미나 투어'를 하고 싶습니다!"

필리핀에서 섬 투어라니! 생각만 해도 가슴이 뛰었다. 바야흐로 필리핀 7,641개 섬을 무대로 선교할 수 있는 영광스런 기회가 내게 왔다. 내 앞에 필리핀 전국을 휩쓸고 다닐 수 있는 제대로 큰 판이 벌어졌다. 그러나 그 세미나가 내 20대의 마지막 목회자 세미나였다. 내 나이 갓 29살, 그 후 나는 끝없이 추락했다.

4부

제자

모교회와 작별하고 빈털터리가 되다

신유 집회와 목회자 세미나가 성공을 거듭하면서 선교사역이 안정 궤도에 올랐다고 생각했을 때 나는 사랑하는 모교회와 작별하게 되었다. 나의 미숙함으로 인해 생긴 일이지만, 갑작스러운 이별에 나는 매우 당황했다.

모교회는 내게 단순한 예배처가 아니었다. 내 청춘의 전부였고 내 삶의 중심이었다. 비록 필리핀에서 사역하고 있었지만, 태아가 어머니의 자궁과 연결되어 있듯 나는 항상 모교회와 영적 탯줄로 연결되어 있다고 생각했다. 그래서 한국을 방문할 때마다 공항에서 부모님 댁이 아닌 모교회로 직행하여, 늦은 밤 아무도 없는 교회 주차장에 있는 자판기 커피를 마시며 "하나님, 저 왔어요!"라고 인사드리는 것으로 한국 일정을 시작했었다.

모교회와 작별했으니 이제 어디로 가야 한단 말인가? 모교회의 울타리 안에서 예수님만 잘 쫓아다니면 비록 힘은 들어도 어디서 무엇을 해야 할지는 알 수 있었다. 그러나 29살 선교사가 외국에서 갑자기 독립을 하게 되니 정말 앞이 막막했다.

모교회와의 이별의 상처는 먼저 재정 부분에서 나타났다.
나는 사역은커녕 사역지로 갈 차비조차 없었다. 가지고 있던 차도 팔 수 밖에 없었다. 음식을 살 돈도 없었고 밖에 나갈 돈도 없어졌다. 총회장님은 섬 투어를 재촉하셨지만 내 상황은 점점 악화되어 신유 집회, 목회자 세미나 심지어 싸피닛 교회까지 모든 것을 한 순간에 잃어버렸다. 나의 교만함과 미숙함이 원인이었지만 하나님의 다룸은 무서웠다. 가장 슬프고 마음 아팠던 것은 그간 온갖 고생을 하며 쌓아왔던 필리핀에서의 내 소중한 사역들이 모두 허물어지며 무위(無爲)로 돌아가는 것을 울면서 지켜볼 수밖에 없었던 것이었다.

문자 그대로 거지가 되어 모든 사역이 중단되었지만, 필리핀 선교를 포기할 수는 없었다. 버티고 버티면 마침내 기회가 올 것이라 믿었다. 수입이 없다보니 빚으로 버텼다. 목사님의 아들 P군이 군에 입대하면서 필리핀을 완전히 떠난 상황이었기 때문에, 그때 우리 가족은 오정민 전도사, 사역을 도우러 온 처제까지 총 5명이었다. 대가족이 살다보니 아무리 아껴도 1달에 50~60만원은 필요했다. 빚은 날마다 늘어서 300만원이 넘어서는데 빌릴 곳도 없는 신세가 되었다.

식탁에 김치, 단무지, 김, 간장이 올랐다가 하나씩 없어지더니, 나중에는 간장 말고는 먹을 게 없어졌다. 어른들이야 그렇다 쳐도 딸에게 너무 미안했다. 가난한 필리핀 아이들도 다니는 저렴한 현지 유치원도 보내지 못 하는데 잘 먹이지도 못하니 아빠로서 가슴이 너무 아팠다. 이러다가는 다 같이 굶어죽겠다 싶어서 홀로 얍복강에 선 야곱이 되기로 결심하고, 아내와 딸 그리고 처제는 한국으로, 오 선교사는 부모님이 계시는 미국으로 보냈다. 온 가족이 왕복 비행기 티켓의 마지막 남은 표를 써 버렸기 때문에, 내가 큰돈을 끌어오지 못 하면 가족이 필리핀으로 돌아오고 싶어도 돌아올 수 없게 되었다.

그러면서 아내에게 "2달 안에 300~400만원을 끌어 와서 빚을 해결할 테니 아무 걱정 말고 한국에서 푹 쉬어! 만약 내가 돈을 해결하지 못하면 안 돌아와도 돼!"라고 비장하게 말했다. 하지만 아내는 1달에 30만원도 없어서 가족이 뿔뿔이 흩어지는데 2달 사이에 어떻게 10배 되는 돈을 구하겠냐며, 그만 고집 부리고 같이 한국으로 철수하자고 했다.

아내의 말대로 내게 방법은 없었다. 하지만 필리핀 선교를 포기하고 싶은 마음은 더 더욱 없었다. 가족과 생이별을 할 만큼 초라한 상황이 되었지만, 야곱이 코너에 몰려서야 얍복에서 위대한 역사를 이루었다고 생각하면서, 정신만큼은 초라해지지 않고 하나님 앞으로 담대히 나아갔다.

'사명이 있는 자는 죽지 않는다! 죽어도 죽지 않는다!'

나는 이 생각을 하며 이를 악물었다.

그리고 혼자만의 싸움을 시작했다. 전기세를 아끼기 위해 형광등 대신 노트북의 화면 밝기를 약하게 하여 조명으로 사용했다. 캄캄한 집 안을 다닐 때에는 노트북을 들고 다녔다. 화장실은 문을 열어 놓고 희미하게 새어 들어오는 빛에 의지해서 비누와 샴푸를 더듬어서 사용했다. 토굴 같은 인생을 살면서 나는 하나님께 부르짖고 또 부르짖었다. 처음 필리핀에 왔을 때 나는 주님께 큰 소리쳤었다.

"하나님! 이제 제가 필리핀에 왔으니 여기는 제가 다 알아서 하겠습니다! 하나님은 아무 걱정 마시고 다른 나라에 신경 쓰셔도 됩니다!"라고 기도했었다.

뭐든 충성을 다해서 해 낼 자신이 있었다. 그러나 선교의 문은 굳게 닫힌 채 열리지 않았으니 이게 어찌된 일이란 말인가.

"하나님, 지금 뭐하십니까? 제가 모세입니까? 저도 80살까지 기다려야 합니까?"

그러던 어느 날 마음에 강한 음성이 들렸다.

"네가 필리핀을 선교하는 것이 아니라, 내가 너를 먼저 선교해야 한다. 그래야 니가 필리핀을 선교할 수 있다!"

이건 또 무슨 뜻인가? 모든 것을 버리고 청춘의 때에 선교하려고 필리핀에 온 나를 선교하시겠다니? 도대체 나보고 선교를 하라는 말씀인지, 하지 말라는 말씀인지 도무지 알 수가 없었다. 사방이 막혀서 응답을 구하려고 기도한 사람에게 더 답답하고 어려운 말씀을 하시니 하나님의 의도를 이해하기 어려웠다. 그러나 그 뜻을 알아야 문제가 풀릴 것 같아서 그 묘한 말씀을 붙잡고 기도하니 성령께서 조금씩 그 의미를 깨닫게 해 주셨다. 그 뜻은 '선교사는 하나님께 선교된 만큼만 선교지를 선교할 수 있다'는 말이었다. 이후로 나는 내가 필리핀을 선교하는 것 보다 하나님께서 나를 선교하시는 것에 더 관심을 두게 되었다는 것을 깨달았다. 자연히 기도제목도 바뀌었다.

"하나님께 온전히 선교되어 필리핀을 온전히 선교하는 자가 되게 하소서!"

그렇게 1달 정도 기도에 잠겨 있는데 한국에서 전화가 왔다.

서OO 목사님이셨다. 귀한 사역을 하시는 목사님을 몇 번 뵌 적은 있지만, 전화를 주고받을 정도의 친분이 아니었기 때문에 뜻밖이었다. 목사님은 대뜸 그 동안 모은 십일조, 선교헌금, 아들 문제로 하나님께 서원한 100만원씩, 총 300만원을 보내겠다고 하셨다. 십일조를 왜 모으셨는지 그걸 왜 나에게 주시는지 말씀하시지도 않고, 빨리 계좌 번호를 달라고만 하셨다. 너무 필요한 돈이었지만 내가 받아본 헌금 중에서 가장 큰 금액이어서 받기가 여간 죄송한 것이 아니었다. 그러나 사랑하는 아내를 필리핀으로 돌아오게 하려면 염치를 무릎 쓰고 받아야만 했다. 그리고 순식간에 여기저기서 후원이 들어와 총 400만원이 되었다. 그때의 감격과 홀가분함이란! 도저히 갚을 수 없는 빚을 갚아본 사람만 알리라! 할렐루야!

"두려워하지 말라. 내가 너와 함께 함이니라. 놀라지 말라. 나는 네 하나님이 됨이니라. 내가 너를 굳세게 하리라. 참으로 너를 도와주리라. 참으로 나의 의로운 오른손이 너를 붙들리라"(이사야 41:10)

필리핀의 영적 대통령이 되십시오

2007년 12월 31일, 나는 가장 초라한 모습으로 한국에 왔다. 빚이 해결되어 급한 불은 껐지만, 고정 수입이 없으니 금세 '광야 모드'로 돌아갔다. 새해가 되어 30살이 되었지만 완전히 빈털터리가 되었다. 내가 꿈꾸었던 30살의 내 모습은 왕이 된 다윗이나 총리가 된 요셉 같은 모습이었는데, 현실 속의 나는 돼지 쥐엄 열매도 겨우 먹는 탕자였다. 집회와 세미나로 훨훨 날아다니다가 모교회와 작별하면서 졸지에 왕거지로 추락했다.

게다가 신대원 3학년이 되어서 목사 안수도 큰 문제였다. 한 번도 목사 안수를 걱정하지 않았는데, 모교회와 헤어지니 어느 교단으로 들어가야 할지 막막했다. 한국의 여러 신학교에 전화를 걸었으나 이구동성으로 3학년에 편입해서 1년을 더 공부해서 졸업해야만 목사 안수를 받을 수 있다고 했다. 전화 문의로는 한계가 있어서 혼자 한국행을 결심했다. 어느 목사님이라도 만나야 했다. 정기 후원이 없으니 하루를 버티는 것도 힘들었지만, 언제까지 이렇게 버텨야 할지 그림이 나오지 않았다. 누구라도 만나서 선교 비전에 대해 기도를 받고 싶었다. 나는 목사 안수 문제와 누군가라도 만나야 한다는 절박함을 안고 한국에 발을 디뎠다.

실낱같은 희망을 품고 한국에 왔지만 며칠이 지나도 나를 만나 주실 목사님도 방문할 교회도 찾지 못했다. 그제야 내가 사막 한가운데 버려진 고아 신세라는 것이 피부로 느껴졌다. 제일 서러운 것은 주일이 다가오는데 어디서 예배를 드려야할지 막막했던 것이었다. 갈 곳 없이 방황하다가 결국 옛날 집 앞에 있는 대치동순복음교회(옛 부활의 교회)로 향했다. 초신자 때부터 기도했던 곳이고, 선교사로 파송되기 전에는 밤낮으로 기도했던 곳이라 낯설지 않았다.

한참 기도하는데 친구에게 전화가 왔다. 고3 시절에 독서실에서 한 방을 썼고, 대학생이 되어 우연히 거리에서 만나 내가 교회로 인도했던 친구다. 그래서인지 우리는 서로 마음이 각별했다.

권우현은 한 걸음에 달려왔고, 우리는 함께 뜨겁게 기도했다. 기도가 시원하게 뚫려서였을까? 우현이는 "내일 여기서 같이 예배드리자!"라고 했다. 마침 사찰집사님께서 점검 차 기도실에 들어오셔서 내가 예배시간을 여쭈었다. 집사님은 11시라고 알려 주시면서 예배 후에 같이 식사하자고 하셨다.

다음날 아침, 아버지 차를 몰고 교회로 가면서 친구에게 전화를 했는데 전화기가 꺼져있었다. 가까운 아무 교회에서 예배드릴까도 싶었지만, 사찰집사님과의 약속 때문에 어쩔 수가 없이 대치동까지 갔다. 예배 후에 집사님과 식사하고 5층의 교회 커피숍에서 함께 커피를 마시는데, 갑자기 차를 빼달라는 전화가 왔다. 나는 별생각 없이 커피를 테이블에 두고 내려갔다 왔는데, 그 사이에 어느 중년 부부가 내가 앉았던 테이블에 앉아서 사찰집사님과 담소를 나누고 계셨다.

합석하기는 민망했지만 내 커피는 그 테이블에 있었고, 사찰집사님 외에는 아는 사람이 없으니 어쩔 수 없이 내 자리에 도로 앉았다. 내가 어색하게 앉자마자 사찰 집사님은 나를 가리키며 이분도 선교사님이라며 나를 그분께 소개시켜 주셨다.

알고 보니 중년 부부는 중국 선교사님이셨다. 그분들도 나처럼 사찰집사님 외에는 아는 사람이 없었던지, 딱히 자리를 옮기지 않으시고 나와 이야기를 나누셨다. 나는 사역지가 하나도 없는 신세였지만 그분들에게 '신유 사역'을 한다고 소개했다. 나의 대답 때문이었는지 그분은 엄청난 신유 사역자임에도 불구하고, '성령의 음성'에 순종하며 사역을 하신다고 하셨다.

'성령의 음성?' 처음 듣는 말이었다. 그것이 어떤 사역이지는 모르겠지만 '음성'이라는 말을 들으니, 갈 바를 모르는 나의 처지에 도움이 될 것 같았다. 나는 다짜고짜 음성 듣는 법을 가르쳐달라고 간청했다. 간절히 애원하는 나를 불쌍히 여기신 선교사님은 오후에 시간이 있냐고 물으셨다. 오후뿐이랴? 하루 종일 그리고 1달 내내 어디서 무엇을 해야 할지 모를 정도로 시간이 남아돌았다.

"무조건 됩니다! 시간은 아주 많습니다!"

중국 선교사님을 따라간 곳은 분당 미금역 앞에 있는 '예수세계 교회'였다. 나는 한참을 기다려서 중국 선교사님의 소개로 이광섭 목사님과 인사를 나눌 수 있었다. 그때 나는 속된 말로 개털이었다. 목사님은 거지나 다름없던 나를 측은히 여기셨지만, 이내 오후 예배 시간이 되어 본당으로 들어가셔야 했다. 그때 목사님은 나를 보며 한 마디 하셨다.

"혹시, 하나님께서 말씀을 주시면 기도해 드리겠습니다."

나와 중국 선교사님 부부도 오후 예배에 참석했다.
그런데 이광섭 목사님께서 설교를 하시다가 갑자기 나를 강대상으로 불러 세우셨다. 강대상에 세우신 것도 놀랐지만 설교 도중이었기에 상당히 당황스러웠다. 동시에 앞으로 무슨 일이 일어날지 매우 궁금했다. 목사님은 내게 손을 얹으시고 성령의 감동에 따라 기도해 주셨다. 기도 중에 나의 과거, 현재, 미래에 대해 언급하셨는데, 어찌나 마음에 와 닿던지 기도를 받는 내내 펑펑 울면서 '아멘'을 외쳤다. 성도들이 다 보고 있었지만 부끄러운 줄도 몰랐다.

기도를 받으니 이참에 '성령의 음성'을 듣고 싶은 마음이 간절해졌다. 그래서 이광섭 목사님께 "저도 성령의 음성을 듣고 싶습니다. 저 좀 어떻게 해 주세요!"라고 부탁드렸다. 목사님은 미국 일정을 마치고 돌아와서 훈련시켜 주시겠다고 하셨다.

그때부터 나는 2주가 지나가기만 손꼽아 기다렸다. 그런데 미국에서 돌아오신 목사님은 목이 완전히 쉬어버렸다. 설교를 겨우 끝내고 내려오시는 목사님께 달려가서, "목사님, 음성 듣는 훈련은 언제 하죠?"라고 여쭈었다. 목사님은 "목소리가 안 나온다니까요"라고 속삭이셨다. 시무룩하게 물러나려는데 목사님께서 대뜸 오후 예배 설교를 해 보지 않겠냐고 물으셨다. 대예배 설교는 겨우 하셨지만 오후 예배는 무리라고 생각하셨던 것 같다.

다시없는 기회였다. 준비시간이 부족해서 망칠 수도 있었지만, 잘만 하면 목사님과 좋은 관계를 맺을 수 있을 것 같았다. 나는 곧장 자동차에 들어가서 열심히 부르짖으며 기도했다.

한국에서 S교회에 이어 두 번째 설교라 긴장이 되었지만 최선을 다해 설교했다. 정제되지 않은 나의 언어로 하나님의 역사를 투박하게 표현했지만, 목사님과 성도님들은 은혜를 받으셨다. 설교를 마치자 목사님께서 강대상에 올라오셔서 입을 여셨다.

"30살도 안 된 신학도가 3~400명의 목회자를 모아서 사역을 하다니! 그것은 목회자도 하기 힘든 일이 아닙니까? 같은 돈이라면 이런 선교사를 후원해야 많은 열매를 맺을 수 있고, 우리도 그 열매에 동참할 수가 있습니다. 오늘 우리가 큰 은혜를 받았으니 헌금을 쎄게 합시다! 오늘 헌금은 모두 윤 선교사님께 드리겠습니다!"

나는 이런 경험을 해 본 일이 없어서 깜짝 놀랐다. 목사님부터 강대상에서 지갑을 여셨는데, 그 자리에서 170만원이 넘는 헌금이 나왔다. 필리핀에서 밀린 집세, 전기세, 물세, 전화비를 합친 금액과 정확히 일치하는 액수였다.

그러면서 한 말씀을 더 하셨다.

"선교사님의 간증 도중에 꿈이 대통령이었다고 해서 놀랐습니다. 저번에 기도해 드릴 때 선교사님의 얼굴에 김영삼 전 대통령 얼굴이 겹쳐 보였습니다. 그래서 '너의 별명을 '영적인 거산(巨山)'이라고 하라!'라고 했었는데, 아마 그분의 호(號)가 거산일 겁니다."

나는 간증할 때 꿈이 대통령이었다는 말은 했지만, 어릴 때 김영삼 전 대통령과 사진을 찍었다는 이야기는 하지 않았다. 그런데 목사님은 콕 짚어 김영삼 전 대통령을 말씀하시다니 정말 놀라운 일이었다. 더불어 목사님은 내가 훗날 '필리핀의 영적 대통령'이 될 것이라고 하셨다. 그날 이후로 나는 이광섭 목사님을 나의 영적 멘토로 생각하고, 목사님께서 불편하실 정도로 그림자처럼 따라다녔다. 그리고 그분을 통해서 놀라운 일들을 셀 수 없이 많이 경험하게 되었다.

가정교회를 개척하다

이광섭 목사님께 처음 기도 받았을 때 목사님은 많은 내용을 기도 중에 말씀하셨다. 그중에 하나님께서 나에게 교회와 기도원을 주실 것이라고 하셨다. 하지만 그때는 목사 안수도 받지 못한 상황이어서, 기도를 받으면서도 '어느 세월에 교회를 개척하나' 싶었다. 그런데 교회 개척은 엉뚱한 데서 시작되었다.

내가 혼자 한국에 들어오기 전에 우리의 재정 상태는 처참했다. 엎친 데 덮친 격으로 아내는 몸을 가누지도 못할 정도로 건강이 나빴다. 결국 우리는 파출부 아줌마의 도움을 받기로 결정했고, 하루 종일 일하는 비싼 풀타임(Full-Time) 아줌마 대신 반나절만 일하는 저렴한 파트타임(Part-Time) 아줌마를 찾기 시작했다. 우리 아파트에 사는 한국인들은 모두 풀타임 아줌마를 원했고, 필리핀 아줌마들 역시 수입이 좋은 풀타임을 원했다. 우리가 찾는 파트타임은 아무도 하지 않으려고 해서 우리는 좋은 분을 만나도록 기도를 시작했다.

어느 날, 소문을 듣고 '라헬 자매'가 우리 집을 찾았다. 한 푼이라도 더 필요한 가난한 필리핀 아줌마가 풀타임이 아닌 파트타임을 하겠다는 것이 신기했지만 우리로서는 고마운 일이었다.

라헬은 정직하고 성실했다. 그녀는 밝게 웃는 사람이었지만 얼굴에 그늘이 있었다. 그래서 우리는 라헬을 더 따뜻하게 대했다. 아내는 점점 건강을 회복하여 우리는 라헬에게 그만 와도 된다고 말할 기회를 엿보고 있었다.

그러던 어느 날 라헬이 우리에게 "저는 꿈이 있습니다. 당신의 집에서 영원히 일하는 것이 제 꿈입니다!"라고 말하는 게 아닌가? 나도 아사 직전이었는데 그런 사람의 집에서 영원히 일하고 싶다니! 그것도 아내와 동갑인 29살의 앞길 창창한 젊은 여자의 꿈이 고작 우리집 파출부라니 기가 막혔다.

그 말을 들으니 야박하게 그만 오라고 말할 수가 없었다. 우리 집이나 그 집이나 수중에 가진 돈은 동전 몇 개가 전부였지만 우리는 기도할 수 있었다. 저 불쌍한 여자에게 일자리를 주고, 우리는 기도해서 그녀의 월급을 하나님께 받아서 주자는 심산으로 걱정 마시고 계속 일하라고 했다. 우리도 말할 수 없는 고난 가운데 있었지만 한 가정을 책임지기로 결심했다. 결과적으로 이 일은 위대한 역사의 시작이 되었다. 나는 하나님의 놀라운 계획을 모른 채 혼자 한국에 들어왔다.

내가 한국에서 지내는 시간이 길어질수록 아내와 라헬은 서로 속마음을 터놓을 만큼 친해졌다. 알고 보니 라헬은 남편 다니엘의 폭력에 시달리고 있었다. 근육질의 남편은 술을 마실 때마다 라헬의 머리를 주먹으로 때렸다. 머리는 흉터가 남지 않기 때문에 사람들이 자신을 나쁜 사람으로 여기지 않게 하려는 의도였다.

친정어머니와 두 언니들이 5mm의 얇은 나무판을 사이에 두고 앞뒤로 살고 있었기 때문에 라헬은 그렇게 맞으면서도 소리조차 지르지 못했다. 남편은 술, 도박, 여자에 빠져 살다가 오랜만에 집에 와서 밤새 라헬의 머리를 때리는 게 일상이었다. 그러니 라헬에게 우리 집에서의 반나절은 유일한 탈출구이자 숨 쉴 구멍이었다.

그러던 어느 날이었다. 라헬이 아내에게 입을 열었다.

"당신의 하나님을 알고 싶습니다! 나에게 당신의 하나님을 알려 주세요!"

이 두 문장이 훗날 우리의 인생과 라헬의 인생에 어떤 거대한 변화를 가져올지 우리는 몰랐다. 슬프고 고통스러운 필리핀에서 철수할 날만 손꼽아 기다리고 있던 아내는 라헬의 말에 아연실색했다. 나는 어떻게든 방법을 찾아보겠다며 석 달만 기다려 달라고 하고 한국에 갔지만, 내가 빈손으로 돌아올 것을 확신한 아내는 이미 필리핀을 떠나기로 마음의 준비를 끝낸 상황이었다. 그런데 필리핀 여자가 뜬금없이 하나님을 가르쳐 달라고 하니 얼마나 당황스러웠을까?

그때였다. 아내는 불현 듯 필리핀에서 5년 동안 1명도 전도하지 못했다는 생각이 들었다. 영혼구원이 사명인 선교사가 1명도 전도하지 못 했는데, 전도해 달라고 스스로 요청하는 사람마저 거절한다면 한국에 돌아가서도 평생 죄송함과 죄책감으로 괴로울 것 같았다. 필리핀 선교는 포기해도 한국에서 신앙생활은 해야 하는데, 거리로 나가서 복음을 전하지는 못할망정, 굴러 들어온 전도대상자를 발로 차 버린 죄를 어떻게 용서받는단 말인가! 선교를 접으려면 아직 2달은 남았으니 접을 때 접더라도 라헬에게 복음을 전하기로 마지못해 결심했다.

곧 두 사람은 성경공부를 시작했다. 성경공부를 인도하려니 기본부터 다시 닦아야 했다. 아내는 기도, 성경 읽기, 설교 준비에 1시간씩 공을 들였다. 영어가 부족하지만 책임감이 강해서 성경공부를 꼼꼼히 준비했다. 그리고 라헬을 만나서는 1시간 성경공부, 1시간 간증으로 시간을 보냈다. 아내는 성경공부가 있는 날에는 하루 5시간씩 하나님의 은혜 안에 잠기면서 영혼이 다시 소생하게 되었다. 삶에 지쳐서 하루 빨리 필리핀과 선교를 포기하고 싶었던 아내였다.

그런데 성경공부 시간에는 더 힘든 인생을 사는 라헬에게 "하나님은 전능하시다!", "하나님은 반드시 응답하시고 도와주신다!", "아무리 힘든 상황에도 하나님을 의지하면 길이 생기고 인생 역전이 된다!"라는 메시지를 전하다 보니, 온종일 걱정과 낙담으로 가득 찼던 마음이 조금씩 회복되어 갔다.

사막에서 오아시스를 찾던 라헬은 생수이신 예수님을 만났고, 아내가 전하는 말씀을 꿀처럼 달게 먹으면서 하나님과 첫 사랑에 빠졌다. 아내는 남편에게 맞으면서도 은혜에 갈급해 하는 라헬에게 도전을 받았고, 라헬은 아무 식량도 없으면서도 기도로 이겨내려는 아내에게 도전을 받았다.

어느 날, 혼자 은혜 받는 것이 아까웠던 라헬은 쥬딧(셋째 언니), 테스(넷째 언니), 여고생 레이셀을 데려왔다. 일대일 수업이 그룹 강의가 되면서 아내는 더 열심히 기도하고 말씀을 묵상하며 성경공부를 준비했다. 특별히 대학 졸업자여서 영어가 능통한 쥬딧 앞에서 실수하지 않으려고 더 철저히 준비했다.

한국에서 전화로 아내에게 그 이야기를 들으니 필리핀에서 돌아가는 상황이 희한했다. 하나님께서 아내가 빠져나가지 못하도록 일을 만들어 가시는 모습에 탄복이 절로 나왔다. 나는 그 성경공부 모임을 생각할 때마다, '곧 교회를 시작하게 될 것'이라는 이광섭 목사님의 기도가 생각나서 흥미진지해지며 무척 기대가 되었다.

내가 필리핀으로 돌아와서 보니 그들은 한창 뜨거워져 있었다. 나는 아내에게 그들을 주일에 불러 달라고 했다. 아내는 예배도 아닌 성경공부를 주일에 하자는 것이 이상했지만, 아마 남편이 그들과 마지막 모임 겸 작별인사를 멋들어지게 하고픈 것이라 생각하며 대수롭지 않게 여겼다.

주일 오후 3시, 4명의 필리핀 여자들이 우리 집으로 왔다. 나는 그분들을 하얀 플라스틱 테이블에 둘러 앉혀 놓고 간단히 내 소개를 한 후에 성령에 대해 짧게 설명했다. 그리고 만난 김에 잠깐 축복 기도를 해 주겠다고 했다. 그리고 나는 이광섭 목사님께서 안수하면 성도들이 즉시 방언 은사를 받은 장면을 잠시 상상했다. 그것은 내게 소름끼칠 정도로 놀라운 충격이었다. 그 성령님께서 역사하시는 장소에 나도 함께 있었으니, 그 기름부음과 임재가 나에게도 스쳤을 것이라 믿고 또 믿었다. 마치 한 공간에 있는 사람들이 같은 공기를 마시는 것처럼 말이다.

그 믿음으로 나는 4명의 필리핀 여자들에게 안수했다. 놀랍게도 4명 모두 즉시 방언이 터졌다. 마닐라의 좁은 아파트가 마가의 다락방처럼 뜨거워졌다. 내 인생에 이런 천지개벽할 일이 생기다니!

나만 놀란 것이 아니었다. 4명의 필리핀 여성들도 성령의 역사로 놀랐다. 한국에서 무슨 일이 있었는지 모르겠지만 천방지축인 사람에게서 어떻게 이런 역사가 일어나다니 하며 아내와 오정민 선교사가 가장 놀랐다.

'방언이 임하기만 하면 일을 저지를 테다!'라고 별렀던 나는 사도행전 2장을 펴서 차분히 읽었다. 그때까지 아내는 내가 무슨 일을 저지를지 낌새조차 못 챘다. 오히려 방언 은사가 터진 것처럼 남편이 더 놀라운 후속타를 준비했나보다 하고 기대했다. 그런데 나는 아내가 절대로 상상하지 못할 엄청나게 놀라운 일을 저질렀다. 나는 이렇게 선포했다.

"120명에게 성령과 방언이 임하여 교회가 시작되었습니다. 나는 지금으로부터 5년 전인 2003년 3월 23일에 필리핀에 왔는데, 오늘이 정확히 2008년 3월 23일입니다. 오늘부터 우리가 교회를 시작할 것을 예수님 이름으로 선포합니다! 나는 담임 전도사고, 내 아내와 오정민 전도사는 부 전도사입니다!"

4명의 필리핀 여성, 아니 나의 성도들은 전도사가 된 아내와 오 전도사에게 축하 인사를 하고 총총 사라졌다. 그들이 나가기가 무섭게 아내가 펄쩍 뛰고 난리가 났다. 아내는 그들과 마지막 인사를 하고 헤어질 것이라 생각했는데, 3개월 만에 돌아온 남편의 입에서는 믿어지지 않는 소리가 튀어 나왔다. 마지막 성경공부 날이 교회 개척 날이 되었으니, '굿바이 필리핀'을 할 타이밍을 영 놓쳐버렸다. 아내는 '왜 미리 말 안 했냐'고 난리를 쳤다.

나는 아내가 당연히 펄쩍 뛰며 반대할 줄 알았기 때문에 나의 놀라운 계획을 숨겼다. 하지만 일은 이미 벌어졌고, 교회는 이미 개척되었다. 아내는 그 일로 두고두고 나를 원망했다.

오정민 전도사도 난리였다.

"윤 전도사, 지금 제 정신이야? 교회가 뭔지 알고 이야기하는 거야? 한국에서 구역장 하던 것과 같다고 생각하면 안 돼!"

만류하는 두 사람을 보면서 나는 오히려 마음이 느긋해졌다. 한국에서 나는 2년 동안 구역원 3명에서 20명까지 늘렸는데, 지금이라고 못 할 것은 무엇인가? 구역이나 교회나 다른 것은 하나도 없다. 다른 것이 있다면 구역과 교회가 다르다고 생각하는 생각의 차이다. 생각이 결과를 낳는다. 구역은 쉽고 누구나 할 수 있지만, 교회는 어렵고 아무나 못 한다는 고정관념이 실제로 그런 결과를 만든다. 그러나 구역도 교회도 쉽고, 누구나 할 수 있다. 구역이 곧 교회다. 적어도 나에게는 그랬다. 나의 열린 생각이 의외의 결과를 만들어서 비록 집에서 아무 것도 없이 개척했지만 사역은 술술 풀렸다. 그러나 아무리 설명을 해도 그날 우리 집에서는 "아멘!"하는 이가 아무도 없었다.

가난한 사역자, 파출부들의 희망이 되다

성령의 역사로 교회를 선포했으니 둘째 주부터는 예배 형식을 갖춰야 했다. 나는 거실 구석에 다리미판을 세워 놓고 그 위에 커튼을 덮어서 강대상을 만들었다. 그 위에 성경책을 올려놓으니 폭이 딱 맞았다. 그리고 쓰던 의자 4개를 놓으니 그런대로 분위기가 났다. 예배, 찬양, 설교 등 모든 것이 엉망이었지만, 나는 교회를 개척했다는 사실이 너무 기뻤다.

2017년 4월, 창립 9주년 때였다.
'다윗의 장막' 팀으로 찬양사역을 하셨던 판교 주님의교회를 담임하시는 스캇 브래너 목사님께서 '레위 지파' 사역자들과 오셨다. 우리가 죽어라 기도하고 금식하긴 했지만, 안면도 없는 세계적인 사역자가 이메일 한장에 자비량으로 오시다니 놀라운 일이었다. 나는 그분이 그렇게 자상하시고 순결함을 추구하시는 분인 줄 정말 몰랐다. 목사님은 나의 '다리미판 강대상' 스토리에 무릎을 치시더니, '예수님의 신부의 옷을 다리는 다리미', '죄악으로 주름진 우리의 영혼의 옷을 다리는 다리미'라며 내가 첫 강대상을 다리미판으로 사용한 것이 우연이 아니라며 감탄하셨다. 스캇 브레드 목사님의 말씀처럼 그 다리미판 강대상에서 선포되는 하나님의 말씀은 놀라운 역사를 일으켰다.

다리미판 강대상

교회 개척이 그렇게 행복할 줄은 미처 몰랐다. 1주 내내 예배를 준비하면서 행복했다. 그러다 문득 '믿음대로 될 지어다!'는 말씀이 떠올랐다. 그래서 아내에게 말했다.
"하나님은 준비하시는 하나님이시고, 믿는 만큼 그리고 그릇을 준비하는 만큼 받는다잖아. 의자 4개를 사자. 의자 4개를 놓으니 4명이 꽉 차서 앉을 의자가 없었듯이, 4개를 더 사면 8명이 올 거야!"

아내는 돈도 없는데 4개도 충분하다고 반대했지만, 결국 내 뜻을 꺾지 못했다. 그리고 셋째 주에 8명이 왔다. 4명이 1명씩 전도한 것이다. 교인이 2배로 늘었으니 앞으로 엄청난 부흥이 일어날 것 같았다. 흥분의 도가니가 되었다. 그래서 준비했던 설교는 집어 치우고, 즉석으로 8명 앞에서 '믿음은 무엇인가?', '하나님이 주시는 위대한 부흥'이라는 주제로 일장 연설을 했다. 뒤에서 지켜보던 아내와 오 전도사는 기가 막히고 코가 막히고 닭살이 돋아서 자리를 피하고 싶어 했다. 하여튼 나는 정말 못 말리는 사람이다.

그때도 우리 집의 재정은 여전히 최악이었다.

몇 푼 안 되는 전기세를 내지 못해서 툭하면 전기공사 직원이 와서 전기선을 끊었다. 냉장고도 항상 텅 비었다. 그런 주제에 믿음과 부흥을 외치는 사역자가 성도들 눈에는 어떻게 비췄을지 모르겠다. 설교 때는 성령의 불이 붙어서 아무 생각 없이 사자후를 토했지만, 예배 후에 제정신이 돌아오면 나도 민망하기 그지없었다. 혹시나 가난한 내가 하나님의 영광을 가리는 것은 아닐까?

하지만 나의 가난은 오히려 필리핀 성도들과의 공감대를 만들었다.

"당신은 부유한 한국인인데 어떻게 우리 인생과 마음을 이해합니까? 괜히 우리를 이해하는 척 하지 말고, 배부른 소리도 하지 마세요!"

초창기에는 이런 성도도 있었다. 그러나 우리 집에서 예배드리고 우리의 실상을 알게 되면서 그런 말들은 사라지고 거리감도 없어졌다. 더러는 나를 걱정하여 2,300원(100페소)를 손에 꼭 쥐어주기까지 했다.

돈 없는 남편이 가정교회를 개척했으니 상황은 더 힘들어졌다. 혹시 내가 순교 혹은 사고로 죽으면 장례 치룰 돈이 아내에게 부담될 것 같았다. 어린 나이에 남편 따라 필리핀에 와서 온갖 고생을 하다가 남편이 죽은 것도 서러운데, 장례비용까지 없으면 그 인생이 너무 한스러울 것 같았다. 그래서 그때 내가 자주 결심했던 것은 "가난하니 죽어도 죽을 수 없다! 가난하면 절대 죽으면 안 된다! 반드시 살아야 한다!"였다.

밀린 월세, 단수, 단전은 기본이었고, 쌀이 떨어져 밥을 못 먹는 날도 종종 있었지만, 그때를 희망으로 버틸 수 있었던 것은 오직 교회였다. 모든 것이 어려웠지만 이상하게 교회는 잘 돌아갔다. 모든 열악한 상황들은 나라는 사람을 하나님께서 함께 하지 않는 '버림받은 선교사'라고 증명했지만 성도들은 꾸역꾸역 모여들었다.

나는 죽어가는 상황이었지만 가난한 성도들은 나를 보면서 위로와 도전을 받았으니, 하나님이 하시는 일이 참 기묘하다. 과거 나의 극심한 가난은 지금까지 성도들에게 큰 간증과 소망이 되고 있다. "하나님께서 가난과 배고픔의 탈출구가 없었던 우리 목사님을 저렇게 복 주시고 사용하시니, 우리도 목사님의 말씀을 듣고 순종하고 따라가면 반드시 같은 복을 받을 것이다."

또 "'자녀들이 아버지보다 더 성공한다!'는 목사님 말씀처럼 우리가 목사님보다 더 큰 축복과 쓰임을 받을 것이다!"는 믿음으로 순종하며 따라오니, 현재 나의 목회가 순탄하기 그지없다.

가정교회를 개척한 지 2달 만에 30명이 모였다.

주일마다 사택은 사람들이 복닥거려 발 디딜 틈이 없었고, 사람들의 열기로 실내 온도는 점점 높아졌다. 2개의 방에서 에어컨을 틀고 방 앞에서 선풍기를 놓아서 거실에 시원한 바람을 쏟았지만 소용이 없었다. 다리미판 강대상은 거실 제일 안쪽에 있어서 나는 설교할 때마다 비지땀을 흘렸다.

파출부가 전도하니 파출부가 왔다. 그 파출부도 파출부를 데려왔다. 결국 우리 교회는 '파출부 교회'가 되었다. 교제를 해도 파출부 일에 대한 내용들이었다. 간혹 일반 사람이 왔지만 파출부가 대세라 적응하기 힘들어 떠나기도 했다. 파출부 아줌마들은 주일에 한국 가정에서 점심 요리와 설거지를 끝내고 달려왔다. 그래서 주일 예배는 오후 3시에 시작했다. 그러니 일반 사람들은 적응하기가 더욱 힘들었다.

더위보다 고약한 것은 냄새였다. 한참 요리하고 일하다 온 파출부님들은 묘한 냄새를 뿜으셨다. 그들은 씻을 겨를도 없이 일하다가 달려왔기에 온몸이 땀에 절어 있었다. 다닥다닥 붙은 사람들 사이에서 반찬 냄새, 머리 냄새, 발 냄새, 또 몸에서 특유의 땀 냄새가 풍겼고, 후끈 달아오른 공기는 냄새를 증폭시켜 우리 집 구석구석에 스미게 했다.

예배가 끝나면 파출부들은 한국 집으로 달려가서 저녁 준비를 했다. 성도들이 썰물처럼 빠져나가면 온 집안 문을 열어서 1시간 넘게 환기를 했지만 냄새는 쉬이 빠지지 않았다. 그 고약한 냄새는 가정교회 부흥의 상징이자 증거였다.

온실 속 화초가 아니라 거친 들판에서 강하게

일명 파출부 교회가 부흥하자 아파트에서 항의가 들어왔다. 파출부 아줌마들과 그들의 아이들이 시끄럽고 냄새난다는 민원이 들어왔고, 경비들은 외부인 통제라는 이상한 명목으로 우리 성도들의 출입을 막았다. 몇몇 성도들은 예배 시간이 되어도 들어오지 못하고 아파트 입구에서 발만 동동 굴렀다. 예배도 마음대로 못 드리는 현실 앞에 우리는 서럽게 울며 기도했다.

그때 얼마 전에 근처에 있는 필리핀한인교회의 봉헌 예배에 참석한 것이 생각났다. 어느 교회에서 봉헌 예배를 드린다는 소식을 듣고 한국 떡으로 배를 채울 요량으로 예배에 참석했었는데, 목사님과 사모님은 바쁜 와중에도 자상하게 챙겨주셨다. 나는 온 교인들과 함께 간절히 기도한 후에 체면도 버리고 그 교회를 찾아갔다. 당장 돌아오는 주일에 예배처가 없으니 지푸라기라도 잡고 싶은 심정이었다. 감사하게도 원병희 목사님은 아무 조건 없이 소예배실을 흔쾌히 내어 주셨을 뿐만 아니라, 정수기 물과 화장실 등을 편하게 쓰라고 하셨다. 적게나마 사례하려고 하자 목사님은 하나님께 비용을 직접 받을 테니 돈을 낼 생각이면 소예배실을 사용하지 말라고 하셨다. 외모처럼 내면도 천사 같은 분이셨다. 성도들은 의자와 에어컨을 보고 환호성을 질렀고, 나는 강대상과 마이크에 감사했다. 마이크 덕분에 더 이상 목에 핏대를 세우지 않아도 되었다.

필리핀한인교회에서 행복하게 예배를 드리던 어느 날이었다. 하나님은 나에게 그곳을 떠나라는 감동을 주셨다. 우리 처지에 그보다 더 좋은 곳을 구할 수는 없었다. 나는 냉방시설부터 방음과 조명까지 모든 것이 다 갖춰진 그곳을 왜 떠나라고 하시는지, 우리를 그곳으로 인도하신 하나님께서 왜 갑자기 마음을 바꾸셨는지 이해가 되지 않았다. 나는 어떻게든 하나님의 마음을 되돌려 보려고 버둥거리며 기도했다.

그런데 기도 중에 "그곳에 오래 있으면 온실 속의 화초가 된다!"는 음성이 들렸다. 더 거친 환경으로 나아가 싸우고 이기면서 성장해야 한다는 감동도 있었다. 마음으로는 거부하고 싶었지만 한편으로 이해가 되고 수긍이 갔다. 아무리 편안하고 안락해도 온실 속의 화초는 되고 싶지 않았다. 나는 닭장 속의 닭이 아니라 창공을 가르며 산들을 휘젓는 독수리이고 싶었다.

성령님께서 분명한 음성과 감동을 주셨으니 이제는 내가 순종할 차례였다. 나는 성도들에게 어디로 가야 할지 모르지만 우리는 떠날 것이라고 선포했다. 고생 끝에 시원하고 아름다운 천국 같은 교회에서 예배드리게 되었는데, 불과 몇 달 만에 아무 계획도 없이 나간다고 하니 성도들은 의아해 했다. 하지만 예나 지금이나 토를

다는 성도는 아무도 없었다. 양들은 갈 곳을 정하지 않는다.

"목자님! 오늘은 물가로 갑시다!"라고 말하는 성도는 양이 아니다. 순순히 내 뒤를 따라 나오는 양떼들을 보고 있자니, 내가 그들을 끌고 위험이 도사리는 광야로 나아가는 것 같았다.

그때 내게 큰 힘을 주신 분은 원병희 목사님이셨다. 나, 아내, 오 전도사가 감사 인사를 드리려고 목양실을 찾았다. 목사님은 "선교사님들이 불편하고 어려워할까봐, 첫 예배 이후로는 소예배실을 방문하지 않았습니다. 그런데 왜 떠나십니까? 혹시 우리가 불편하게 해 드렸나요?"라고 말씀하시면서 우리를 붙드셨다. 그동안 우리를 배려해주신 목사님의 진심에 눈물이 났다. 사람들 눈에 우리는 초라하고 아무 영양가 없는 사람들이었다. 그런데 목사님은 우리를 주 안에서 한 형제로 맞아주시고 끝까지 사랑해주셨다.

그날 목사님께 받은 큰 감동은 내 마음에 깊이 박혔다.

나는 목양실을 나오면서 이 사랑을 다른 사람들에게 돌려드려야겠다고 결심했다. 당시만 해도 그런 날이 나에게 올지 아득했지만, 머지않아 그날의 결심을 실천할 수 있는 복이 찾아왔다. 첫 임대 건물에서 예배드릴 때에 여러 필리핀 기독 단체들에게 교회 예배당과 기도실을 무료로 내어드렸다. 그들은 감격했고 더러는 울기도 했다. '뭘 울기까지 하나?' 싶겠지만 나는 가난한 사역자들의 서러움을 경험해봐서 잘 안다.

그래서 원 목사님께서 내게 그러셨듯이 나도 그들에게 최대한 편의를 봐주었고, 그들이 불편하지 않도록 그들을 피해 다녔다. 소위

'눈칫밥'을 먹지 않도록 모임이 있는 날에는 그림자처럼 조용히 다녔다. 내가 원 목사님을 천사로 생각했듯이 그들은 나에게 '천사 같은 한국 선교사'라고 했다. 나의 밑바닥 시절, 천사 같은 원병희 목사님을 만난 만남의 축복 덕분에 나는 '내 교회만을 위한 목회'라는 좁은 시야에서 벗어나서 연약한 '다른 교회들을 위한 목회'라는 넓은 시야와 넉넉한 마음을 갖게 되었다. 그것이야말로 밑바닥 시절에만 경험할 수 있었던 귀한 은혜였다.

광야 훈련을 거쳐 예루살렘에 이르기까지

나는 30명의 양무리와 함께 주말마다 예배드릴 곳을 찾아 헤맸다. 우리는 의자 30개와 선풍기를 들고 기타를 메고 비트 박스를 안고 소풍가듯 즐겁게 행진했다. 우리에게 예배 장소는 중요하지 않았다. 아니, 그런 것을 따질 만한 형편이 못 됐다. 동사무소에서 강당을 열어주면 허락되는 기간만큼 그곳에서 예배드리고, 기도센터의 문이 열리면 그곳에서 예배드렸다. 때로는 마을 공터에 천막을 치고 예배드리기도 했다. 비가 오는 날에는 의자, 선풍기, 기타, 비트박스를 끌어안고 비를 맞으며 이리저리 뛰어다녔다.

새로운 장소로 이동할 때마다 "이곳도 얼마 안 가서 쫓겨나겠지? 그러면 더 좋은 곳으로 이동시켜 주실 거야! 예수님만 있으면 돼! 예수님만 따라가면 돼! 여기서 쫓겨날 때까지 최선을 다해 즐겁게 하나님을 예배하자!"는 마음으로 예배드렸다. 우리 교회는 말 그대로 '광야 교회'였고, 우리에게는 한 주 한 주 예배드릴 수 있다는 것이 기적이었다.

모든 문이 막히는 법은 없었다. 하나가 닫히면 반드시 다른 문이 열렸다. 그것이 하나님의 인도하시는 스타일 중에 하나라는 것을 나는 경험으로 알게 되었다. 사방이 막히는 최악의 상황에도 오직 하나님만 의지하고 기도하면 뻥 뚫린 하늘에서 기적이 쏟아졌다. 그러니 사방이 막히는 것이 문제가 아니라 나의 영적 하늘이 열려 있는지가 중요했다. 광야 교회는 하나님의 다양한 인도하심을 경험하고 배웠던 소중한 훈련 장소였다.

그 즈음에 나는 우연히 필리핀에 살고 있는 예수 믿는 유대인, 즉 '메시아닉 쥬'를 만났다. 많은 메시아닉 팀들 중에 유독 예배처가 없어 방황하는 소규모 그룹이 있었다. 5명의 안타까운 처지에 마음이 움직여, 나는 그들과 함께 예배드리기 위해 예배처를 알아보기 시작했다.

어느 날 메시아닉 팀원인 루비 할머니의 소개로 만달루용에 있는 체육관을 방문했다. 밤 11시쯤 체육관에 도착했는데 온 몸에 전율이 흘렀다. 1년 전 한국에서 이광섭 목사님께서 꿈에 보셨던 내 눈 앞에 떡 하니 있었기 때문이다. 목사님은 오래된 건물, 심플한 구조, 높은 천장, 4면의 창문, 수백 명을 수용할 수 있는 건물을 꿈에서 보셨다면서, 그 건물의 5가지 특징을 자세히 설명해 주셨다.

당시에는 양떼들과 거리로 내쫓겨 매주 서러운 광야 길을 걷고 있었기에 목사님의 말씀이 가뭄의 단비처럼 마음에 스며들었다.

나는 '아멘!'으로 말씀을 받고 성도들과 기도하며 1년간 그 건물을 찾아 다녔다. 그런데 우연히 처음 방문한 도시에서 그 건물을 발견한 것이다. 나만의 교회를 위해 찾았을 때는 보이지 않더니, 다른 교회를 긍휼히 여기면서 찾으니 한 번에 찾아졌다. 역시 하나님은 모든 성도와 모든 교회를 돌보시는 사랑의 하나님이시다.

체육관 건물은 천장 높이가 7m나 되는 개방형 구조였다. 2층을 체육관으로 사용하려고 건물의 4면 모두 창문으로 둘렀다. 목사님께서 보신 건물과 모든 것이 일치했지만 월세가 너무 비쌌다. 그러나 하나님께서 예비하신 곳이라면 돈도 해결되리라 믿고, 나는 담대한 마음으로 사무실에 가서 담판을 지었다. 감사하게도 가격을 절반 가까이 깎아주어 100평을 월세 100만원에 계약했다.

체육관 건물이라 교회로 사용하려면 리모델링을 해야 했는데, 돈이 한 푼도 없어서 문제였다. 그런데 하나님은 놀랍게도 내가 계약을 하자마자 즉시 공사비를 주셨다.

그 당시 우연히 목포에서 예치과를 하시는 김성훈 장로님, 류미애 집사님 부부를 만나게 되었는데, 그분들이 처음 만난 나에게 큰 사랑을 주신 덕분에 1차 공사를 끝낼 수 있었다. 두 분 모두 연예인 같이 멋있고 아름답고 정직한 분이셨다. 어찌나 강직하고 곧은 분들이신지 훗날 '납세자 국무총리상'까지 수상하셨다. 겸손과 영성으로 목사인 나를 크게 감동시키시는 두 분 덕분에 교회 리모델링 공사를 무사히 마칠 수 있었다. 그 후, 나는 영적 어머니가 되어주신 천사같은 정옥자 권사님을 만났다. 그분은 항상 나를 위해 눈물로 기도해 주실 정도로 사랑이 많은 분이셨다.

예배당 공사는 3차례에 걸쳐 진행됐다.

1차는 바닥에서 7m의 지붕에 이르기까지 4면의 나무벽을 만드는 대 작업이었다. 2차는 본당 뒤쪽에 3개의 방을 만들고, 4.5m 높이의 천장을 만들었다. 3차는 나무벽 위에 벽돌을 덮었는데, 성령님께서 특별한 지혜를 주셔서 예루살렘 성전을 본떠 디자인했다. 동쪽 벽은 누런 벽돌로 예루살렘 동쪽의 '골든 게이트'를 축소해서 만들었고, 서쪽 벽은 허연 벽돌로 예루살렘 서쪽의 '통곡의 벽'과 함께 인조 풀까지 여기저기 심어 놓았다. 천장은 성막 높이인 4.5m로 하였다.

그래서 교회 본당에 들어오면 마치 예루살렘 안에 서 있는 느낌이 든다. 거기서 이스라엘 국기, 필리핀 국기, 대한민국의 태극기를 흔들며, 예루살렘에서 가져온 양각나팔을 '뿌우~'하고 불면 뜨거운 감동으로 가슴이 요동친다.

예루살렘을 연상케 하는 우리교회는 필리핀에 살고 있는 '메시아닉 쥬'(Messianic Jew, 예수 믿는 유대인)와 메시아닉 쥬를 사랑하는 필리핀 성도들 심지어 '전통 유대교를 믿는 유대인' 사이에서 명물이 되었다. 그들은 우리교회를 방문할 때마다 크게 감동을 받았고, 서쪽에 있는 통곡의 벽에 손을 얹고 눈물을 흘리며 기도하곤 했다. 그리고 누가 시작했는지 모르지만 예루살렘의 통곡의 벽이 그러하듯 우리교회의 서쪽 벽의 벽돌 사이에도 기도제목이 적힌 종이들이 곳곳에 가득했다.

1차 공사가 끝내고 나자 '퀘손 시'(Quezon City)의 필리핀중앙교회

교인들이 '만달루용 시'(Mandaluyong City)에 지은 새 교회에 와보고 싶어 했다. 공사를 완전히 마친 상태가 아니라서 나무벽과 양철 지붕으로 모양만 갖추었을 뿐 냉방시설이 없어 교회는 찜통이었다.

그런데 성도들 눈에는 나무벽으로 된 찜통 교회도 좋아보였던 모양이다. 마음 놓고 예배드릴 예배처가 없어서 서러웠던 성도들은 자기들도 그곳에서 예배를 드리고 싶다며 1시간이 거리의 만달루용까지 오겠다고 고집했다.

결국 그 고집을 꺾지 못하고 필리핀중앙교회를 만달루용으로 이전했다. 교회를 옮기니 당장 출퇴근이 문제였다. 차량으로는 30분 거리였지만, 출퇴근 시간에는 왕복 4시간이 걸렸다. 돈과 시간 낭비가 어마어마했다.

결국 우리는 퀘손의 방 2개의 월세 35만원 집에서 만달루용의 방 3개의 월세 70만원 집으로 이사했다. 예전 같으면 그렇게 일을 저지르는 건 꿈도 못 꿀 일이었지만, 교회를 계약하고 리모델링하는 과정에서 기적을 경험하니 영적으로 간이 좀 커졌다. 사택까지 옮기니 교회를 이전했다는 게 실감났다. 여전히 공사 중이었지만 광야를 헤매던 양무리가 드디어 예루살렘에 입성한 것이다.

교회 사역의 엔진이 된 닭죽 기도회

나는 예수님을 만나기 전에 모든 부분에서 또래들에 비해 뒤처졌다. 3살 때에는 2살 된 동생이 '꽝'하고 깨물면, 아프고 서러워서 엉엉 울었다고 한다. 5살 때에도 포도, 수박,

복숭아를 말하지 못해서 "포! 포! 포!", "수! 수! 수!", "복! 복! 복!" 했으니 무얼 말하겠는가?

그런데 예수님을 만나고 나서 내 인생에 터보 엔진이 붙었다. 25살에 결혼하고 선교사가 되고 26살에 아빠가 되고, 28살에 개척교회 담임 전도사가 되었고, 29살에 신유 집회와 목회자 세미나를 인도했고, 30살에 목사 안수를 받았다. 하나님의 은혜로 불가능했던 목사 안수도 '기하성 교단'(기독교 하나님의 성회, 이하 기하성)에서 받았다. 지금은 필리핀에서 가장 크고 복음적인 PCEC 교단으로 옮겼지만, 당시 아무 연고 없는 뜨내기였던 나를 받아준 기하성 교단에 진심으로 감사드린다.

만달루용으로 교회를 이전하고 나서는 모든 문제가 다 풀린 것처럼 보였다. 하지만 그때만큼 내 마음이 힘들고 어려웠던 적이 없었다. 마닐라의 중앙으로 둥지를 옮긴 이후에 금요예배도 드렸지만, 교회는 양질의 성장을 멈추고 돌파구도 찾지 못한 채 정체되어 있었다. 마음이 답답하여 크게 부르짖어 기도하고 싶었지만 집에서는 한계가 있었다. 특별히 꽉 막혀있는 것 같은 내 영혼을 위해서라도 기도회를 할 필요가 있었다. 그러나 내 자존심이 문제였다. 고민 끝에 나는 교인들에게 이렇게 선포했다.

"여러분의 영혼을 위해, 1주 동안 특별 기도회를 열겠습니다. 답답한 사람, 기도 응답이 필요한 사람은 모두 나오세요! 놀라운 역사가 있을 겁니다!"

그때 우리교회 교인은 어린이까지 포함해서 약 40명이었다.

과연 기도회에 몇 명이나 올까 싶었는데 하나님께서 나를 불쌍히 여기셨는지 10명이나 보내주셨다. 그때 나는 기도회를 어떻게 인도해야 할지 몰라서 찬양도 없이 강대상에 올라가서 성경 한 구절을 읽고 5분 설교를 했다.

광고를 대단하게 한 데 비해 나의 설교는 썰렁하기 그지없었다. 그런 분위기에서 80평의 본당에 10명이 흩어져서 기도하면 힘이 나지 않을 것 같아서 10명 모두 강단 위로 올렸다.

그리고 불을 끄고 찬양을 틀고 30분간 기도했다.

그런데 이게 웬일인가? 성도들이 목 놓아 울며 기도하는 게 아닌가? 통성 기도를 해 본 적이 없는 성도들이 얼마나 뜨겁게 울면서 기도했는지, 30분 후에 불을 켜보니 다들 눈이 퉁퉁 부어 있었다. 그런데 표정은 다들 밝고 환했다. 성령님께서 만져주신 게 분명했다. 그 모습을 보니 일주일의 특별 기도회는 은혜 가운데 성공적으로 끝날 거란 예감이 들었다.

기도회를 마친 후에는 다 같이 닭죽을 먹었다.

진을 쏟으며 기도했으니 배가 고플 것이고, 또 멀리서 온 성도들도 있어서 사무실 직원이 닭죽을 요리했다. 식사 후에 멀리 사는 성도들은 내 차로 집까지 데려다 주었다. 그렇게 일주일 동안 기도회를 하면서 성도들은 은혜를 가득 받았다. 하나님 앞에 엎드려 마음껏 부르짖고 펑펑 울면서 마음속에 맺힌 한을 다 풀어냈다.

죽은 것 같았던 교회가 기도로 되살아나니 기도회를 일주일로 끝내기가 아쉬웠다. 그렇다고 덜컥 기도회를 계속 하기도 애매했다. 첫 특별 기도회인데다 일주일만 하겠다고 하니까 멀리서도 왔지만,

기도회를 연장하면 그들이 과연 와 줄지 의문이었다.

참석자가 계속 줄어들어 결국 1~2명만 나온다면 그보다 민망한 일이 어디 있겠는가? 재정도 문제였다. 나로선 5,000원씩 하는 닭죽을 매일 대접하는 게 큰 부담이었다. 일주일은 재정을 짜내서 겨우 해냈지만 기도회를 계속하면 무슨 돈으로 닭을 살 것이며 또 누가 끓인단 말인가?

고민 끝에 교회 사무실 직원과 그 문제에 대해 의논했다.

그 청년은 교회에서 일하면서 목회자를 꿈꾸고 있었기 때문에 목사와 성도의 입장을 모두 이해할 것 같았다. 그래서 "니가 담임목사라면 이 기도회를 계속 하겠니"라고 물으니 1초의 망설임도 없이 "제가 목사님이라면 계속 할 것입니다. 성도들도 원할 겁니다"라고 대답했다.

마음이 묘했다. 원했던 답이기도 하고, 원치 않았던 말이기도 했다. 하지만 매일 닭죽 15인분을 요리해야 할 그 직원이 기도회를 원한다면 다른 성도들은 물어보나 마나였다. 나는 돈 걱정과 체면을 내려놓고 기도회를 계속하기로 결정했다. 우리 교회 사역의 엔진 역할을 하고 있는 저녁기도회는 그렇게 시작되었다.

저녁마다 기도회를 하니 영적으로 굶주린 성도들이 하나 둘씩 모여들어 1년 만에 20명의 성도가 참석했다. 주일 성도도 10명 정도 늘어서 50명이 되었다. 성도가 늘면서 기도회 방식도 조금 바꿨다. 좁은 강단에 20명을 다 수용할 수 없어서 본당 예루살렘 스타일의 벽 앞에 기도방석을 깔고 1시간씩 무릎 꿇고 기도했다. 성도가 2배로 늘어난 만큼 기도 시간도 30분에서 1시간으로 늘렸다. 하지만 기도의 참 맛을 알게 된 성도들은 1시간도 짧다고 했다. 기도를 통해 성도들도 부쩍 성장했다.

그런데 위기는 엉뚱하게도 닭죽에서 터졌다. 매일 저녁마다 닭죽을 먹으니 몸에서 닭 냄새가 나는 것 같았다. 밥을 하자니 비용이 2배나 들어 엄두가 안 났지만, 닭죽은 질려서 도저히 먹을 수가 없었다. 그래서 과감히 밥으로 바꿨다. 가끔은 돈이 없어 빵으로 때울 때도 있었지만, 우리는 저녁마다 화기애애했다.

날씨도 우리를 힘들게 했다. 필리핀의 태풍 철에는 하늘에 구멍이 난 것처럼 비가 쏟아지는데, 가난한 지역일수록 금세 물바다가 되어 무릎이나 허리까지 잠기기 일쑤였다. 그런 상황에서 과연 누가 올까 싶었지만 기도회 시간이 되면 성도들은 아이들을 둘러업고 속속 도착했다. 물에 빠진 생쥐처럼 흠딱 젖은 모습으로 교회에 들어서는 그들을 볼 때 정말 얼싸안고 싶을 만큼 고맙고 감사했다.

저녁기도회는 무엇보다 성도들에게 산교육이 되었다.
월세를 못 내서 허구한 날 교회 문이 닫히는 상황 속에서도 나는 "오늘은 교회 문이 닫혀서 기도회가 없습니다!"라고 광고하지 않았다. 오전에 교회 문이 닫히면 온 성도들은 각자의 처소에서 간절히 기도했다. 그러면 밀린 금액의 일부가 들어와서 교회 문을 다시 열었다. 가끔 오후가 되어도 해결되지 않으면 1시간 거리의 성도들은 우리 집에 모여서 2~3시간씩 기도했다. 그러면 신기하게도 기도회 직전에 한국에서 10만원이 들어왔고, 그것으로 밀린 월세의 일부를 해결하고 기도회를 할 수 있었다. 그 다음날도 같은 방식으로 하여 하루를 버티고 또 하루를 버텼다.

그러다보니 교회 문이 저녁 6시까지 닫혀 있어도 멀리 사는 성도들은 믿음으로 집에서 출발했다. 그리고 교회로 오는 도중에도 서로 문자를 보내며 격려하고 기도했다. 그렇게 해서 저녁 7시에 교회에 도착하면 늘 교회 문은 열려 있었고, 성도들은 승리감에 가득한 얼굴로 기도회실에 들어왔다.

우리는 돈 때문에 교회 문을 무수히 닫을 수밖에 없었지만, 7년 동안 저녁기도회를 못한 날은 한 번도 없었다.

망나니가 하나님의 군사가 되다니

교회 사역 3년 반 만에 최대의 고민에 빠졌다. 성도는 50명에서 정체되었고 목회에 대한 나의 열정도 점점 식어갔다. 열심히 설교를 준비해도 3분의 1은 꾸벅꾸벅 졸았고, 3분의 1은 영어를 못 알아들어서 딴청만 피웠고, 나머지 3분 1은 영어는 알아들었지만 아무런 감흥 없이 의자만 덥히고 있었다. 그런 모습에 지쳐서 나도 하루 3~4시간 기도로 준비하던 설교를 놓아 버렸다. 준비시간이 점점 줄어들다가 급기야 주일 오전 9시에 일어나서 '오늘 뭘 설교할까요?'라고 기도한 후에 대충 정리해서 강대상에 올라가기도 했다.

그때 내 설교에 은혜를 받는 사람은 1명뿐이었다.

그는 교회를 나온 지 1달도 안 된 초신자였는데, 항상 맨 앞자리에 앉아 나를 뚫어지게 올려다보면서 선포하는 모든 말씀을 진공청소기처럼 흡입했다. 그 사람은 다름 아닌 라헬의 망나니 남편 다니엘이었다. 설교 준비를 많이 해도 '그 인간'만 은혜를 받았고, 설교 준비를 전혀 안 해도 '그 인간'은 은혜를 받았다. 결국 그 인간 때문에라도 나는 어영부영 설교 준비를 할 수 밖에 없었다.

다니엘이 교회에 나온 것은 오랜 기도응답의 열매였다.

라헬은 남편 때문에 고난으로 점철된 인생을 살았다. 우리 집에 오게 된 계기도 남편의 폭언과 폭력을 피하기 위해서였다. 이단 교회를 다녔던 그 인간은 라헬이 하필이면 선교사 가정에서 일한다고 더 때렸고, 나중에는 선교사 집에서 예배까지 드린다고 더욱 심하게 때렸다.

라헬은 우리 집에서 주일 예배를 드리고 집으로 돌아가면, 이를 북북 갈면서 기다리고 있던 남편에게 맞고 또 맞았다. 때리는 남편이 두려웠지만 맞을 걸 알면서도 라헬은 단 한 번도 예배에 빠지지 않았고, 절대로 하나님을 예배하는 것을 멈추지 않겠다고 다짐하고 또 다짐했다.

그리고 남편이 때리면 때릴수록 라헬은 그 인간을 위해 눈물을 흘리며 더 간절히 기도했다. 맞지 않고 살아남기 위해 기도한 것이 아니라, 남편의 영혼을 진심으로 사랑하여 기도했다. 어느 날 내가 라헬에게 안수 기도를 해 주었는데, 나도 모르게 이렇게 기도하면서 선언했다.

"당신의 영적인 이름은 도어(Door), 문입니다! 지금은 당신이 가족과 온 일가친척들에게 조롱과 핍박을 받지만, 결국에는 그들이 당신을 통해 구원을 받을 것이고, 모두 사역자가 될 것입니다. 모두가 당신에게 감사할 것이고, 당신을 복된 여자라 할 것입니다!"

당시 남편의 핍박은 초절정에 달했고, 온 일가친척도 제일 어리고 제일 가난한 라헬을 비웃고 멸시했었다. 정신없이 기도하다가 튀어나온 말에 내가 선포하고도 얼토당토하지 않아서 황당했는데, 라헬은 그 꿈같은 메시지를 '아멘!'으로 붙잡고 더 악착같이 기도에 매달렸다.

어느 날이었다. 라헬이 더 이상 일할 수 없게 되었다며 울음보를 터뜨렸다. 우리 집에서 영원히 일하는 것이 꿈이라던 사람이 웬일인가 싶어 자초지종을 들어보니, 남편이 라헬의 신앙이 더 커지기 전에 뿌리를 뽑으려고 큰 결단을 한 것이다. 나는 라헬에게 우리가 다른 파출부를 구할 때까지 일주일만 더 일해야 한다는 핑계로 남편을 설득하라고 했다. 그리고 남편이 갑자기 급전이 필요해서 그 말을 취소하도록 기도하자고 제안했다.

당시는 성도가 몇 안 되는 가정교회였고, 죄다 라헬이 전도해 온 사람들이라 교회의 운명이 걸린 일이었다. 라헬도 하나님을 잃고 싶지 않았기에, 우리 모두는 필사적으로 기도했다.

그런데 일주일이 지나지 않아 다니엘이 사고를 쳐서 급전이 필요하게 되었다. 그는 라헬에게 한국 선교사한테 돈을 꿔오라고 했다. 우리는 1개월 치 월급을 가불로 주었고, 라헬은 1달 더 일할 수 있게 되었다. 우리는 그렇게 위기를 넘기면서 살았다.

시간이 흘러 우리가 만달루용의 체육관에서 예배를 드리게 되었고, 라헬의 남편은 돈 없는 한국 선교사가 주일마다 이곳저곳 떠돌며 예배드리다가 마닐라 중심에 정착한 것을 신기해했다. 기회를 놓치지 않고 라헬이 우리가 리모델링한 교회가 얼마나 아름다운지 이야기하면서 남편에게 한 번만 교회에 가보자고 졸랐다.

그런 우여곡절 끝에 '그 인간'이 교회에 왔다.

다니엘은 첫날부터 설교를 집중하며 들었다.

처음에는 무슨 트집을 잡으려는 줄 알고 바짝 긴장했다. 그런데 거칠고 난폭했던 사람이 예배를 마치고, 내게 와서 겸손하게 인사를 하는 게 아닌가? 다음 주에는 찬양을 하며 눈물까지 흘렸다.

그러던 어느 날, 다니엘은 "목사님, 오늘 예배 중에 하나님께서 제게 찬양을 하라고 하시는 것 같아요"라고 말하며, 성가대에 들어가고 싶다고 했다. 그 말을 듣자 너무나 당황스러웠다. 이단 성도였던 데다 초신자인 사람이 무슨 헛소리인가 싶었다. 그런데 울어서 벌겋게 부은 그의 눈과 옆에서 간절하게 나를 쳐다보는 라헬의 눈빛을 보니 도저히 거절할 수가 없었다. 그렇게 성가대에 들어간 다니엘은 무섭게 변하기 시작하더니 내 설교에 은혜 받는 유일한 성도가 되었다.

남편 다니엘처럼 라헬의 일가친척 모두 예수를 믿게 되었다. 언니들인 말루, 메얀, 쥬딧, 테스의 모든 가정이 주님을 영접했으니 가장 어리고 가난했던 라헬이야말로 가장 강한 사람이 아닌가 싶다. 훗날 이 대가족은 모두 교회를 1~2개씩 개척하여 사역자가 되었고, 심지어 그들의 자녀들도 사역자가 되었다. 라헬은 우리의 첫 현지 전도사가 되었고, 그녀의 남편인 '바울'(꼽박을 많이 하여서, 전도사로 임명할 때 이름을 바울로 바꿔 주었다.)도 전도사가 되어 일가친척들이 개척한 49개 교회를 감독하는 감독이 되었으니 하나님의 은혜는 상상을 초월한다.

그냥 목회를 포기할까?

필리핀 선교를 포기하려던 아내는 라헬 때문에 붙잡혔고, 설교를 포기하려던 나는 라헬의 남편인 다니엘 때문에 하는 시늉이라도 하게 되었다. 그러나 목회 권태기에서 빠져 나오지는 못했다. 맥없이 앉아있는 성도들을 볼 때마다 별의별 생각이 다 들었다.

"아, 하나님이 겨우 이 정도 목회를 시키려고 그렇게 모진 훈련을 시키신 걸까? 내게는 50명 이상은 허락하지 않으시는 걸까?"

나는 '한 방'을 선호했던 '한 방 주의자'였다.

집회와 세미나에서 사람들의 열광적인 반응과 눈물을 볼 때마다 나는 열매가 많은 훌륭한 사역자라고 생각했는데, 막상 우리 교회는 정체되어 있으니 회의감에서 좀처럼 빠져나오지 못 했다. 그럴수록 차근차근 단계를 밟아 올라가야 하건만, 허영심이 가득했던 나는 속히 구름 같은 인파 속에서 온 도시를 복음으로 불태우는 번쩍번쩍한 사역을 하고 싶었다.

그러다보니 몇 년째 50명을 넘지 못하는 나의 목회 현실을 받아들일 수가 없었다. 한 영혼이 천하보다 귀하니 50명의 영혼은 얼마나 귀한가? 그러나 그때는 50명이 내 성에는 차지 않았을 뿐더러 '50명의 목회가 고문'처럼 느껴졌다. 터무니없이 교만했던 그때 2011년 가을, 나는 말도 안 되는 결정을 내렸다.

'나는 천국, 지옥도 몰랐던 초신자 때부터 그 어렵다는 노방전도를 했다. 3년 동안 200명을 전도했는데 여기서 3년 동안 50명을 못 넘기다니! 하나님은 나를 선교사로 부르셨지만 목회자로 부르시지는 않은 것 같다. 이 교회를 성도 한 사람에게 넘기고, 나는 뒤에서 교회를 관리하는 관리자가 되어야겠다!' 나는 목회를 그만두고 다니엘을 교회 리더로 세울 생각을 했다.

그런데 막상 목회를 내려놓으려니 25살에 필리핀에 온 내 청춘이 아까웠다. 그때 책상 위에 놓여있는 '래디컬'(Radical) 책이 눈에 들어왔다. 그리고 아내의 말이 생각났다. 아내는 항상 소수의 사람에게 집중하자고 했다. 1명으로 시작했던 성경공부가 교회가 된 것처럼 허영심을 내려놓고 1명씩 차근차근 가르치자면서 데이비드 플랫 목사님의 래디컬 책을 추천했었다. 그럴 때마다 나는 '그렇게 해서 언제 필리핀을 변화시키냐?'며 모르는 소리 말라고 아내에게 핀잔을 주었다. 그런데 나란 사람은 사방이 막혀야 귀가 열리는지 그때서야 그 책을 읽어볼 마음이 생겼다.

래디컬 책의 내용은 제목처럼 정말 급진적이었다. 갈수록 예배를 간소하게 드리는 이 시대에 자유분방한 미국에서 젊은 목사가 금요 예배에 3시간 동안이나 설교를 하다니! 그것도 본당에 있는 의자를 다 치우고 남녀노소가 모두 바닥에 앉아서 열심히 필기를 하며 설교를 듣는다니! 책을 읽고도 쉬이 믿어지지 않았다.

성령님은 그 책을 통해 나에게 하고 싶은 말씀이 많으셨는지, 나는 책을 읽는 내내 별별 생각이 다 떠올라서 종이에 적고 또 적었다. 그리고 마지막 책장을 넘길 때 나는 큰 결심을 했다.

그 책을 통해 나는 예수님께서 말씀하신 열매의 참 의미를 깨달았다. 주님은 한 가마니의 쭉정이보다 한 줌의 알곡을 원하셨는데, 그동안 나는 익지도 않은 열매, 썩은 열매들을 모아 놓고서 '열매 많은 사역자'라고 좋아했던 것이다. 돌이켜 보니 주님께 '이것이 제 열매입니다!'라고 자랑스럽게 내놓을 수 있는 성도가 1명도 없었다.

예수님은 '내 양을 먹이고 치라!'(요 21:15~17)고 하셨는데, 나는 염소들만 잔뜩 모으는 목양을 하면서도 '목자'라고 착각했다. 그것을 깨닫자 정신이 번쩍 들었다. 지금부터라도 예수님께서 기뻐하실 '진짜 열매'를 드리고 싶었다. 예수님 앞에서 편 내 손바닥 위에 비록 과일 1개가 놓여있을지라도, 정말 잘 익은 열매를 올려 드리고 싶었다. 단 1명이라도 예수님의 참 제자로 만들겠다고 결단했다. 그것이 예수님께서 베드로와 우리에게 요구하신 것이며, 예수님께서 기뻐하시고 원하시는 목회라고 느꼈다. 그것을 위해서 여러 가지 구상과 기도를 하면서 2011년 겨울을 보냈다. 그 어느 때보다 목회에 대한 기대와 뜨거움이 넘쳤던 나날이었다.

제자가 세상을 바꾼다

 2012년 새해 첫 주일을 맞았다. 하나님은 새해 주제로 '사도행전 1장8절' 말씀을 주셨다.

"오직 성령이 너희에게 임하시면 너희가 권능을 받고 예루살렘과 온 유대와 사마리아와 땅 끝까지 이르러 내 증인이 되리라 하시니라".

전혀 새롭지도 감동스럽지도 않았다. 성령과 전도 그리고 선교는 내 전공이었다. 나는 초신자 때부터 200명을 전도했고, 선교사가 되어서는 그 구절이 내 설교의 단골 주제였다.

게다가 래디컬을 읽고 다수가 아닌 소수 정예를 위한 목회를 결심한 시점에서 이 무슨 엇박자란 말인가! 그렇다고 주님의 말씀을 내가 떼먹을 수는 없는 법. 나는 떨떠름한 표정으로 성도들에게 새해 주제를 선포하고 계획을 설명했다.

"올해 하나님께서 무슨 일을 하실지 모르지만 저에게 '행 1:8'을 주셨습니다!"

그리고 나는 겨울 내내 구상했던 나의 계획을 성도들에게 선포했다.

"올해부터는 진짜 예수의 제자를 키우겠습니다! 예수님은 '내 양을 치라! 먹이라! 치라!'고 말씀하셨습니다. 나는 염소를 위해 부름 받은 목자가 아니라, 예수님의 양을 위해 부름 받은 목자입니다. 지금까지는 1명이라도 더 모으기 위해 다수와 부흥을 위한 목회를 했습니다. 그 결과 교회는 '염소 목장'이 되었고, 저는 '염소 치기 목동'이 되었습니다. 이제부터는 정말 제대로 해 보려는 소수와 참 제자를 위한 목회를 하겠습니다. 그래서 교회는 염소는 사라지고 순종하고 충성하는 양들이 가득한 양 목장으로 만들고 저는 양치기 목동이 되겠습니다. 어차피 내가 설교해도 듣는 사람은 손에 꼽을 정도니, 앞으로 금요 설교와 주일 설교는 최대한 간단히 하겠습니다. 그리고 토요일 제자팀 훈련에 모든 것을 걸겠습니다. 어떤 대가를 치르더라도 진짜 예수님의 제자가 되고 싶은 사람만 제자반에 지원하세요. 올 1년을 마지막 목회라고 생각하고 최선을 다하겠습니다!"

16명이 제자반에 지원했다. 제자들은 매주 토요일 저녁 7시에 교회 자모실에 모였다. 각자 하나씩 요리한 반찬들을 가져와서 다 함께 저녁을 먹고, 식사 후에 책상과 의자를 치우고 둥근 원을 그리며 바닥에 앉았다. 뜨거운 찬양과 통성 기도를 드린 후에 내가 2시간 넘게 설교했다. 그리고 1주 내내 숙제를 하면서 경험했던 하나님의 역사와 열매에 대한 간증을 하고, 감사 기도로 마쳤다. 모든 제자들이 돌아가면서 울고 웃으며 간증하다 보면 12시가 다 되어 끝났다.

나는 제자훈련에 사역의 모든 것을 걸고 매몰차게 훈련시켰다. 첫 주부터 강한 주제로 시작했다.

"베드로처럼 진짜 제자가 되려면, 모든 것을 버리고 예수를 쫓아야 한다!"

매주 숙제가 있었고, 매달 목표가 있었다. 강하게 몰아치니 버티지 못하고 탈락된 자들이 속출했지만, '강한 훈련을 통과한 사람만 장군이 된다!'라는 생각으로 밀어붙였다.

숙제에 실패한 사람은 제자반에서 자동 탈락시키고, 제자팀 동기 중에 한 사람을 골라서 그 밑으로 들어가게 했다. 어제는 자신의 동료였지만, 오늘은 자신의 리더가 되는 시스템이다. 나머지 일반 성도들도 1기 제자들 중에서 마음에 드는 사람의 제자로 들어가게 했다. 그런 시스템이 싫은 사람은 교회를 떠나도 좋다고 했다. 어차피 목회를 포기하려다가 딱 1년만 더 하자는 심정이었기에 이 체제가 반드시 성공해야 했다. 그러기 위해서는 조금이라도 불만이 있는 사람은 바로 교회를 나가도록 분위기를 조성했다. 결국 '제자 아니면, OUT!'이라는 문화가 교회 내에 자연스럽게 자리 잡았다.

2학기 때는 그 해가 끝나기 전에 교회를 개척하라는 과제를 주었다. 물론, 실패하면 다음 해에는 제자팀에서 'OUT!'이라고 했다. 끝까지 살아남은 10명의 제자들은 모두 개척에 성공했다.

'행 1:8'이 생각지도 못한 방식으로 놀랍게 성취되었다. 목회를 포기할까 고민했었지만 1년 만에 10배나 부흥했으니, 이제는 포기하려야 포기할 수도 없었다. 아니, 정말 열심히 해서 하나님의 은혜에 배신하지 않아야겠다는 마음이 들었다.

제자들이 교회 개척에 성공하는 바람에 내가 담임하는 교회가 졸지에 '본교회'가 되었다. 그리고 제자들이 개척한 교회들은 '지교회'가 되었다(영어권에서는 엄마 교회〈Mother Church〉, 딸 교회〈Daughter Church〉라고 부르지만, 이 책에서는 본교회, 지교회로 부르겠다).

성경에서 예수님이 제자들을 훈련시켰던 방식으로 제자들을 가르치고 훈련시키자 상상을 초월하는 결과가 나왔다. 특별히 자기를 부인하고 자기 십자가를 지고 예수님을 따르는 좁은 길 안으로 제자들을 밀어 넣으니(마 16:24), 엄청난 열매들이 순식간에 맺혔다. 제자들은 10년, 20년 만에 해 낼만한 어려운 일을 1년 만에 해냈다. 제자들은 가르치는 대로 배우고, 성령님께서 무엇을 요구하든지 순종하는 강한 군사가 되었다.

제자훈련, 최고의 무한번식 전략

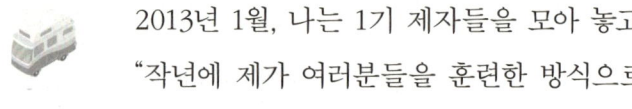

2013년 1월, 나는 1기 제자들을 모아 놓고 선포했다. "작년에 제가 여러분들을 훈련한 방식으로 올해는 여러분들이 여러분의 제자들을 훈련시키십시오!"

각 교회의 담임 사역자가 된 1기 제자들은 각자의 교회에서 제자반을 모집했다. 그리고 그 제자들을 훈련시켜서 교회를 개척하게 했다. 각각 정도의 차이는 있었지만 1기 제자들에게 훈련받은 2기 제자들도 교회 개척에 성공했다(우리 모두가 예수님의 제자이지만, 이 책에서는 편의상 '1기 제자'라고 표현한다).

2기 제자들이 교회 개척에 성공하니, 더 놀라운 일이 우리를 기다리고 있었다. 평신도들이 교회를 개척하고 그 평신도들이 각자의 제자들을 훈련시켜서 또 다시 교회를 개척하는 우리의 제자사역 스토리를 들으신 어느 목사님이 찾아오셨다. 그분은 '안티폴로 시'에서 교단이나 노회 배경 없이 11년째 100명 이상의 성도를 섬기시는 분이었는데, 우리 지교회로 '편입'되길 원하셨다. 내가 그분의 지교회로 들어가야 할 판에 나보다 훨씬 훌륭하신 목회자가 우리 지교회로 들어오시겠다고 하니 처음에는 이해가 되지 않았다. 그러나 하나님의 계획은 항상 우리의 생각을 뛰어넘으시니 순종할 밖에.

연초부터 그렇게 희한한 일이 생긴 것이 우연 같지 않아서 나는 그분을 성도들에게 소개하고 "올해 하나님께서 편입이란 방식으로 많은 지교회를 주실 것입니다!"라고 선포했다. 그리고 주님께서 그 일을 이뤄주셨다.

그로부터 1달 후에 중부지역 '마스바테 섬'(Masbate Island)에서 장년 50명, 어린이 200명의 교회를 일구신 에드윈 목사님이 우리 가족이 되었고, 그분을 통해서 마스바테 섬의 많은 목회자들이 우리 가족이 되었다. 또한 에드윈 목사님을 통해 '마스바테 섬' 옆에 있는 '네그로스 섬'(Negros Island)의 윌버토 목사님과 '티카오 섬'(Ticao Island) 레네 목사님도 우리 가족이 되었다. 윌버토 목사님을 통해 네그로스 섬에서 많은 가족 교회가 생겼고, 레네 목사님을 통해서도 티카오 섬에서 여러 가족 교회가 생겼다.

그렇게 해서 2013년에 우리는 100개 교회가 되었다.
2012년에 10배 부흥에 이어서, 2013년에도 10배 부흥을 경험했다. 이는 절대 우리의 실력이나 지혜로 이루어진 게 아니었기 때문에 우리는 하나님의 일하심에 놀라고 당황했다. 또한 그 일하시는 속도와 스타일에 감탄했다. 하나님은 더 하고 싶으신데 우리가 못 쫓아가는 것보다 죄송한 것은 없다. 그래서 하나님의 속도에 어떻게 발맞추며 따라가야 할지 고민하다가 '노가다 목회'와 '인해전술 목회'를 해야겠다는 생각이 떠올랐다.

나도 그랬지만 성도 100명이 모이는 교회를 만들기는 어렵다.
목사가 100명을 사랑으로 품고 이끌어갈 지도력을 갖추기 위해서는 많은 고난과 훈련을 통과하면서 인고의 세월을 견뎌야하기 때문이다. 하지만 30명 모이는 교회를 개척하고 이끌어가는 건 비교적 쉽다. 제자훈련을 받는 평신도들은 1학기 만에 20~30명이 모이는 교회를 쉽게 개척했다. 그러니 열심만 있으면 30명 모이는 교회 3개를 개척해서, 100명 정도는 충분히 예수님께로 인도할 수 있다.

물론 그러자면 주말에 2~3개의 교회에서 예배를 인도하는 일명 '노가다 목회'를 감수해야 한다. 현재 이런 방식으로 2~4개 교회를 감당하는 사역자들이 꽤 많다.

그런 '노다가 목회'를 기꺼이 하겠다고 나서는 사역자를 빠르게 배출하면, 순식간에 수천 명을 주님께로 인도할 수 있다. 이것이 '인해전술 목회'다. '노가다 목회' 사역에 성공하면 이른바 '인해전술 목회'는 자연스럽게 이뤄진다. 평신도들마다 전도와 개척을 병행하면서, 꼬리에 꼬리를 물고 교회가 탄생하게 되어 순식간에 교회를 개척할 예비 사역자들이 곳곳에 넘쳐나게 되기 때문이다. 많은 열매를 순식간에 맺는데 효과적인 이 두 가지 목회전략은 제자훈련으로 가능하다는 것을 경험으로 깨달았다. 예수님 스타일의 제자훈련으로 성도들이 각자 제자팀을 운영하면 교회마다 '초스피드 무한

번식'이 얼마든지 가능하다.

평신도가 설교하고 평신도가 세례 주는 교회?

하나님께서는 우리 교회에 몇 가지 아름답고 강력한 문화를 만들어 주셨다. 그중에 평신도들이 운영하는 제자팀 문화가 있다. 그런데 이 제자팀을 통한 무한번식은 제도권 안에 있는 일반적인 기성 교회들이 알고 있는 방법이 아니다.

예수님은 많은 명령을 하셨다. 그중에 얼마나 중요한지 '지상 대명령'이라고 부르는 것이 있다.

"그러므로 너희는 가서 모든 민족을 제자로 삼아 아버지와 아들과 성령의 이름으로 세례를 베풀고 내가 너희에게 분부한 모든 것을 가르쳐 지키게 하라"(마태복음 28: 19-20).

예수님의 제자라면 어디서든 말씀을 선포하고 세례를 주며 제자를 삼아야 한다. 그러므로 '가서 전하는' 것은 성도의 몫이고, '세례를 주고 가르치는 것'은 목회자의 고유 영역이라는 제도권스러운 이분법에서 벗어나기로 결심했다. 예수님도 전도, 설교, 세례, 훈련을 예수님의 모든 어리숙한 제자들에게 맡기지 않으셨는가?

그래서 우리는 평신도들이 설교한다. 우물가의 여인도 초신자였다(요한복음 4장). 그런데 예수 믿은 지 30분도 안 된 여인이 대중들 앞에서 담대히 예수님을 전했다. 그게 바로 설교가 아닐까? 나는 초신자도 설교할 수 있다고 믿는다. 초신자도 설교할 수 있다면 일반 평신도는 집회도 할 수 있다. 빌립 집사가 설교와 신유를 통해 사마리아 지역을 뒤집은 것은 대형 집회가 아니었을까?

집회를 의도하지 않았을지라도 기적을 보고 사람들이 모이고, 그 앞에서 설교하면 그것이 집회다.

"무리가 빌립의 말도 듣고 행하는 표적도 보고 일심으로 그의 말하는 것을 좇더라"(사도행전 8:6)

그러므로 신앙의 연수가 중요한 것이 아니라, 예수님의 지상 명령에 순종하고 성령님과 동행하는 것이 중요하다. 그래서 나는 성경이 허용하는 범위 안에서, 제도권이 요구하는 모든 종교적인 편견과 틀을 깨고 누구나 사역할 수 있도록 했다. 우리는 평신도들이 나가서 전도를 하다가, 교회를 개척하고 설교를 한다. 그러니 본교회 예배가 뜨거울 수밖에!

우리 교회 예배는 수동적으로 앉아서 은혜받기를 기다리는 사람이 없다. 내가 설교하면 본교회 예배에 참석한 성도들은 적극적으로 들으면서 받아 적는다. 그리고 다음 주에 각자의 교회에서 자기 성도들의 수준에 맞게 수정하여 설교한다. 이렇게 본교회의 설교가 지교회의 설교가 된다. 핵심 메시지는 공유하되 전달 방식은 각자 다르다. 모두들 자기 양떼들에게 조금이라도 더 잘 가르치기 위해 나의 설교의 중요한 부분을 놓치지 않으려고 더 열심히 듣고 더 열심히 적고 더 연구하고 묵상한다. 은혜받기 위해서 설교를 듣는 '받는 사람'에서 은혜를 주기 위해서 설교를 듣는 '주는 사람'으로 입장이 바뀌니, 성도들의 신앙이 눈부시게 급성장했다.

우리는 평신도들이 세례를 준다. 처음에는 내가 했다. 그런데 요한복음 4장을 묵상하다가 세례에 대한 새로운 마음이 생겼다.

"예수의 제자를 삼고 세례를 주는 것이 요한보다 많다 하는 말을 바리새인들이 들은 줄을 주께서 아신지라(예수께서 친히 세례를 주신 것이 아니요. 제자들이 준 것이라)"(요한복음 4:1-2).

제자들이 세례를 베푼 시기는 요한복음 4장, 즉 예수님의 사역 초기였다. 제자들은 아직 '성령'으로 거듭난 사역자가 아니었고, 설교도 겨우 몇 번 들어본 초신자였다. 그런데 예수님은 초신자였던 제자들에게 세례를 베풀게 하셨다. 그렇다면 이미 '성령'으로 거듭난 우리 평신도 사역자들도 세례집례가 가능할 것이라 생각했다.

그래서 리더가 본인이 가르치고 훈련한 제자들에게 세례를 주도록 했다. 지금은 4~5기 제자들이 6~7기 제자들에게 세례를 주고 있다. 20대 청년들이 10대 아이들에게 세례를 주는 그 모습은 말로 표현할 수 없을 정도로 감격스럽다. 보는 이들도 그렇거니와 당사자들은 더욱 그렇다.

우리는 세례식을 매년 2번 한다. 물을 가득 담은 가로 3m, 폭 1.5m의 대형튜브를 강대상 근처에 세팅한다. 먼저 리더가 자기 제자를 데리고 수영장 안으로 들어간다. 그리고 아버지와 아들과 성령의 이름으로 세례를 준다. 세례를 준 리더와 물에서 올라온 제자는 예수님의 은혜에 감격하여 서로 얼싸안고 눈물을 흘린다.

우리 교회에 20대 중반이었던 안드레 형제는 마트에서 20대 초반의 조벤 형제를 전도했다. 안드레는 조벤에게 말씀을 가르치고 훈련시켰고 세례도 주었다. 조벤은 안드레의 사역을 따라다니며 돕

다가 근처에 본인의 교회를 개척했다. 둘 다 사역자가 되었지만 조벤의 안드레를 향한 사랑과 존경은 끝이 없다. 안드레가 금식하면 조벤은 밤 11시부터 요리를 해서 11시 30분부터는 밥상을 들고 시계 앞에서 12시가 되기를 즐겁게 기다린다. 12시에 금식을 끝내는 리더 안드레를 위해 누가 시키지 않아도 매번 그 일을 자청한다.

안드레와 조벤만의 이야기가 아니다. 리더가 제자에게 세례를 주기 시작하면서, 그들 사이에 오묘한 관계가 형성되었다. 리더는 세례를 집례하면서 영적으로 새롭게 태어난 제자에게 부모와 같은 책임감을 느끼고 더욱 사랑하게 된다. 제자 역시 자신을 예수님께 인도하고, 가르치고, 훈련시키고, 세례까지 준 리더에게 끝없는 감사와 존경심을 느끼며 즐거이 순종하게 된다.

나는 세례를 통해 그리스도 안에서 진정으로 '하나'가 된 리더와 제자를 수 없이 보고 있다. 평신도 리더에게 권한을 더 많이 부여할수록 담임 목사의 권위와 교회 질서가 흔들리는 것이 아니라, 오히려 성도들이 권위와 질서에 순종하고 더 많은 사역과 열매가 맺힌다는 것을 경험과 열매로 알게 되었다.

교회 개척도 마찬가지다. 우리는 평신도들이 교회를 개척한다. 우리의 제자훈련은 훈련과 공부가 목적이 아니다. 열매와 개척이 목적이다. 단지 좋은 크리스천이 되기 위한 영적 성장이라는 낮은 목표가 아니라, 무조건 양을 먹이고 치는 목자, 즉 개척이라는 높은 목표를 잡으니, 제자훈련 6개월 만에 능히 교회를 개척하는 강력한 제자들이 되었다. 그리고 자신의 베이스캠프가 된 본인의 교회에서 제자를 재생산하여, 자기 산하의 지교회들을 급속도로 개척해 나갔다.

 이런 원색적인 제자훈련으로 리더와 제자의 관계가 맺어지다 보니, 리더는 제자가 개척에 성공하도록 책임지고 강하게 훈련시켰다. 이 시스템에서는 리더도 제자도 나태해질 틈이 없다. 날마다 영적으로 새로워져야 훈련과 사역을 감당할 수 있기 때문에, 기도와 말씀 중심으로 살아갈 수밖에 없다. 그러니 놀라운 성령의 역사가 일어날 수밖에!

 우리 교회에서는 성령의 역사가 평신도들을 통해 일어난다.

 우리는 평신도들이 안수한다. 나는 성령 안에서 초자연적 은사의 능력도 제한이 없다는 것을 제자들을 통해 배웠다. 처음에는 평신도들이 교회를 개척하고도 안수 기도할 엄두를 못 냈다. 모두가 그것을 본교회 담임 목사인 나의 고유 영역이라고 생각했다. 그래서 아픈 성도를 안수 받게 하려고 본교회까지 데리고 왔다. 한 때는 나도 사역자들도 그것을 당연하게 생각했다.

 그러던 어느 날 마가복음을 묵상하는데 한 말씀이 눈에 들어왔다.

 "믿는 자들에게는 이런 표적이 따르리니 곧 저희가 내 이름으로 귀신을 쫓아내며 새 방언을 말하며 뱀을 집으며 무슨 독을 마실지라도 해를 받지 아니하며 병든 사람에게 손을 얹은즉 나으리라"(마가복음 16:17-18).

 예수님은 믿는 자들에게 당연히 따라와야 하는 표적에 대해 말씀하실 때 '직분'을 전혀 언급하지 않으셨다. 안수와 축사로 귀신을 쫓아내고 새 방언을 말하고 뱀을 잡으며 독을 마셔도 해를 받지 않는 자의 유일한 조건은 '믿는 자'였다. 그렇다면 평신도들도 기사와 표적을 나타나게 할 자격조건은 충분하지 않은가? 안수와 축사는 목사와 사역자만 하는 것이 아니라, 모든 성도가 할 수 있고 또 해야만 한다.

그때부터 나는 병자를 데리고 오는 평신도 사역자들과 청년 사역자들에게 직접 안수하라고 했다. 처음에는 어리둥절했던 사역자들이 '직접 해 보라!'라는 말에 용기와 믿음을 얻고 안수하기 시작했다. 지금은 많은 지교회에서 20대 청년, 10대 청소년들이 자신의 성도들에게 담대히 안수하여 치유의 새 역사를 쓰고 있다.

성경에 기초하여 예수님이 만드신 규제 외에 사람들이 만든 규제를 풀어버릴수록 성령의 역사는 더욱 활발하고 역동적으로 나타났다. 지교회의 어린 사역자들을 보면서 이것을 새삼 깨달았다.

복음과 성령을 우리의 경험, 생각, 인식, 문화, 전통, 제도권의 틀에 우겨넣지 않고, 오히려 복음 안에서 자유로워지면 '믿는 자'에게 임하는 성령의 능력과 권세로 세상을 뒤집을 수 있다. 우리 제자들이 그 증거다.

예수님 계신 곳이 교회다

"개척이 쉬운 줄 아냐?"
처음 가정교회를 개척했을 때 제일 많이 들었던 말이

다. 그 말을 들을 때마다 참 의아했다. 개척이 뭐가 어렵단 말인가? '부흥'은 어려워도 '개척'은 쉽다. 부흥은 여러 요소와 오랜 시간이 필요하지만 개척은 성도 1명만 있어도 그곳이 어디든 함께 예배드리고, 예수의 이름으로 개척을 선포하면 끝이다. 가정에서도 할 수 있고, 길거리에서도 할 수 있다. 개척만 하면 뒤는 주인이신 예수님께서 책임져 주신다.

교회는 하드웨어가 아니라 소프트웨어로 결정된다. 그러므로 건물과 형식이 있어야 교회가 되는 것이 아니라, 예수님을 모시고 예배드리는 그곳이 바로 교회다.

내가 이런 생각으로 가정교회를 개척했기 때문에 제자훈련을 할 때도 1년 만에 개척하라는 무모한 과제를 줄 수 있었다. 처음 과제를 제시했을 때는 제자들의 요구사항이 빗발쳤다.

"목사님, 의자가 필요해요."
"목사님, 강대상과 마이크를 구해주세요."
"목사님, 더워서 선풍기가 있어야 합니다."
"목사님, 헌금바구니가 있어야 예물을 드리죠."

그럴 때마다 나의 대답은 항상 동일했다.

"아무 것도 없어도 예수님만 계시면 다 있는 것이고, 모든 것이 있어도 예수님이 안 계시면 다 없는 것입니다! 뭐가 없어서 개척을 못 하는 것이 아니라, 여러분이 예수님을 모시고 갈 능력이 없는 것이 문제입니다. 예수님만 계시면 언제 어디서든 개척할 수 있습니다!"

이런 말은 누구나 할 수 있다. 그러나 나는 아무 것도 없는 상황에서 1명을 놓고 개척했기 때문에 제자들에게 당당하게 말할 수 있었다. 나의 '다리미판 강대상' 스토리를 아는 성도들은 누구도 불평하지 않고 개척했다.

하나님은 우리에게 독특한 '개척 DNA'를 심어 주시려고 나에게 건축을 허락하지 않으신 것이었다. 필리핀에서 선교사역을 하면서 나는 다른 선교사님들이 땅을 사서 건축하는 것이 가장 부러웠다. 그런데 빈손으로 집에서 개척한 것이 얼마나 큰 복이었는지 제자들이 개척할 때 깨달았다.

나는 교회를 개척할 때 무엇을 따로 구입한 것이 없다. 만약 내가 개척을 위해 선풍기라도 1대 샀다면 개척하는 모든 성도들에게 최소한 선풍기 1대씩은 사주어야 했을 것이다. 마이크는 몇 개를 사주어야 했을까? 의자는 수천 개를 사도 모자랐을 것이다. 그렇다면 성도들이 개척할 때마다 지금처럼 기뻐할 수 있었을까? 아마도 성도들의 개척은 나에게 큰 고역이 되었을 테다. 또 지금처럼 원색적이고 강력한 제자훈련도 하지 못했을 것이다.

초대교회의 역사는 교회 건물에서 시작된 것이 아니라 복음 들고 나간 제자들의 발걸음에서 시작됐다. 우리 제자들도 마찬가지다. 예수의 심장을 지닌 평신도 제자들은 성령께서 감동주시는 지역을 찾아가 복음을 전한다. 당연히 많은 영혼들이 듣기조차 거절하지만, 절대 실망하지 않고 복음의 씨를 뿌리다 보면 반드시 준비된 영혼을 만나게 된다. 복음을 받아든 초신자는 영적 갈급함을 느끼고 성경공부를 요청한다.

우리 제자는 그곳까지 와서 성경공부를 인도해주는 대신, 그 초신자에게 전도를 해서 다음 주까지 몇 사람을 더 모으라고 한다. 그렇게 작은 성경공부반이 시작되지만 공부가 아닌 예배가 목적이고, 교실이 아닌 교회가 목적이기 때문에 곧 바로 예수의 이름으로 교회를 선포한다. 그러면 우리 평신도 제자는 사역자가 되고, 초신자의 집은 가정교회가 되고, 성경공부는 예배가 된다. 대부분의 개척 멤버들은 가정교회로 예배드리러 올 때 아이들을 데려온다. 그러면 예배 후에 자연스럽게 어린이들을 위한 배식사역을 진행하고, 부모를 따라온 아이들도 우리 교회 성도가 된다. 이렇게 짧은 시간에 20~30명이 모이는 '교회'가 탄생한다.

숫자가 많아지면 좁은 집에서 예배하는 것이 힘들어진다. 그때 성도들 중에 가장 큰 집을 가진 사람이 가정집을 여는 헌신을 하여 교회는 더 큰 곳으로 이사한다. 그러다 성도들이 초신자 티를 벗어나면 기도의 맛을 알게 되고 정기적인 기도 모임을 갖길 원한다. 하지만 가정집에서는 음악을 틀고 부르짖어 기도할 수는 없기 때문에 교회 건물에 대한 갈급함이 생긴다. 그래서 모두 십시일반으로 힘을 모아, 작은 부엌과 화장실이 있는 8평짜리 작은 집을 월세 10만원으로 계약하고, 그곳에서 본격적으로 저녁기도회와 제자훈련을 시작한다.

월세는 1/3은 헌금에서 1/3은 사역자가 1/3은 기도와 금식으로 감당한다. 월세를 내지 못하면 교회 문을 닫아야하기 때문에 전 교인이 간절히 부르짖고 울며 기도하면서 하늘의 기적을 체험하게 된다. 이런 과정을 거치면서 제자는 사역자로 성장하고 성도들은 기도의 사람으로 변화되어 서서히 제자가 되어간다. 그리고 제자가 된 성도들은 리더가 걸었던 길을 걷기로 결심하고, 본인들이 성장한 교회를 떠나 더 가난하고 열악한 곳을 찾아가 복음을 전하고 교회를 개척한다.

어떤 리더는 자기 교회가 있지만 제자를 위해서 제자를 데리고 어느 지역으로 가서 함께 교회를 개척하기도 한다. 그리고 단계적으로 제자에게 교회를 넘긴다. 대부분의 제자들은 자기 리더의 사역을 돕기 때문에 찬양 인도나 주일 학교는 맡은 경험들이 많다. 리더는 교회를 개척한 후에 첫째 달은 본인이 매주 설교하지만 둘째 달부터 제자에게 조금씩 설교를 맡긴다. 둘째 달에는 1주, 셋째 달에는 2주, 넷째 달에는 3주 설교를 맡기면서 점차 교회를 제자에게 넘긴다. 그리고 리더가 자기 교회 때문에 바빠서 못 오겠다고 핑계를 대면 제자는 얼떨결에 그 교회를 맡게 된다. 이렇게 개척과 제자훈련이 동시에 이루어지면서 교회는 무한 번식한다.

어린이 교회는 훨씬 더 역동적이다. 어린이 교회의 담임 사역자는 14~25살의 청소년들이고, 성도는 빈민가 어린이들이다. 아이들은 옷이 없어 발가벗고 다니고 쓰레기를 뒤져서 배를 채운다. 더러는 약물에 손을 대기도 하는데 그 이유가 처절하다. 본드나 싸구려 마약을 하면 약물로 뇌가 녹아서 3일 동안 해롱대는데, 그 3일 동안은 배고픔을 느끼지 않는다고 한다.

그런 아이들을 대상으로 복음을 전하다 보니, 사역자나 성도들이나 돈이 없기는 매한가지다. 그래서 월세 건물을 얻을 엄두를 내지 못한다. 설령 돈이 조금 있다 하더라도 최근에는 50~100명이 모이는 어린이 교회가 많아져서 그 좁은 공간에 다 들어가지도 못한다.

그래서 어린이 교회는 나무 그늘 밑에서, 혹은 골목, 시장터, 농구장, 마을회관, 동사무소 등에서 예배드린다. 어린이 교회야말로 어느 찬양 가사처럼 '부르신 곳에서 예배하고 어떤 상황에서도 예배'한다. 그 모습에 감동받은 동장이 동사무소를 내주어 '리비스 어린이 교회'는 매주 에어컨과 조명, 책상과 의자가 갖추어진 실내에서 예배드리고 있다.

나는 성도 1명을 교회 1개로 본다. 은혜를 받기 시작한 초신자는 리더를 도우러 사역을 따라다니게 되고, 결국 몇 개월 만에 교회를 개척하게 된다. 토요일에는 리더 청소년들과 제자 청소년들이 하루 종일 사역을 하기 때문에 사역이 없는 청소년일지라도 교회 친구들과 놀려면 사역지로 가야 한다. 그리고 그도 가랑비에 옷이 젖어 결국 사역자가 된다.

이렇게 남녀노소 가릴 것 없이 모든 성도들이 앞 다투어 개척할 수 있었던 것은 예수님의 지상 대명령에 순종하는데 방해되는 제도권적인 규제들을 모두 없애버렸기 때문이다.

규제가 많으면 성도들은 뛰고 싶어도 못 뛰게 된다. 반대로 규제를 풀어 버릴수록 성도들은 뛰고 날아다닌다. 규제를 푼 상태에서 '아무 것도 없어도 예수님만 있으면 다 있는 것이고, 모든 것이 있어도 예수님이 없으면 다 없는 것이다!'라는 믿음을 교회 안에 '개척이 가장 쉬웠어요!'라는 전투적인 분위기가 형성되었다. 그래서 누군가 교회를 개척했다고 해서 아무도 그를 대단하게 여기거나 놀라지 않는다. 우리 교회 성도들은 교회를 개척할 수 있는 '자격'을 논하는 대신에 세상으로 달려가 공격적으로 복음으로 전하며 교회를 개척하면서 지상 대명령에 '순종'한다.

87개의 어린이 교회

나는 청년들을 싫어했다. 자기주장과 겉멋이 강해서 말을 듣지 않아서였다. 어린이들은 더 싫어했다. 애들은 너무 시끄러워서 예배와 설교 시간에 방해만 될 뿐이라 질색이었다. 그런데 하나님은 어린이와 청년들에 대한 나의 견고한 편견을 천천히 허물어 가셨다.

어느 날이었다. 나는 찬양 시간에 기타를 치는 찬양대원을 보고 깜짝 놀랐다. 그는 찬양을 인도하는 아삽 전도사(개척 멤버였던 주딧 자매를 전도사로 임명할 때 이름을 바꿔주었다.)의 아들이었다. 개척 당시만 해도 아장아장 걷던 아이였는데, 언제 저렇게 커서 기타를 치게 되었는지 신기했다. 애들이 그렇게 빨리 크는지 몰랐다. 그래서 '아이들을 잘 가르치면 청년의 때에 좋은 일꾼이 될 수 있겠구나'라는 생각을 잠시 했지만, 말도 못 알아듣고 시끄러운 어린이들을 붙잡고 가르칠 생각은 추호도 없어서 곧 포기했다.

이런 생각을 할 즈음에 인천 '방주 교회'의 담임이자 '마가의 다

락방 기도원'의 원장이신 박보영 목사님께서 필리핀중앙교회 4주년 예배 강사로 오셨다. 일면식도 전혀 없는 상황에서 이메일로 혹시와 주십사 부탁을 드렸는데 5분 안에 'OK 답장'이 날라 왔다. 성자 같으신 박보영 목사님은 마닐라의 골목골목마다 어린이들이 바글바글한 것을 보시고, 집회 사흘 내내 세 가지를 나에게 반복해서 말씀하시며 어린이 사역의 중요성을 강조하셨다.

"애들은 금방 큰다!"

"애들은 만드는 대로 만들어진다!"

"애들을 예수 용사로 키워라!"

어린이와 청년을 싫어하는 나는 목사님의 조언이 영 부담스럽고 불편했다. 그래서 "저는 그쪽에 달란트가 전혀 없는데 어떻게 해야 할까요?"라고 여쭈니, 목사님은 달란트 있는 사람을 통해서 하라고 하시며 몇 가지 당부를 하셨다.

목사님께서 그렇게까지 말씀하셨지만 어린이 사역은 영 내키지 않아 차일피일 미루던 어느 날, 필리핀 목사님으로부터 충격적인 이야기를 들었다. 세계 인구의 50%가 14세 미만이고, 그 비율은 빈곤한 나라일수록 압도적으로 높다는 것이었다. 70억 중에 35억이 14세 미만이라니 생각만 해도 아찔했다.

그분과 헤어지고 집으로 오는데 문득 이런 생각이 들었다.

"필리핀 인구 1억 중에 5천 만 명이 14세 미만이었구나. 가난한 국가일수록 평균수명이 짧아 노인 수가 적으니, 필리핀의 청년 인구를 30%라고 생각한다면 나는 나머지 20%만 바라보고 사역했었구나! 어린이와 청소년들을 빼면 국가적인 선교, 국가적인 회심, 국가적인 부흥은 불가능하겠구나!"

　이런 생각에 이르자 선교와 목회 전략에 대대적인 수정이 불가피하다고 느꼈다.

　그런 고민에 빠져있을 때, 2기 제자 중에 레오 형제(바울 전도사의 제자)가 진지한 얼굴로 나에게 왔다. 당시 24살의 레오는 고아 출신이자 길거리 출신이었다. 어렸을 때 부모가 이혼했다. 부모님은 각각 재혼하여 새 가정을 꾸렸는데, 새 가정을 보호하기 위해 두 분 모두 레오를 만나려고 하지 않았다. 혼자 버려진 레오는 길거리를 전전하며 살았고, 술과 마약에까지 손을 대 짧게 교도소 생활도 했다. 그러던 중에 19살 말조리 자매의 전도를 받아 우리 교회로 나왔고, 하나님이 아빠라는 사실을 깨닫고 나온 첫날부터 펑펑 울면서 은혜를 받았다.

　그렇게 험난한 삶을 살아온 레오가 어린이 사역을 하고 싶다고 했다. 그것도 마닐라의 대표 판자촌인 니아 지역에 가서 아이들에게 복음을 전하겠다고 했다. 길거리에 버려진 상처투성이의 아이들을 볼 때마다 자신의 어린 시절을 보는 것 같아 마음이 힘들다면서, 자신을 그곳으로 보내달라고 했다. 니아는 우리가 2차례 수재민을 섬겼던 지역이라 누군가를 보내서라도 챙기고 싶었던 지역이었다. 그러나 세례 받은 지 3개월 밖에 안 된 초신자 청년을 보낼 생각은 없었다. 하지만 담임 목사라는 사람이 빈민가 어린이 사역을 자원하겠다는 사람을 말릴 수도 없고, 또 다들 피하고 꺼리는 지역을 스스로 가겠다는 것이 기특하기도 하여 허락해줬다.

레오는 여자 친구인 말조리 자매와 함께 니아로 갔다.

첫 주에 30명이 모이더니, 1달도 안 되어서 120명의 아이들이 모였다. 누구의 말도 안 듣던 말썽꾸러기 아이들이 레오에게서 동질감을 느끼자, 그 앞에서는 순한 양이 되어 졸졸 따라다녔다. 그 말이 도저히 믿기지 않아 내가 직접 현장에 가 보았는데, 오물냄새로 코를 찌르는 빈민가 한쪽 구석에서 120명 넘는 아이들이 질서를 갖추어 춤추고 찬양하며 뜨겁게 예배드리고 있었다.

정말 놀라웠다. 나는 뼈를 묻을 각오로 필리핀에 와서 11년 동안 온갖 고초를 겪으며 목회 6년에 아직도 50명을 전전하고 있는데, 교회 온지 6개월도 안 된 청년이 1달 만에 나보다 2배나 큰 목회를 하고 있다니!

담임 목사로서 도무지 면이 안 섰다. 그러나 그걸 따질 개재가 아니었다. 아무도 빈민가의 천덕꾸러기 아이들을 예배 자리로 인도하지 못하는 상황이었으니, 교회 입장에서는 완전히 횡재한 것이었다.

필리핀은 카톨릭 국가라서 낙태가 허용되지 않는데, 빈민층은 피임할 돈이 없어서 아이를 생기는 대로 낳는다. 그래서 빈민가는 집집마다 아이들이 기본 4~5명에서 많게는 10명 가까이 된다. 문제는 아이가 태어난 다음이다. 아이들은 많고 돈은 없다보니 대부분의 아이들은 방치된다. 빈민가일수록 부모가 이혼율이 높고, 그래서 버려지는 아이들이 많다. 그런 아이들은 길에서 구걸하거나 쓰레기통을 뒤져서 배를 채우며 산다.

그런 곳에 레오와 말조리가 예수의 사랑을 가지고 갔다. 두 청년이 부모 사랑도 제대로 못 받은 아이들을 진심으로 사랑하기 시작하자, 아이들은 레오를 "아빠!"라고 부르고 말조리를 "엄마!"라고 했다. 아이들은 나를 좋아하기도 했지만, 그들의 눈에 나는 어른이고 외국인이었다. 대화의 깊이도 한계가 있어서 아이들은 나와는 간단한 대화만 했다. 그에 비해 레오와 말조리에게는 마음을 온전히 열어서 오만가지 자질구레한 이야기를 다 했다.

"레오 아빠! 나는 쟤를 좋아하는데, 쟤는 딴 애를 좋아해요."
"엉엉, 말조리 엄마! 쟤가 날 때려요."

빈민가 아이들이 레오와 말조리를 친부모처럼 여기고 따르는 것을 보면서, 어린이 사역의 해답이 청년이라는 생각이 들었다. 청년들이 어린이를 자녀로 생각하고, 어린이가 청년들을 부모로 생각한다면 그 어린이 사역은 결과를 안 봐도 대성공일 게 분명했다. 어른들이 못 여는 어린이들의 마음을 청년들이 열었다. 어린이들은 청년 사역자들을 형, 누나로 대하기도 하지만, 아빠, 엄마로도 느꼈다. 그래서 형과 누나에게 할 이야기와 아빠와 엄마에게 할 이야기 모두를 우리 사역자에게 터놓았다.

또한 어른들은 땡볕이나 시장통, 야외 농구장 같은 최악의 환경에서 찬양 인도, 설교, 배식할 열정과 체력이 부족하지만, 도전의식과 체력이 강한 청년들은 오히려 그런 열악한 상황을 즐겼다.
그들은 기타 하나만 둘러메면 천하무적의 전천후 사역자가 되었다. 청년들은 자기 사역이 생기니 최선을 다해서 어린이를 섬겼다.

그러니 일석이조의 사역 효과가 생겼다. 내 식대로 정제되지 않은 언어로 표현하면, 내가 싫어하는 청년으로 내가 더 싫어하는 어린이를 낚았으니 손을 안 대고 코를 푼 격이었다.

청년에게 어린이 사역을 맡기는 것은 청년들에게도 좋은 일이었다. 보통 은혜 받는 청년들의 경우 열심히 예배드리고 청소하는 게 다였다. 음악 달란트가 있으면 찬양팀에 들어가 봉사하거나, 아이들을 좋아하면 주일학교를 섬기는 것이 교회에서 허락된 그들의 최선이었다. 정말 뜨거운 경우는 전도에 열심을 내기도 하지만, 그 이상의 것은 없었다. 그러다 시간이 지나면 더 새롭고 더 어려운 목표가 없으니, 신앙생활에 흥미를 잃어가면서 열정도 서서히 식어 갔다.

그러나 청년들에게 사역의 제한 요소들을 없애버리고 어린이 세계로 인도하니, 그들은 제한 없는 놀라운 사역을 해 나갔다. 그들은 찬양 인도, 설교, 기도, 배식, 개척, 제자훈련까지 스스로 해냈다. 우선 청년들이 나의 주일 설교를 요약하면서 듣기 시작했다. 그것을 각자 맡은 어린이 교회의 수준과 환경에 맞게 수정해서 묵상하며 준비한 후에 다음 주에 어린이 교회에서 설교했다. 더 깊은 설교와 영성을 위해서 스스로 성경을 열심히 읽음은 물론이었다.
그리고 설교와 사역에 더 열매 맺기 위해서 더 뜨겁고 더 간절하게 더 오래 기도했다. 설교를 아무리 열심히 준비하더라도 기도를 열심히 한 만큼만 성령님께서 설교에 기름부어 주신다는 것을 경험하면서, 영적 세계를 실제적으로 이해하고 체험하게 되었다. 기도를 많이 하다 보니 신유의 역사가 나타나는 청년들이 생기기 시작했다. 많은 청년 사역자들이 쉽게 환상을 보고 꿈을 꾸고 있다.

또 청년들은 간단한 요리들을 배워서 배식 사역을 시작했다.
후원자가 생기도록 기도했고, 후원자와 더 좋은 관계를 맺으려 노력했다. 어린이들이 늘어나면서 그저 막연히 열심을 내기보다는 4~6학년들을 집중 훈련시켜서 교회의 장로, 전도사 역할을 맡기면서 경영의 감을 익혀나가기 시작했다. 고학년들이 찬양 인도, 주일 학교 등을 하면서, 미래의 어린이 교회 사역자로 커가고 있다. 또 개중에는 사역자가 나오기도 했다.

어린이 교회들의 놀라운 열매를 보면서 나도 변화되기 시작했다. 필리핀의 모든 빈민가 아이들을 품어보자는 생각이 들었다. 나는 모든 아이들을 정말 싫어했지만, 그중에서도 빈민가의 더럽고 냄새 나는 아이들을 가장 싫어했다. 그런데 그 아이들이 레오와 말조리의 아이라면 나의 아이도 되는 것이었다.
"이 냄새나고 더러운 아이들이 내 아이들이구나! 어찌 하나같이 배고프고, 아프고, 학교도 못 가고 있을까? 하나님은 어쩌자고 나에게 저런 아이들을 맡기셨나?"
이런 생각으로 마음이 타들어 가다보니, 아이들의 시커먼 얼굴이 보이지 않고 순수하게 빛나는 눈이 보이기 시작했다. 내 안에 사랑의 감정이 커지면 커질수록 그들이 말썽꾸러기 아이들이 아니라, 정에 굶주리고 사랑에 메말랐던 아이들로 보였다. 그 아이들을 언젠가는 다 먹이고 입히고 키워서, 기필코 하나님의 영광을 드러내는 필리핀의 기둥들로 만들어야겠다고 결심했다.

그러자면 결론은 하나였다. 각 도시마다 크고 작은 어린이 교회를 수 백, 수 천 개씩 세우면 된다. 그것을 위해서는 청년사역이 활성화되어야 했다. 그때부터 나는 청년들의 성장에 집중했다. 청년 1명을 뜨겁게 만들면 어린이 교회가 1~4개씩 개척이 되었고, 최소 30~100명의 어린이를 예수님께 인도할 수 있었다.

나는 청년들에게 어린이 사역을 적극 권장했다.

"청년 여러분! 내가 돈이 없어서 지원은 못 하지만, 누구든지 어린이 사역을 하면 내가 응원하고 격려하고 기도해 주겠습니다. 한 번 해 보십시오!"

그때부터 좀 뜨겁다는 청년들은 죄다 빈민가로 향했다. 어떤 청년 사역자의 어린이 교회를 도와주던 청년들은 담대히 독립해서 더 어려운 지역으로 가서 어린이 교회를 개척했다. 2개 교회를 담임하는 청년들이 늘어났고, 심지어 토요일 오후 1시, 4시, 7시 이렇게 3탕을 뛰는 청년들도 생기기 시작했다. 오전에 나간 청년들은 2탕, 3탕, 4탕을 뛰면 자정이 가까워서야 온 몸과 얼굴에 먼지를 가득 뒤집어쓰고 땀에 절은 채로 본교회로 돌아오지만, 그들의 얼굴은 승리와 기쁨에 충만하다. 이것이 청년들의 장점이다. 이렇게 개척된 어린이 교회가 총 88개가 되었고, 우리가 섬기는 아이들은 3천 명 가량 되었다. 어린이 세계에 뛰어든 지 4년만의 일이다. 하나님의 은혜는 끝이 없다.

2016년에 어린이 교회를 담임하는 청년 사역자의 나이가 20대

어린이 교회

벽이 깨지면서, 10대 사역자가 탄생했다. 그리고 18살, 17살로 떨어지더니, 2017년에는 16살, 15살의 사역자들이 탄생했다. 그리고 이 책을 마무리하는 2017년 끝자락에 14살의 소년이 빈민가에서 90명을 모아 개척에 성공했다. 이 '조쉬'라는 소년이 제자훈련을 시작하면 우리는 과연 몇 살의 최연소 사역자를 보게 될까? 우리는 머지않아 초등학교 1학년, 즉 8살짜리 사역자가 등장하여 유치원생들에게 사역할 것을 기대하며 기도하고 있다.

이런 개척 DNA가 마닐라에서 6시간 떨어진 바타안 지역까지 흘러갔다. 바타안은 완전 시골 오지인데, 15살의 마리페 자매가 24명의 아이들을 모아서 개척했다. 16살의 에드윈 형제는 자신보다 1살 어린 마리페 자매가 사역하는 것에 감동과 도전을 받았다.

1년 후, 그도 어린이 교회를 열었다. 에드윈 형제는 마리페 자매보다 더 어려운 환경이었다. 후원자도 없어서 배식을 할 수 없었다. 그러나 상황에 좌절하지 않고 가진 돈을 모두 끌어 모아서, 학교 수업이 끝나면 학교 앞에서 아이스크림을 팔았다. 그리고 5일 동안 모은 돈으로 토요일에 배식사역을 하고 있다. 주님께 드릴 수 있는 시간과 정성을 다 바쳐 헌신하는 10대들의 모습이야말로 폐허 속에 피어난 꽃처럼 아름답다. 그 헌신과 사랑이 필리핀 전역에 아름답게 꽃 피우길 오늘도 기도한다.

5부

순종

필리핀에 초대형 태풍이 올 것이다

하나님은 새해 초마다 우리 교회가 1년간 가슴에 품고 기도해야 할 말씀을 주셨다. 그런데 2013년 새해에는 정말 생뚱맞은 말씀을 주셨다.

"노아의 때와 같이 인자의 임함도 그러하리라. 홍수전에 노아가 방주에 들어가던 날까지 사람들이 먹고 마시고 장가들고 시집가고 있으면서 홍수가 나서 저희를 다 멸하기까지 깨닫지 못하였으니 인자의 임함도 이와 같으리라"(마가복음 24:37-39).

2012년 '행 1:8'을 통해 우리는 10배 성장을 경험했다. 하나님께서 새해에 나에게 주신 말씀이 어떻게 성취되었는지 눈으로 목도한 성도들은 하나님께서 과연 어떤 놀라운 일을 행하실지 기대하며,

새해에 나에게 복된 말씀을 주시도록 기도하고 있었다. 그런데 '노아의 홍수' 말씀은 더 큰 비전을 바라며 기도하는 11개 교회의 열망에 찬물을 끼얹는 말씀이었다.

2012년에 받은 사도행전 말씀은 떨떠름하긴 했지만 감이라도 왔었는데, 2013년 말씀은 황당 그 자체였다. 성도들에게 하나님의 새해 계획을 선포했지만 아무도 "아멘! 할렐루야! 이루소서!"라고 화답하는 성도가 없었고, 나도 도통 하나님의 뜻을 이해할 수 없어서 벙어리 냉가슴을 앓았다.

그 말씀을 몇날 며칠을 붙잡고 기도하는데 마음에 강한 음성이 들렸다.

"필리핀에 초대형 태풍이 올 것이다!"

깜짝 놀람과 동시에 엄청난 긴장감이 몰려왔다. 음성의 내용도 충격적이었지만, 국가의 미래에 관한 중요한 메시지를 나 같은 팔푼이 목사에게 말씀하셨다는 게 더 놀라웠다. 나는 그때도 허황된 마음을 버리지 못해 종종 무모한 짓을 저질러 아내와 주변 사람들을 힘들게 했는데, 하나님은 어쩌자고 어리석은 나에게 그런 엄청난 말씀을 하신 걸까? 아무리 곱씹고 되새겨 봐도 이해되지 않았지만 주인의 말씀을 들은 이상 종에게 남은 것은 순종뿐이었다. 나는 그 말씀을 담대히 성도들 앞에서 선포했다.

"성령님께서 '필리핀에 초대형 태풍이 올 것이다!'라고 말씀하셨습니다! 작년에는 우리 교회를 향한 메시지를 주셨지만 올해는 필리핀 국가를 향한 메시지를 주셨습니다. 이 말씀은 본교회와 10개 지교회가 총력을 기울여야 할 중요한 메시지입니다. 올해, 여러분 인생에서 단 한 번도 경험하지 못한 엄청난 태풍이 볼 것입니다!"

비장한 마음으로 말씀을 선포했지만 성도들의 반응은 미적지근했다. 초대형 태풍이 온다고만 말했을 뿐 언제 어디서 어떤 규모로 올 것인지 말하지 않은데다, 무엇을 어떻게 준비하라고 구체적인 방향도 제시하지 않았으니, 성도들이 '아멘, 믿습니다! 우리도 최선을 다하겠습니다!'라고 화답할 만한 타이밍이 없었다.

여전히 감을 잡진 못했지만, 어찌됐든 나는 하나님의 음성을 들은 하나님의 종으로서 뭐라도 해야만 했다. 그래서 모든 지교회 사역자들에게도 같은 말씀을 선포하고 성도들에게 헌옷을 모아 오도록 했다. 목회자의 말에 무조건 순종하는 우리 성도들은 주일마다 헌옷을 가져와 본교회 구석에 쌓아놓았다.

사실 우리 교회에서 '헌옷 모으기'는 특별한 일이 아니었다. 필리핀은 태풍이나 지진 같은 자연재해 뿐 아니라 대형 화재도 종종 발생한다. 그러다보니 언제 터질지 모르는 재난에 대비해서 우리는 항상 헌옷을 쟁여두었다. 교회 한 구석에 헌옷이 가득 담긴 검정색 비닐봉투를 쌓아두었다가, 재난이 발생하면 헌옷, 쌀, 통조림 등을 모아서 피해현장으로 달려가 이재민들을 위로하고 섬기며 예수님께로 인도했다. 그러다 보니 우리가 의도하지 않았는데도 자연히 재난 지역에는 지교회가 개척되었다.

초대형 태풍이라 하셨으니 평소보다 더 많이 모았다. 쌓아 놓은 헌옷이 3백 벌, 5백 벌을 넘어가면서 검정 비닐봉투가 교회 한쪽 벽을 다 채워가고 있는데, 하나님은 '그 정도면 충분하다!'고 말씀하지 않으시고 침묵하셨다. 헌옷이 쌓일수록 '초대형 태풍'에 대한 나의 심리적 압박은 심해졌다. 아니, 더해지다 못해 내 영을 무겁게 짓눌렀다. 초조해서 밤에 잠도 오지 않았다. 분명히 내가 생각하는 정도의 태풍은 아닌 것 같은데, 뭘 어떻게 해야 할지 가늠이 되지 않았다. 쥐어짜듯 헌옷을 최대한 모았지만 아직도 아무 말씀이 없으시니 앞으로 옷을 어디서 어떻게 구해야 할지 막막했다.

그러던 중 5월에 한국을 방문할 기회가 생겼다. 몸은 바삐 돌아다니며 볼일을 봤지만, 온통 마음이 초대형 태풍에 사로잡혀 내내 그 기도만 했다. 매일 새벽 2시에서 4시까지 아파트 단지를 돌면서 생각하고 묵상하고 또 기도했다. 마음의 짐이 얼마나 무거웠던지 그렇게 매일 걸어도 다리 아픈 줄도 몰랐다. 그러다 갑자기 교회, 기업, 단체들에게 공문을 돌리면 옷을 받을 수도 있겠다는 생각이 들었다. 기묘한 아이디어였다. 그 생각이 떠오르자 여전히 희미하지만 그래도 하나님의 계획하심 안에 내가 한 발자국 들어간 느낌이 들었다.

다음 날 아침, 나는 필리핀에 전화를 걸어 한국에 있는 크고 작은 기업들과 NGO 단체, 각종 봉사단체의 번호와 이메일 주소를 찾아서 공문을 보내라고 했다. 공문에는 그동안 우리가 수재민과 화재민을 섬긴 사진을 첨부하고, '올해는 예년보다 큰 태풍이 온다는 예보가 있으니 헌옷이 있으면 보내 달라'고 부탁했다. 물론 그 예보는 방송국 예보가 아니라 천국에서 온 예보였지만, 그 말은 생략하고 우리가 얼마나 믿을만한 교회이며 우리 사역이 얼마나 진정성 있는지에 대해서만 간결하게 썼다. 사무실 직원들이 밤을 새며 수백 통의 메일을 보냈지만 돌아오는 답은 시원찮았다.

그래도 몇몇 교회, 기업, NGO 단체에서 옷을 몇 박스씩 필리핀으로 보내주었고, 가까운 지인들도 부모님 댁으로 옷을 부쳐 주었다. 간혹 새 옷을 보내신 분도 계셨고, 배송비까지 부담해주신 분도 계셨다. 그렇게 끌어 모으니 3,000벌 넘게 헌옷이 모였다. 그야말로 티끌을 모아 태산을 이룬 격이었다. 그래도 하나님은 여전히 아무 말씀이 없으셨다.

드디어 우기가 왔다. 그해 필리핀에는 유독 태풍이 잦았다. 매년 약 16개의 태풍이 오는데, 2013년에는 25개의 태풍이 왔으니, 우기철 3개월 동안 매주 2개씩 온 셈이다. 나는 첫 태풍부터 "하나님, 태풍이 왔으니 옷을 풀까요?"라고 여쭤봤지만 아무 말씀이 없으셨다. 두 번째도 세 번째도 그리고 우기가 끝나는 9월말까지 아무 대답이 없으셨다. 하나님의 침묵이 길어질수록 내 마음은 복잡했다. 짙은 안개 속에 갇힌 것처럼 아무 것도 볼 수 없는 날이 계속됐다.

산더미처럼 쌓인 헌옷을 보며 지교회 사역자들과 성도들은 무슨 생각을 할지, 또 그들은 나를 어떻게 바라볼지 싶어 한숨이 절로 나왔다. 더 모으는 것도 힘들었지만, 그렇다고 헌옷 모으기를 중단할 수도 없었다. 하나님 명령 없이 멈출 수도 없었다. 진퇴양란이었다. 죽을 맛이었지만 나는 이판사판의 심정으로 주일마다 성도들에게 헌옷을 더 가져오라고 독촉했다. 더 가져올 것도 없는 성도들도 보통 고생은 아니었을 테다.

헌옷을 볼 때마다 한숨은 깊어졌다. 3천 벌을 모으는 것도 대역사였지만 그 많은 옷을 대체 어디에 푼단 말인가? 날씨는 우기에서 점점 건기로 접어들어 굵은 빗줄기는 가는 빗줄기로 바뀌고 있었다. 이젠 초대형 태풍이 아니라 보슬비만 내려도 옷을 풀어야 할 판이었다. 나중에는 하늘만 흐려져도 '당장 옷을 대량으로 풀어야겠다!'고 마음이 요동쳤지만, 막상 실행하려고 하면 마음에 감동이 전혀 없어서 포기했다. 그리고 뒤돌아서서 또 '아니야, 당장 풀어야지!'라고 결심하기를 하루에 몇 번씩 반복했다.

인생을 살면서 그때처럼 머릿속이 복잡했던 적은 없었다. 우기가 끝나면 한 해가 거의 마무리 된다. 교회 한 구석에 천장 높이만큼 쌓여있는 헌옷과 함께 새해를 맞이할 듯 했다. 그 생각을 하니 아찔했다. 그렇게 되면 내년부터는 내가 무슨 말을 해도 성도들이 콧방귀를 낄 게 분명했다. 그동안 어렵사리 쌓아온 신뢰가 '태풍쇼' 한 방으로 태풍처럼 다 날아갈 판이었다.

그쯤 되자 모든 것이 명백해졌다. 주님이 침묵하신 게 아니라 내가 못 들은 게 분명했다. 태풍이 온다는 말씀은 내가 실수로 우연히 들었지만, 옷을 풀라는 말씀은 내 어리숙한 영성으로 못 들은 것이었다. 태풍이 기승을 부리던 7~8월에 하나님은 어찌어찌 하라고 분명히 말씀하셨건만, 내가 헌옷 모으는데 혈안이 되어서 그 음성을 못 들어 이 모든 일을 망친 것이었다.

"1년 내내 헌옷 3천 벌을 모으고 10월이 다 끝날 때까지 옷 한 벌을 안 풀었으니, 내년부터 나는 미친놈이 되겠구나! 이제 사역은 어떻게 해야 하나?"

한숨이 절로 나왔다. 오도 가도 못 하는 내 신세가 처량하고 불쌍했다. 그렇게 잔인한 10월이 나의 애간장을 녹이며 지나갔다.

바로 이 태풍이다

2013년 11월 3일 밤. 거대한 태풍이 필리핀을 향하고 있다는 뉴스가 인터넷을 도배했다. 시속 379km/h의 초대형 태풍인 '하이옌'(Haiyan, 필리핀 명칭은 '욜란다')은 인류가 기후를 관측한 이래 가장 빠르고 강력한 태풍이라고 했다. 그 뉴스를 보고 있는데, '바로 이 태풍이다!'라는 성령의 음성이 내 안에서 크게 울리며 진동했다.

11월 8일(금) 밤, 하이옌 태풍이 필리핀에 상륙했다. 하이옌 태풍은 평범한 태풍이 아니었다. 시속 379km/h, 즉 1시간 만에 직선으로 서울에서 부산까지 도착하는 엄청난 속도의 바람은 필리핀 동쪽 바닷물을 집어 올려 땅 위에 쏟아 버렸다. 공식 이름은 '태풍 해일'(혹은 폭풍 해일)이었지만, 나타난 현상은 '쓰나미'였다. 바다 밑에서 발생한 지진의 충격으로 바닷물이 밀려오는 쓰나미와 달리, 하이옌 태풍은 미친 바람이 엄청난 양의 바닷물을 잡고 육지로 내동댕이

쳐서 생긴 쓰나미처럼 보이는 태풍 해일이었다. 하루아침에 '레이테 섬'(Leyte Island)에 위치한 '타클로반 시'(Tacloban City)는 폐허로 변했다.

태풍이 불어 닥친 날은 꼬박 밤을 샜다. 밤새도록 중부 지역의 섬들에서 지교회 사역자들이 문자를 보냈고, 그 문자를 붙잡고 기도하느라 눈을 붙이지 못 했다. 밤사이에 심신이 지쳐버렸지만, 그 다음날에는 아침부터 종일 컴퓨터 앞에 앉아 있었다. 태풍으로 다리는 끊어지고 난장판이 된 공항과 항구는 폐쇄됐다. 바닷물로 뒤덮인 도시에는 수 천구의 시체가 둥둥 떠다니고 있다는 인터넷 뉴스마저 등장했다. 새로운 뉴스가 올라올 때마다 고민은 깊어졌다. 그때까지 우리가 옷, 음식 등을 가지고 가서 섬겼던 수해, 화재 지역은 모두 마닐라였다. 한 번도 다른 도시에서 섬김 사역을 한다는 생각을 해 본 적이 없었기 때문에 타클로반으로 가는 단체에게 우리의 헌옷을 주려고 했었다. 그런데 상상을 초월하는 피해 상황을 접하면서도 그 죽음의 현장에 가려는 단체가 있을지도 미지수였고, 설령 목숨을 걸고 현장에 가려는 단체가 있다 하더라도, 하늘길과 바닷길이 모두 막혀있는 상황에서 3천 벌이나 되는 옷을 어떻게 운반할지 막막했다.

"하나님은 도대체 나보고 어찌하란 말씀인가?"
주일 새벽 3시, 모두 잠든 시간에 온 집을 서성거리며 번뇌에 싸였지만 뾰족한 방법이 떠오르지 않았다. 그때 문득 '예수님이 그곳에서 울고 계신다!'는 생각이 들었다. 그 생각이 얼마나 강하게 내 마음을 울렸던지, 그 충격으로 한 동안 아무 생각도 할 수 없었다.

너무 당황스러웠고 입에서는 끝없이 '주님~'만 반복해서 탄식처럼 나왔다.

'예수님께서 그곳에서 울고 계신다'는 것을 깨달으니 아무 것도, 심지어 내 생명까지도 중요하지 않게 느껴졌다. 온 밤을 지새우며 고민했었던 섬, 거리, 시간, 돈, 숙식, 효율, 안전성 등의 모든 복잡한 요소들이 한꺼번에 머릿속에서 깨끗이 사라지고 다시는 생각나지 않았다.
"갈 수 없으니 간다! 길이 없으니, 간다! 나는 무조건 간다! 예수님이 울고 계시니 나는 간다!"
공항, 항구, 다리 등의 진입 불가능한 상황들도 그 뜨거운 마음이 다 덮어버려 더 이상 아무 것도 고려 대상이 되지 않았다.

내가 시원한 에어컨, 따뜻한 밥, 푹신한 침대가 있는 마닐라에 있으면, 몸은 편안할지 몰라도 '예수님께서 그곳에서 울고 계신다'는 것을 알고 있는 이상 내 마음은 죽을 것 같이 고통스러울 것 같았다. 또 남은 인생을 살면서 예수님을 생각할 때마다 죄스러운 마음에 괴로울 것 같았다.
그러나 내가 예수님이 계시는 타클로반으로 가면 설령 내 몸은 죽을 듯이 고통스럽고 심지어 죽을 수도 있어도 예수님과 함께 있기 때문에 마음만은 평안할 것 같았다. 이렇게 결심하자 마음 깊은 곳에서 평안과 확신이 가득했다. 개인의 일이 아닌 하나님 나라와 국가를 걱정하느라 잠 못 이루며 번뇌에 빠졌던 것은 큰 사람으로 성장하게 하는 신기하고 복된 경험이었다. 이후로 필리핀 때문에 잠 못 이루는 복된 밤을 많이 경험하게 되었으니 모두 하나님의 은혜였다.

내 영혼이 확정되었으니 담대한 선포만 남았다. 뜬 눈으로 밤을 지새웠지만 마음은 칼날처럼 비장했다. 주일 설교 시간이 되어 강단에 올랐다. 모두들 타클로반 소식을 들은 터라 여느 때보다 걱정스런 얼굴로 나를 쳐다보았다.

"나는 타클로반으로 갑니다, 예수님의 제자들만 따라오십시오. 나를 따라오지 않는 제자는 앞으로 제자라고 부르지 않겠습니다. 오늘부터 온 교회는 전심, 전력을 다하여 모든 준비를 속전속결로 끝내고, 최대한 빨리 타클로반으로 들어갈 것입니다!"

그 말을 듣자 성도들은 반신반의하며 얼떨떨해했고 제자들의 표정은 숙연했다. 아침에 펄쩍펄쩍 뛰며 타클로반 행을 반대했던 아내는 예배당 뒤에서 발만 동동 구르고 있었다. 예배 직전에 타클로반에서 들려온 소식도 절망적이었다. 공항과 항구가 완전히 파괴되었을 뿐 아니라, 태풍으로 무너진 교도소에서 죄수 600명이 탈옥해서 반정부 단체들과 연합하여 군인들을 상대로 총격전을 벌이고 있다고 했다. 그런 위험천만한 곳에 가겠다고 선포했으니 다들 아연실색했다.

그러나 눈앞에 벌어지는 상황이 어찌되었든 그곳에 예수님이 계신다면 나는 가야만 했다. 우리는 신속하게 움직였다. 먼저 큰 물통 100개, 통조림, 식빵 수천 개, 쌀은 가마 단위로 살 수 있는 만큼 끌어 모았다. 길에서 잘 것을 대비해 침낭도 넉넉하게 준비했다. 국가적인 재난이라 시장마다 물건이 넉넉지 않았다. 사역자들과 성도들은 사방으로 흩어져 발품을 팔아 물건을 사들였다. 상점들이 문을 닫는 밤에는 다 같이 교회에 모여서 큰 봉지 안에 1kg 쌀 한 봉지, 통조림 2개, 라면 2개, 옷 3~4벌을 넣어서 묶는 작업을 했다. 청·장년, 어린들까지 새벽 2~3시까지 달라붙어서 꼬박 일주일이 걸렸다.

그렇게 모든 준비를 마쳤지만 막상 물품을 운반할 트럭이 없었다. 차량이라 해봐야 나의 스타렉스가 전부인데 그거로는 턱도 없었다. 지인을 총동원해서 수소문했지만 그 위험한 곳에 차를 보내려는 주인은 없었다. 우리는 애가 닳아서 트럭이 구해지도록 기도하고 또 기도했다. 평소에도 트럭은 우리의 간절한 기도제목이었다. 재난 때마다 추위와 배고픔에 떠는 재난민들에게 달려갔지만, 트럭이 없어서 항상 준비해 놓은 구호품들을 다 가져가지 못할 때가 한두 번이 아니었다.

우리에게 트럭은 '이동수단'이 아니라 '생명수단'이었다. 트럭에 구호물품을 얼마큼 싣느냐에 따라 한 사람이라도 더 살릴 수 있기 때문이다. 그래서 항상 트럭을 달라고 기도해왔는데 이번에는 차원이 달랐다. 트럭 뿐 아니라 죽음을 각오하고 타클로반에 갈 운전수도 있어야 했다. 우리는 더 절박하게 기도했다.

하나님은 우리의 애간장이 녹는 기도를 들으시고 기적같이 트럭과 운전수를 보내주셨다. 모두가 탈출하려는 사지를 향해 돌아올

기약 없이 따라나선 운전수가 나타난 것은 그야말로 기적이었다.

타클로반 상황은 시시각각 악화되었고 간담을 서늘케 하는 속보도 올라왔다. 도시를 뒤덮고 있던 바닷물이 빠지면서 수천 구의 시체들과 수많은 가축들이 길에서 썩고 있는데, 바로 그 옆에서 수재민들이 노숙하고 있었다. 곧 엄청난 전염병이 돌 거라는 예측이 난무했다. 또한 부족한 구호품을 서로 차지하려고 아우성을 치는 바람에 구호 단체들은 모두 군부대가 만들어 놓은 철조망 안으로 몸을 피했다. 그런 분위기 때문에 독이 오를 대로 오른 수재민들은 외부에서 들어오는 구호차량을 습격하기에 이르렀고, 신변에 위협을 느낀 구호단체들은 인근의 세부 섬에 머물며 상황을 예의주시하고 있었다. 아비규환이 따로 없었다.

상황이 그렇게까지 악화되자 아내와 부모님들은 가지 말라며 극구 반대하셨다. 그러나 나는 원래 말릴 도리가 없는 인간이었고, 말릴수록 뜨거워지는 사람이었다. 결국 가족들은 '들어가더라도 상황이 조금 안정되고 나서 들어가라'고 애원하셨다.

"그럴수록 빨리 들어가야 합니다. 모두가 들어가기를 두려워한다면, 정말 서로를 잡아먹는 일이 생길 겁니다. 그러므로 우리가 가장 먼저 들어가야 합니다!"

이렇게 선언하니 그 다음부터는 아무도 말리지 않고 그저 애태우며 기도만 했다. 나와 우리 팀은 길이 없는 곳으로 가기 위하여 몸부림을 쳤다.

예수 밖에 있으면, 너희도 죽을 것이다

타클로반으로 가는 길은 멀고도 험했다. 우리가 출발하기 직전에 '며칠 안에 사람이 사람을 잡아먹을 것'이라는 뉴스가 떴다. 소름이 돋았다. 정말 우려가 현실이 될 수도 있다는 생각에 바짝 긴장이 됐다. 그러나 '주 예수께 사명을 받은 자는 그 사명을 이룰 때까지 절대 죽지 않는다!'는 믿음으로 타클로반 행을 밀어붙였다.

나의 그런 담대한 결정은 눈물의 중보기도 덕분이었다. 돌아오지 못할 수도 있는 사지로 가면서 나는 일반사역자가 아닌 교회의 중직들을 데려갔다. 각 도시에서 10개 지교회를 섬기는 감독 2명, 부감독 1명을 데려가니 모든 지교회마다 비상이 걸렸다. 기도회가 없던 지교회들까지 '비상 기도회'를 열었고, 어린아이들까지 모든 사역자들과 성도들이 눈이 붓도록 울며 기도했다. 매일 지교회 10개씩 릴레이 금식을 해서 일주일에 70개의 지교회가 금식했다. 어린아이들도 최소 한 끼씩 금식에 동참하였으니, 하나님께서 천군 천사로 우리를 앞뒤에서 철통같이 보호해 주실 거라 믿어 의심치 않았다.

죽고 사는 문제까지 온전히 하나님께 맡기니 기적처럼 길이 열렸다. 느닷없이 'AFP 군부대'(Arm Forces of the Philippine)에서 연락이 왔다. 군부대가 구호품을 가지고 타클로반으로 가는데 함께 가자고 했다. 하나님께서 준비하신 것은 사람이 가히 상상할 수 없는 놀라운 것이었다. 26대의 군 트럭에는 완전 무장한 군인들이 4~5명씩 타고 있었다. 그들은 국가적 재난 상황에서 약탈도 서슴지 않는 수재민들, 정부군과 총격전을 벌이고 있는 반정부 무장 단체, 그리고 탈옥수 600명이 장악한 도시를 안정시키기 위해 뽑히고 뽑힌 정예부대였다.

각 차량마다 전면 유리의 오른쪽 위에 큰 번호표를 붙였는데 내 차는 14번, 우리 트럭은 15번이었다. 완전 무장한 군 트럭이 우리팀 앞뒤로 13대씩 호위하고 있으니, 120명의 정예 군인들과 전투를 벌이지 않는 이상 그 누구도 우리팀을 건드릴 수 없게 되었다.

"기록된바 하나님이 자기를 사랑하는 자들을 위하여 예비하신 모든 것은 눈으로 보지 못하고 귀로도 듣지 못하고 사람의 마음으로도 생각지 못하였다 함과 같으니라"(고린도전서 2:9).

차량 28대가 비상 깜빡이를 켜고 한 줄로 길게 이어져 달리는 모습은 비장미마저 흘렀다. 일반인이 봤더라면 26대의 군 트럭이 앞뒤로 호위하고 있는 검은색 스타렉스에 엄청난 VIP 인사가 있는 줄 착각했을 테다. 실제로 군인들은 우리팀을 환대했는데, 특별히 유일한 외국인이자 목사인 나에게 매우 호의적으로 대해 주었다. 마닐라에서 바탕가스 항구까지 우리가 지나가는 고속도로의 모든 톨게이트 차단기가 자동으로 올라갔다.

우리는 28대의 차량 한 가운데서 안전하게 보호를 받으며 목적지까지 막힘없이 질주했다. 마치 로마황제 근위대의 호송을 받아 로마로 이송됐던 사도바울처럼 우리는 하나님의 철통같은 보호를 받으며 타클로반으로 향했다.

항구에 도착하니 5층짜리 대형 배가 우리를 기다리고 있었다. 군인들은 제일 먼저 나의 스타렉스를 배에 넣어 주었는데, 오직 나의 스타렉스만 배의 지하 2층 가장 깊숙하고 안전한 곳에 주차되었다. 우리 트럭 1대와 나머지 군 트럭들은 배 1층과 2층에 주차했다. 다른 여러 지역에서 파견된 군 차량들까지 합세하여 약 100대의 군 트럭이 배에 올랐고, 수 백 명의 군인들이 한 배를 탄 한 식구가 되었다.

우리는 저녁에 승선했지만 배는 자정이 넘어서 출발했다. 온갖 구호품과 식량, 중장비들을 싣는 데만 5시간이 족히 걸렸다. 그래도 무사히 출발한다는 게 어딘가? 출발 뱃고동 소리를 들으면서 우리는 하나님께 우리 모든 일정을 인도해 달라고 요청하며 감사 기도를 올렸다. 그런데 몇 시간이 채 지나지 않아서 배 안이 소란스러워졌다. 최단 시간에 타클로반으로 진입하려고 무리한 탓에 엔진 하나가 과열로 터져버렸다는 것이다. 국가적인 재난에 우리를 도와주러 올 배도 없었고, 바다 한 가운데서 거대한 배의 엔진을 고칠 수도 없었다.

엔진 2대로 움직이던 5층짜리 배가 엔진 1대에 의지해 가는 수밖에 없었다. 거대한 범선이 지중해의 바람에 미끄러지듯 우리 배는 마치 목적지가 없는 배처럼 세월아 네월아 하며 천천히 움직였다. 하루 만에 도착할 거라고 호언장담했던 군대장과 선장의 말이 무색하게 우리는 5일 만에 땅을 밟았다. 남은 엔진도 언제 터질지 모르는 상황이었다. 다들 내색하지 않았지만 과연 배가 육지에 도착할 수 있을지 속으로는 불안하고 초조해했다. 수재민을 위해 '구호식량'이 자칫 우리의 '비상식량'이 될 수도 있는 위기상황이었다.

그러나 내 생각은 달랐다. 오히려 부족했던 잠을 보충할 수 있는 절호의 기회라고 생각했다. 일주일간 모든 준비를 끝내느라 다들 수면부족으로 몸이 천근만근이었다. 타클로반에 도착하여 사역을 시작하면 눈 코 뜰 새 없이 바쁠 게 뻔했다. 그러니 쉴 수 있는 시간은 이때뿐이었다. 나는 팀원들에게 다시없을 휴식 시간을 만끽하라고 했다. 그리고 나부터 솔선수범했다. 배의 구석 그늘진 곳을 찾아 흔들리는 해먹을 걸고 늘어지게 잠만 잤다. 며칠간 하루 15시간 이상씩 잠을 자니 그동안 누적된 피로가 풀리는 것 같았다.

나의 그런 여유가 팀원들에게는 '믿음의 담대함'으로 비춰져 예상 치 않은 결과를 낳았다. 죽음을 각오하고 떠났지만 사지에 도착하기도 전에 자신들의 생명이 위태로워진 그때, 흔들리는 해먹 위에서 걱정근심 없는 얼굴로 낮이나 밤이나 늘어져서 자고 있는 나를 보며 팀원들은 '역시 하나님께서 목사님과 함께 하시는구나! 그렇지 않고서야 이 상황에서 어찌 저리 여유로우실 수 있단 말인가? 그러므로 이 배는 안심이다!'라고 생각하며 크게 안도했다고 한다. 우리 팀뿐만 아니라 군인들까지도 나의 무사태평한 얼굴을 아침저녁으로 보면서 안심했다고 했다.

나는 타클로반 시청에서 사람들을 모아 감격적인 주일 예배를 드리고 싶었지만, 하나님은 목숨을 걸고 타클로반을 지켜야 하는 군인들을 먼저 위로하고 싶으셨다. 엔진 1대가 터져서 천천히 향해하는 바람에 우리는 배에서 첫 주일을 맞게 되었다. 배 갑판 위에는 눈을 뜨기도 힘들 정도로 햇살이 강해서 오후 예배도 힘들어 보였다. 해가 뉘엿뉘엿 지고 있었다. 붉은 해가 바다를 처연하게 물들이며 수평선 아래로 내려갈 때 제자 중에 양각 나팔을 제일 잘 부는 얼넬 형제가 5층에서 양각 나팔을 들었다.

"뿌우~ 뿌우~ 뿌우~"

영혼의 울림과도 같은 소리가 배 안에 가득 울려 퍼지자 모든 군인들이 5층으로 고개를 들었다. 그때 우리 모두 소리쳤다.

"주일 예배는 5층에서 7시에 시작합니다~ 하나님께 예배드립시다~"

7시가 되었다. 마치 소집명령을 받은 군인들처럼 5층을 향해 묵묵히 올라오는 그들을 바라보는데 마음이 벅차올랐다. 용맹한 군인들마저 떨게 만드는 상황에서 하나님은 당신의 자녀들을 부르시고 품으셨다. 80명이 넘는 군인들이 큰 원을 만들어 둘러서니 5층 갑판이 꽉 찼다. 그리고 내가 한 가운데에 섰다. 우리가 광야 교회를 경험하지 못했다면 그런 상황에서 예배를 드릴 엄두가 나지 않았을 것이다. 군인들이 앉을 의자도 없었고, 나에게 강대상이나 마이크도 없었지만, 예배의 주인 되시는 예수님께서 놀라운 일을 행하실 것을 굳게 믿었다.

선장실 앞에 달린 조그만 형광등이 설교하는 내 얼굴을 흐릿하게나마 비추어 다행이었다. 분명 배 위는 어두웠지만 저 멀리 서 있는 군인들의 두려워하는 얼굴까지 감추지는 못 했다. 그들의 두려움이 느껴지자 내 마음이 다급해졌다. 그들은 두려움의 대상을 잘 못 선택했다. 그들이 지금 두려워해야 할 것은 육체의 죽음이 아니라 영원한 죽음이었다.

그런데 죽음이 지척인 상황에서 예수를 거부한다면 그들의 종착지는 어떻게 되는 것인가? 그들의 핏값은 누가 책임져야 하는 것인가? 마음에 불이 일면서 내 입에서 사자후가 뿜어져 나왔는데, 얼마나 강하게 말씀을 선포했던지 외치는 내 몸이 진동할 정도였다. 그런 경험은 처음이어서 나도 설교하는 내내 놀랐다. 나는 두려운 얼굴로 긴장하며 서 있는 군인들에게 '삶과 죽음', '천국과 지옥', '예수 밖에 있으면 당신들도 죽을 것이다!', '가족에게 돌아갈 수 있는 유일한 길은 예수'라는 메시지를 거칠고 적나라하게 쏟아냈다. 물론 제대로 정리된 설교가 아니었다. 그것은 서슬 퍼런 경고였고 예수의 이름만 높이는 장엄한 선포였다.

나는 설교를 마치면서 모두 옆 사람의 손을 잡으라고 했다. 메시지의 무게감 때문이었는지 성령에 사로잡힘 때문이었는지는 모르겠지만, 내 말이 끝나기 무섭게 다들 옆 사람의 손을 잡았다. 나는 그 상태에서 내 말을 따라하라고 했다.

"예수님, 저는 죽는 것이 무섭습니다! 저를 죽음으로부터 지켜주세요. 예수님을 믿겠습니다! 예수님 안에 거하기로 결심합니다. 저의 죄를 용서해 주시고, 마닐라에 있는 가족에게 무사히 돌아가도록, 예수님의 피로 저를 덮어 주세요! 예수님 이름으로 기도했습니다!"

근육질의 군인들이 착한 어린아이들처럼 내 말을 한 마디씩 따라했다. 나는 모든 군인들에게 양손을 머리 위에 얹으라고 하고, 축도로 예배를 마쳤다. 그리고 양각 나팔을 길게 불며 하나님께 박수로 영광을 돌렸다.

그리고 진심으로 그들을 축복하며 다음 주일 예배는 타클로반 시청에서 드리자고 광고했다. 그들이 반드시 살아서 가족에게 돌아가게 될 것이라는 내용을 돌려서 말한 것이었는데, 그 의미를 이해한 군인들은 크게 기뻐하면서 내게 다가와 악수를 청했다. 마치 내게서 확신을 얻고 싶은 듯 군인들마다 내 손을 굳게 잡았다. 그랬다! 그때까지 그들을 인솔하는 대장이나 배를 책임지는 선장이나 그 누구도 그들의 생명과 안전을 보장해 주지 못 했다. 그런데 오직 예수님께서 그들을 보우하사 끝까지 책임지실 것이라는 뜨거운 메시지가 군인들의 마음을 덮고 있던 두려움의 실체를 밀어내 버렸다.

5층으로 올라올 때와 달리 내려갈 때는 군인들의 표정에 참 평안이 있었다. 예수님께서 그 마음을 만져주신 것이다. 그 모습을 보면서 우리가 예정대로 타클로반에 도착하지 않은 것에 진심으로 감사했다. 만약 그랬다면 '선상예배'는 없었을 것이고, 군인들은 주님을 만나지 못한 채 아비규환의 현장에 도착했을 것이다. 그러면 그들의 인생은 어떻게 되었을까? 가파르고 좁은 철 계단을 줄지어 내려가는 군인들의 뒷모습을 보며 우리는 하나님께 무한 감사와 영광을 돌려 드렸다. 주일 밤, 선상예배를 통해 죽음의 도시로 향하는 우리 배가 '생명의 배'가 되었다.

주님, 울고 계신 그곳에서 함께 울겠습니다

　　　　　　항해 5일 만에 육지가 보였다. 항구에 도착하면 모두 환호성을 외치며 기뻐할 줄 알았는데, 태풍이 도시를 잔인하게 짓밟은 황폐함의 스케일에 압도되어 아무도 입을 열지 못했다. 성한 건물은 하나도 없었고 집과 나무들은 완전히 주저앉아 있었다. 우리는 배에서 내려 타클로반에서 우연히 알게 된 알렉스의 집으로 향했다.

　어둠이 섬을 덮었다. 별도 달도 보이지 않는 완전한 캄캄함이었다. 도시 전체에 전기가 나갔다. 골목에 그 많던 집들 중에 촛불 하나 켜는 집이 없었다. 골목 사거리에 모든 가정집들이 보이지 않았고, 심지어 눈앞에 내 손의 윤곽조차 보이지 않았다. 21세기에 이런 것을 경험하게 될 줄이야! 현장에 와 보니 생각했던 것보다 상황이 훨씬 심각했다. 그래서 나는 팀원들을 차에 불러서 일장 연설을 했다.

　"이 도시에는 사람이 없습니다. 수재민이 있어야 사역을 할 텐데 사람들이 모두 도시를 탈출한 것 같습니다. 도시는 오물과 쓰레기 냄새로 진동하고 모기, 파리, 해충들이 가득하여 리더로서 여러분이 심히 걱정됩니다. 내일 날이 밝는 대로 철수합시다!"

　그런데 팀원들의 반응이 뜻밖이었다. 자신들은 이런 환경에 익숙하니 걱정하지 말라면서 최선을 다해 나를 돕겠다며 충성맹세를 하는 게 아닌가? 어이가 없었다. 설마 모두 내 말을 못 알아들은 것은 아니겠지, 일말의 기대를 가지고 뒤를 돌아봤는데 하나 같이 비장하고 충성스런 표정으로 나를 지켜보고 있었다. 돌이키기엔 너무 늦었다. 그들의 비장한 모습을 보는 순간 욕이 나올 뻔 했다. 리더의 속마음을 몰라주는 제자들이 미웠다.

우리가 도착한 밤, 잠들기 전에 알렉스는 '그날 밤'의 이야기를 들려주었다. 알렉스는 살면서 태풍을 수없이 겪었지만 그런 비와 바람은 처음이었다고 했다. 갑자기 물이 집 안으로 밀려 들어와서 1층의 물건들을 2층으로 옮기는데, 물이 들어오는 속도가 너무 빨라서 순식간에 가전제품과 가구들이 둥둥 떴다. 놀랍게도 그 물은 빗물이 아닌 바닷물이었다. 그의 집에서 바닷가는 차로 10분 거리에 있었다. 어떻게 된 상황인지 도저히 이해할 수 없어서 더 두려웠다. 걷잡을 수 없이 밀려들어오는 바닷물이 무릎, 허리, 어깨까지 차오르자 알렉스는 '죽을 수도 있겠다'는 두려움에 질려 눈을 질끈 감고 1층 살림을 모두 포기했다. 2층으로 올라갔지만 계단이 물속으로 점점 사라지면서 2층마저 수장시킬 기세로 물이 올라왔다.

그러다가 마지막 계단에서 물이 멈췄고, 다행히 2층으로 물이 들어오지 않았다. 그야말로 구사일생으로 목숨을 건졌다. 알렉스처럼 2층 집에 사는 도시 사람들은 살았지만, 단층이거나 바닷가에 살던 사람들은 거의 다 목숨을 잃었다.

내가 마닐라를 떠나기 전에 인터넷 신문으로 읽었던 내용과 동일했다. 몇몇 가정은 2층에 올라가 임종 예배를 드렸다는 기사도 있었는데, 전기도 없는 무정부 상태의 현장에서 그 내용을 직접 들으니 소름이 돋고 오싹했다. 그런 참사를 겪은 이들을 생각하니 마음이 울렁이고 가슴이 아팠다. 그런 현장을 버리고 차마 돌아갈 수는 없는 일이었다.

첫 밤부터 고생이었다. 창문을 꽁꽁 닫았는데도 불구하고 엄청난 악취가 집 안으로 들어와 코를 찌르다 못해 아프게까지 했다. 숨 쉬는 것은 고사하고 어찌나 머리가 아픈지 몇 번이나 잠에서 깼다. 냄새 때문에 깼는데 타클로반 생각에 나도 모르게 눈물이 흘러 양쪽 귓가가 축축해졌다. 조용히 눈물만 흘리고 있는데 이쪽저쪽에서 훌쩍거리는 소리가 들렸다. 급기야 여자 전도사들이 일어나서 타클로반을 위해 울며 기도하기 시작했다. 그들을 보니 내 마음이 울컥했다.

"우는 자들을 위해 함께 울라고 하신 주님, 저희가 왔습니다! 영혼을 위해 눈물을 흘릴 수 있게 해 주셔서 감사합니다. 이곳에서 울고 계신 주님과 함께 저희도 울겠습니다."

기도를 마치니 새벽이 밝아왔다. 어둠이 걷힌 타클로반은 참혹했다. 도로는 3cm 두께의 더러운 기름으로 덮였고, 집집마다 3m 높이의 쓰레기 더미가 쌓여 있었다. 도시 전체가 거대한 쓰레기장 같았다. 쓰레기, 먼지, 기름이 섞인 두꺼운 기름막 때문에 우리는 넘어지지 않으려고 두 다리와 두 팔을 펴고 엉금엉금 걸어 다녔다.

하루 종일, 우리는 무너진 교회들을 방문해서 성도들을 섬기며 위로하고 함께 예배를 드렸다. 숙소로 돌아오면 몸은 고단했지만 악취 때문에 잠자리가 걱정이었다.

"하나님, 쓰레기 냄새 때문에 숨을 못 쉬겠습니다. 제발, 비를 쏟아 주세요."

간절히 기도하고 누웠는데 자정이 넘어 우리 모두가 동시에 잠에서 깼다. 엄청난 천둥소리 때문이었다.

둘째 날 밤에 하늘이 뚫린 것처럼 비가 내렸다. 쏟아지는 비 덕분에 쓰레기 냄새가 잦아들어 우리는 시원하게 창문을 열고 잘 수 있었다. 다음 날 아침, 알렉스 형제가 태풍 이후로 처음 비가 왔다며 신기해했다. 비는 밤에만 오고 낮에는 그쳐서 우리가 사역하는 데 문제가 없었다.

3일 내내 밤마다 엄청난 비가 쏟아졌고, 도시의 골목길과 도로를 덮고 있던 모든 기름막이 사라지면서 깨끗한 콘크리트 도로가 드러났다. 물론 악취도 사라졌다. 이후로 우리가 사역하던 3주 내내 비 한 방울 내리지 않았다. 오직 기도하는 사람만 하늘 정부를 움직일 수 있다.

진정한 은혜의 단비는 내 심령에 내렸다. 도시 어디를 가도 눈물이 쏟아졌다. 우리는 탄식처럼 주님을 부르며 타클로반과 수재민들을 위해 눈물 흘렸다. 어떻게 기도해야 할지 막막한 상황에서 그저 하루에 수천 번 이상 주님을 부르며 울고 또 울었다. 나처럼 극도로 이기적인 사람이 내 가족과 내 교회가 아닌, 나와 아무 상관없는 도시와 수재민들을 위해 울었다는 게 지금 생각해도 놀랍다. 영혼을 향한 하나님의 절절한 사랑이 내 안에 부어지니, 메말랐던 나의 눈물과 첫사랑도 금세 회복되었다.

그 은혜를 나만 받은 것은 아니다. 우리는 밤마다 도시가 내려다보이는 시청에 차를 주차하고 기도회를 했다. 그 기도회를 우리는 눈물로 시작해서 눈물로 마쳤는데, 마음이 얼마나 찢어지던지 기도를 시작하면 짐승의 울부짖는 소리가 나왔다. 눈으로 보고도 믿기지 않는 극한 상황에 빠진 수재민들의 아픔과 그들을 향한 예수님의 애통함이 느껴져서 모두들 목이 쉴 정도로 목 놓아 울었다. 눈물이 메마른 영혼을 소생시키듯 우리의 쏟아지는 눈물로 타클로반을 소생시키실 하나님을 바라보며 우리는 밤마다 목 놓아 울었다.

3천 권의 성경책을 실은 스타렉스

인터넷에 올라온 뉴스는 실제 상황에 비하면 아무 것도 아니었다. 뉴스는 타클로반이라는 작은 도시가 초토화 된 것으로 표현했지만, 실상은 경기도 크기의 큰 두 섬들의 동쪽 해안이 태풍의 직격탄을 받아 완전히 초토화 되었다. 성한 데라곤 찾아볼 수 없었지만 우리는 그중에서도 정부나 NGO 단체들이 방문하지 않은 곳들을 찾아다니며 수재민들을 위로하고 복음을 전했다.

우리는 3톤(쌀 1,000kg, 물 1,000kg, 옷 500kg, 빵과 약품 500kg)씩 3차례, 총 9톤의 구호품으로 수재민들을 섬겼다. 1차 때는 나의 스타렉스와 2.5톤 트럭 1대로 사역했다. 그리고 곧 구호품이 떨어져서 트럭

을 마닐라로 올려 보내고, 2차에는 트럭을 1대 더 빌려서 2.5톤 트럭 2대가 타클로반으로 내려왔다. 1명의 수재민이라도 더 섬기기 위해 적재량 보다 더 많은 물품을 트럭에 싣고 태풍으로 심하게 파손된 도로를 달리다 보니, 타이어에 펑크가 나서 가다 서다를 수 없이 반복했다. 타이어를 수차례 땜질하고 교체하면서 사역했는데, 결국 타이어 1개는 땜질을 너무 많이 해서 못 쓰게 되어 버렸다.

그렇게 만신창이가 된 트럭이었지만 수재민들에게는 더할 수 없는 환영을 받았다. 우리가 수재민 가정을 발견하고 차를 1분만 세워도 어디서들 보았는지 갑자기 수백 명의 수재민들이 나타났다. 옷, 물, 음식을 얻기 위해 우리에게 사력을 다해 달려와서 수백 명이 줄을 서는 모습은 정말 전쟁 같았다. 이를 악물고 미친 듯이 달려오는 그들을 볼 때마다 마음이 녹아 내렸다. 더 드릴 수 없어서 눈물을 흘리며 구제품을 나눠드렸다. '우리에게 우리만의 트럭이 있었더라면…', '우리 트럭이 있었다면 조금이라도 더 많이 가져 올 수 있었을 텐데…'하는 생각에 항상 마음이 괴롭고 미안했다.

그러던 중에 현지 청년으로부터 '레이테 섬'의 오른쪽에 위치한

'사마르 섬'(Samar Island)에 대한 이야기를 들었다. 사마르 섬은 레이테 섬보다 피해가 훨씬 크지만, 멀고 위험해서 아무도 들어갈 엄두를 못 내고 있다고 했다. 우선 태풍으로 송수신기가 다 무너져 휴대폰 전파가 안 떴다. 게다가 산세는 깊고 태풍으로 길도 끊어져서 굶주린 수재민과 산적 떼의 습격을 받을 수 있는 위험지역이었다. 일단 그 섬으로 건너가면 2~3일 동안 외부와 연락할 수 없고, 위급한 상황에 닥쳐도 아무런 도움을 받을 수가 없었다. 목숨을 내놓지 않으면 들어가기 힘든 곳이었다.

그 이야기를 들으니 내 마음이 사마르 섬으로 기울었다. 그 황폐하고 버려진 땅에서 예언적 행동으로 '희년'을 선포하듯, 이스라엘에서 사온 양각 나팔을 불며 자유와 회복을 선포하고 싶었다. 이스라엘 백성들을 하나님 앞으로 나아오게 하고, 군대를 소집하고, 자유를 선포하고, 영적 판도를 뒤집기 위해 불었던 양각 나팔은 듣는 사람들의 마음에 담대함과 충성심과 경외함을 불러일으킨다. 그 상징성을 담아 사마르 섬 곳곳에서 양각 나팔을 분다면 사람들의 마음에 있는 두려움과 패배감을 몰아낼 수 있을 것 같았다.

하지만 타클로반 사역을 접어두고 모두 사마르 섬으로 갈 수는 없었다. 우리팀 중에 몇 명만 추려야 했다. 타클로반 사역을 위해 명단을 만들 때 마치 살생부를 작성하는 것 같았다. 주를 위해 기꺼이 죽는 것은 그리스도인으로서 더 없는 영광이다. 그러나 그 일에 동참할 자들을 내 손으로 집적 뽑을 때의 심정은 말로 표현하기 힘들다. 타클로반 사역을 위해 뽑힌 자들마다 리더와 함께 예수님을 위해 죽으러 간다며 감격했지만, 나는 그들의 가족들의 눈을 차마 볼 수가 없었다. 그런데 여기서 더 위험한 사마르 사역을 위해 또 추려야 했다. 이른 아침, 나는 3명을 보내면서 말했다.

"사흘 안에 안 돌아오면 죽은 줄로 알겠습니다!"

그 말을 듣고도 3명의 제자들은 불안해하거나 불만을 표시하지 않았다. 오히려 자신들이 뽑힌 것에 대해 영광스러워했다. 그리고 타클로반 팀과 사마르 팀이 서로 전화나 문자가 안 되지만, 하나님께 물어서 서로의 상황을 파악하자고 격려하며 그들을 보냈다.

다행히 사마르 팀은 무사히 돌아왔다. 트럭이 1차로 가져온 3톤의 구호품을 다 써서, 2차 구호품을 위해 육로로 마닐라로 갔는데 꼬박 3일 걸렸다. 그 사이에 나는 제자들과 함께 조금 남은 구호품을 나의 스타렉스에 싣고 사마르로 건너갔다. 사마르 섬은 레이테 섬의 타클로반과는 비교할 수 없을 정도로 처참했다.

태풍 하이옌이 가장 먼저 상륙한 곳이었기 때문에 피해도 어마어마했다. 산맥 전체가 휩쓸려 수십 만 그루의 야자수가 쓰러졌고, 해일이 아스팔트 도로를 들어 올려서 칠판보다 큰 아스팔트 조각들이 도로 여기저기에 널브러져 있어서 운전하는데 애를 먹었다. 전쟁 영화에서 보던 참혹한 풍경보다 더 비참한 모습이었다. 을씨년스럽고 살풍경한 광경은 공포 그 자체였다. 산세는 험한데 사과박스를 넣어도 들어갈 정도로 도로들이 푹푹 꺼지고 깨지고 찢어져서, 안 그래도 덜덜거리던 나의 스타렉스가 난리가 났다. 만나는 섬 주민들마다 산적과 수재민들의 습격이 있으니, 해가 떨어지면 절대로 운전하면 안 된다고 신신당부했다.

해는 지고 있었다. 도로마다 가로등이 하나도 없어서 어서 잠자리를 찾아보려고 할 때였다. 차를 세웠는데 청년 한 명이 불쑥 튀어나왔다. 반가운 마음에 근처에 교회가 있냐고 물으니, 도로 바로 옆에 붙은 이 건물이 교회라고 했다. 이 교회 교인들을 만나볼 수 있겠냐고 물으니, 자기가 교인이라고 했다. 폐허 같은 섬을 하루 종일 헤매다 멈춘 곳이 바로 교회 앞이었으니, 하나님께서 얼마나 우리를 지켜 보호하시는지 알 수 있었다.

바닷가 마을이라 교회와 동네가 쑥대밭이 되었다. 그런데 그들의 말이 더 마음 아팠다. "그날 방송에서 '태풍 해일'이 아니라 쓰나미라고 했다면 모두 도망을 갔을 것입니다. '태풍 해일'이라는 단어를 처음 들어서 주민들 모두가 안심하고 있었는데, 갑자기 5m 높이의 쓰나미가 덮쳤습니다." 교회는 사면 벽이 온데간데없이 사라지고, 지붕과 기둥만 덩그러니 남았다. 성도들은 촛불 하나 밝혀놓고 기도회를 하고 있었는데, 난데없이 나타난 우리를 보고 기절하듯 놀랐다. 해외 단체들이 레이테 섬의 타클로반만 섬기고 있었는데, 구호품을 가지고 사마르 섬으로 들어온 것은 우리가 처음이었다.

나는 새해에 하나님의 음성을 들은 것에서부터 헌옷을 모은 이야기와 타클로반까지 오게 된 과정을 이야기했는데, 성도님들은 하나님의 인도하심에 감격하여 눈물을 흘렸다. 우리는 장로님을 따라 바닷가 마을을 한참 벗어나는 곳으로 갔는데, 그 가난한 섬에 놀랍게도 4층 대저택이 있었고 여러 대의 발전기가 온 집을 밝히고 있었다. 이후로 우리는 사마르 섬에 올 때마다 장로님의 대저택을 숙소로 사용하게 되었으니, 하나님의 예배하심은 정말 놀랍다.

다음 날 새벽부터 우리는 사마르 섬을 종단하며 최남단에 있는

'기완'(Guiuan) 지역을 방문했다. 앞서 보낸 3명의 사역자들이 방문했던 교회들을 다시 방문하기 위해서였다. 그들은 우리팀이 다시 올 것이라 생각지도 않았기 때문에 우리팀의 2번째 방문에 매우 감사해했다. 그런데 그들이 정말 놀라고 감격한 것은 따로 있었다.

훗날 '2차 타클로반 사역'을 할 때였다. 구호품은 며칠의 안식을 줄 수 있지만, 구호품이 떨어지고 나면 그들은 어떻게 살아갈 것인가? 생각이 거기까지 미치자 우리가 목숨 걸고 전해야 할 것은 구호품이 아니라 예수님이라는 생각이 들었다. 그래서 어렵싸리 3,000권의 성경책을 구해서 두 섬을 방문했다.

우리가 성경책이 든 상자를 꺼내자 목사님과 성도들이 기도가 응답되었다며 환호성을 질렀다. 태풍으로 교회가 쓸려나가면서 성경책도 사라졌다. 사마르 섬에는 서점이 없어서 레이테 섬의 타클로반까지 나가야 성경을 살 수 있는데, 타클로반 전체가 박살이 났으니 어디서도 성경을 구할 수 없게 되었다. 그래서 태풍 이후로 몇 달 동안 온 성도들이 마닐라에서 성경책이 오도록 기도했는데, 어느 날 우리가 나타난 것이다. 심히 가난한 사마르 섬에서도 가장 남쪽에 위치하여 제일 가난하다고 할 수 있는 지역이라, 마닐라에 아는 사람 하나 없음에도 불구하고 몇 달 동안 포기하지 않고 믿음으로 기도한 그들이 존경스러웠다. 또 그 간절한 기도를 응답하시려 우리를 사용하신 하나님도 참 대단하신 분이다.

예수님이 당신을 기다리고 계십니다

마닐라에서 타클로반 선교를 준비할 때 마음이 복잡했다. 도시를 위해 기도하는 교회가 있었다면 그런 재난은 있을 수 없는 일이었다. 그래서 타클로반으로 향하는 배 위에서 '소돔과 고모라의 심판의 원인이 의인 10인이 부족'했던 것처럼 타클로반에는 교회가 없을 것이라 생각했다. 그런데 현장에 와보니 온 사방에 교회가 있었다. 알고 보니 타클로반은 중부 섬들 중에서 가장 부유한 도시였을 뿐 아니라, 교회가 가장 많은 도시 중 하나였다. 차로 도심지를 돌아다니면서 곳곳에 십자가를 발견할 때마다 나는 혼란스러웠다.

나는 며칠의 고민 끝에 타클로반 교회들이 하나님의 경고 메시지를 받지 못했을 것이라고 결론지었다. 하나님의 메시지를 못 받았으니 그걸 선포하는 사람이 없었을 테고, 하나님 앞에 겸손히 나아가 회개할 기회를 얻지 못 하여 다가오는 재앙을 대처하지 못 했으리라고 짐작했다. 하지만 그것도 아니었다. 태풍이 오기 3~4개월 전에 메시지를 받은 분들이 몇 분 계셨다.

그 중에 한 분은 주변 목사님들에게 그 메시지를 전하면서, 교파와 단체를 초월한 연합기도회를 열자고 몇 차례나 제안했었다고 한다. 그러나 본인은 작은 교회를 담임하는 나이 많은 여자 목사라서 오히려 비웃음만 당했다고 했다. 교회가 없는 것도 아니었다. 경고 메시지를 받은 사역자가 없었던 것도 아니었다. 소수였지만 메시지를 받은 목사들이 여기저기에 간절히 울며 호소했지만 목사들에게 '들을 귀'가 없었다. 못 들었다면 억울하지도 않았을 텐데 이 얼마나 황당하고 허탈한 일인가! 사람이 망하려면 귀부터 망한다더니! 소경도 불쌍하지만 그 소경을 따라가는 소경들은 얼마나 불쌍한가!

더 놀라운 것은 1년 전에 하나님께서 자연을 통해 경고의 메시지를 주셨다는 사실이다. 2012년에 지진이 타클로반을 흔들었지만 피해가 미미했었고, 사람들은 "역시, 타클로반이야!"라며 회개 대신 도시에 향한 자부심만 키웠다. 경고에도 불구하고 교만의 길을 택한 결과가 2013년의 하이엔 태풍이었다.

이 모든 것이 크리스천들의 책임이었다. 그것은 많은 지역의 목회자들을 만나면서 더욱 확실히 알 수 있었다. 타클로반의 목회자 대부분이 의욕을 상실한 채 양떼를 돌보지 않고 있었다. 태풍으로 지붕이 날아간 A교회의 A목사님은 건물의 사면 벽이 멀쩡한데도 성도를 모아 예배를 드리지 않고, 마닐라로 가서 장사나 해야겠다고 푸념을 늘어놓았다. 교회가 무너져 바닷가에 천막을 치고 살던 B목사님은 바로 옆에 사촌이 마닐라로 피신하여 비어있는 2층짜리 저택에서 예배를 드릴 수 있음에도 불구하고, 예배는 포기하고 나에게 건축 헌금만 요구했다.

더 기가 막힌 것은 그 상황에서도 목회자들이 편을 가르며 자기 욕심만 채우려 한 것이다. 더 많은 교회를 방문하여 위로하고 구호품을 드리며 예배하기 위하여, 나는 교회를 방문할 때마다 지역 목사님들의 연락처를 물었다. 그런데 흔쾌히 주변 목회자들의 연락처를 알려주는 목회자가 손에 꼽았다. 한사코 연락처를 알려주지 않으면서 자신을 통해 구호품이 전달되는 방법만 고집했다. 재난 때는 작은 구호품이라도 큰돈이 되기 때문이었을까? 아니면 자기 영향력에 관계된 문제 때문이었을까?

교회 건물만 무너진 것이 아니었다. 많은 목회자들이 부르심과 의욕을 잃고, 주일 예배조차 드리지 않고 있었다. 주님의 탄식소리가 들리는 것 같았다. 우리가 주일에 예배드릴 교회가 없어서 교회를 찾아 헤맬 줄이야! 겨우 찾은 곳이 바닷가의 2층집이었다. 나폴리 해변의 집처럼 아름답게 꾸며진 2층집은 재난의 흔적을 찾아볼 수 없었다. 성도들은 단정하게 옷을 입고 밝은 표정으로 찬양하고 있었고, 목사님의 표정도 편안해 보였다.

나는 태풍이 빗겨간 운 좋은 사람들일 거라고 생각했다. 우리는 예배 후에 그들의 간증을 듣게 되었는데, 그들은 모든 것을 다 잃었지만 예배만큼은 목숨 걸고 지킨 대단한 신앙인들이었다. 어떤 여자 청년은 급히 야자 나무 위로 올라가 하루 종일 나무를 끌어안고 버티면서, 비바람과 추위와 배고픔을 견뎠다고 했다. C목사님은 입고 있던 옷도 다 떠내려갔지만 길에서 와이셔츠를 주워서 입고, 성도들을 찾아가서 다독이며 위로했다고 했다. 지난 주일에는 바지도 입지 못한 채 속옷과 와이셔츠만 걸쳐 입고 예배를 인도했는데, 찬양할 때는 두 손을 들지 못 했고 설교할 때는 '할렐루야!' 하며 손을 들지 못 했다며 너스레를 떨었다. C교회는 사라졌지만 어느 부자가 2층집을 피난처와 예배당으로 사용하라며 무료로 내

주었다. 재앙 속에서도 불평하지 않고 하나님을 바라보며 예배를 사수했던 목회자와 성도들은 평안함 가운데 누구보다 빨리 회복의 길을 걷고 있었다.

주일 예배를 포기한 목사들, 양떼의 안전은 살피지 않고 자기 살 궁리만 하던 목사들, 양떼를 버리고 재빨리 마닐라 혹은 세부로 가서 장사를 시작한 목사들이 왜 많은지... 그런 목회자들을 많이 만나면서 나는 타클로반을 회복시키는 것은 구호품의 많고 적음에 있는 것이 아니라, 목회자들의 부르심과 영성과 첫사랑을 회복시켜서 교회의 예배와 생명력을 되살리는 것에 있다는 것을 깨달았다. 그래서 나는 매일 아침마다 어렵싸리 모은 170여명의 목회자들의 핸드폰 번호로 문자를 보냈다. 그들 대부분은 교회를 버리고 타클로반을 떠났거나 예배를 포기한 채 실의에 빠져 있었다.

삶의 터전과 교회와 사명까지 버린 목사들을 제 발로 돌아오게 하려면 어떤 문자를 보내야 할지 막막했다. 내게는 그런 지혜가 없어서 주님께 간구했더니 신기한 아이디어를 주셨다. 문자적인 설득과 신앙적인 호소에는 한계가 있으니, 시각적으로 설득하라는 것이었다. 그래서 내 문자를 읽으면 우뇌가 자극이 되어 저절로 머릿속으로 상상이 되고 그려지도록 최대한 색감을 살려서 자연, 도시, 사람들을 묘사했다.

"오늘은 날씨가 맑습니다. 태양도 밝고, 아름다운 구름도 떴습니다. 사람들은 밝고 예쁜 옷을 입고 거리로 나왔는데, 매우 환하게 웃으며 대화를 합니다. 당신 성도들도 당신이 돌아오기만 기다리고 있습니다. 무엇보다 예수님께서 당신의 교회에서 여전히 당신을 기다리고 있습니다! 우리는 당신이 돌아오길 매일 기도합니다!"

"오늘은 처음으로 시장이 열렸습니다. 비록 작은 규모였지만 과일가게도 열렸습니다. 우리는 귤을 사 먹었는데 너무 맛있었습니다. 사람들의 표정에 활기가 돌아왔습니다. 타클로반으로 희망과 아름다움이 돌아오고 있습니다. 예수님께서 타클로반을 버리지 않으셨고 당신을 떠나지 않았습니다. 예수님께서 당신을 부르고 있습니다. 그 애타는 목소리가 들리지 않나요? 우리는 당신이 속히 돌아오리라 믿으며 기도합니다!"

처음에는 아무 답장도 오지 않아서, 많은 수재민들처럼 그들도 태풍에 핸드폰을 잃어버린 줄 알았다. 그러던 어느 날 "당신은 누구시기에 나를 괴롭게 하십니까?"라는 문자가 왔다. 사랑했던 타클로반을 버리고 마닐라 혹은 세부로 가서 새로운(?) 인생을 시작하려는 목회자들에게 나의 문자는 고문에 가까웠을 것이다. 그런 사람들에게 나를 구구절절하게 소개하기가 번거로워 "나는 하나님의 사람입니다!"라고 답했다. 그러자 자신을 어떻게 아냐고 물었다. 내가 잘 모르겠다고 답하자 그러면 왜 자신에게 매일 문자를 보내서 고통을 주냐고 했다. 나는 하나님이 시키기 때문이라고 대답했다.

거기까지 이야기가 진전되면 그 다음은 술술 풀려나갔다. 그들은 나를 궁금해 했고 나는 하나님의 음성을 듣고 1년 간 태풍을 준비한 것과 태풍이 터지자마자 3천 벌의 옷과 구호품을 싣고 군부대와 함께 타클로반에 상륙했다는 이야기를 했다. 그 이야기를 다 듣고 나면 그들은 우리의 사역이 사람의 지혜가 아닌 하나님의 역사하심이라는 것을 믿었고, 자신들의 미래와 거취에 대해 다시 한 번 진지하게 고민하기 시작했다.

그렇게 해서 돌아온 목사들이 꽤 많았다. 우리가 타클로반에서 사역하는 도중에 돌아온 목사들도 많았지만, 우리가 마닐라로 돌아간 이후에도 타클로반으로 돌아온 목사들이 많았다.

"예수님께 다시 돌아가겠습니다!"

이 문자만큼 우리를 기쁘게 한 것도 없다. 떠난 이들에게 타클로반은 상처였다. 꿈과 사역과 모든 것이 무너져버려 영원히 돌아오지 않을 것이라 결심하고 떠났던 곳, 여전히 살기 힘들고 전기나 물도 맘대로 쓸 수 없는 도시로 돌아오겠다고 결정하기는 쉽지 않다. 굶어 죽을 것을 결단하고 돌아오는 것이나 마찬가지였다. 무엇보다 성도들에게는 무슨 낯이란 말인가!

놀랍게도 돌아오겠다고 연락한 목사들은 타클로반에 도착하자마자 우리팀부터 만나고 싶어 했다. 특히 '하나님의 사람'이라는 외국인을 보고 싶어 했다. 그리고 내가 보낸 문자 때문에 돌아왔으니, 우리 가족이 되고 싶다고 하여 지교회가 되기도 했다. 우리는 예수님과 함께 울겠다는 그 마음 하나로 타클로반에 왔는데, 하나님은 그곳에서 우리에게 8개의 지교회를 선물로 주셨다.

노아의 교훈, 살아남은 자가 해야 할 일

나의 아침 문자를 받고 여러 목회자들이 타클로반으로 돌아오던 어느 날이었다. 인근 섬으로 떠난 목회자 10명이 한꺼번에 돌아오겠다고 연락이 왔다. 나는 집을 떠난 탕자 아들을 기다리는 아버지의 심정이었는지 전날 밤부터 설렘과 초조함이 교차하여 밤잠을 설쳤다. 나는 빈손으로 돌아온 그들에게 교회 성도들에게 선물하라고 헌옷을 한 가득 안겨주고, 마닐라에서 가져온 음식과 한인마트에서 사온 김과 김치를 닥닥 긁어서 드렸다. 또 우리는 그들을 위로하기 위해 푸짐하게 점심을 대접하며 정성껏 섬겼다. 힘든 결정이었겠지만 다시 돌아와서 함께 식사하는 그들을 보니 얼마나 기쁘고 고마웠는지 눈물이 났다.

포옹까지 하며 그들과 작별 인사를 하고 돌아서는데, 그 지역 출신의 우리 사역자가 씁쓸한 표정으로 입을 열었다. 그들이 식사 중에 '할렐루야!'하고 웃으며 좋아했던 이유를 아는지 물었다. 그러고 보니 그들이 식사 도중에 갑자기 타갈로그어가 아닌 현지어로 자기들끼리 얘기하면서 밝게 웃었던 기억이 났다.

"한 목사님이 '라디오 진행하던 아무개 목사 있지? 이번 태풍으로 죽었대!'라고 말하니까 다른 목사님들이 '할렐루야!'한 거예요."

그들이 행복해하며 웃는 표정이 너무 생생하게 기억나서, 우리 모두 소름이 돋아 아무도 입을 열지 못 했다. 어떻게 이런 잔인한 일이 있을 수 있을까? 그들이 웃을 때 예수님은 얼마나 슬프셨을까? 두 섬을 돌며 수재민들을 섬기면 섬길수록 우리의 한계를 절감했다. 교회들을 방문하여 구호품을 나눠주고 목회자와 성도들을 위로하고 함께 예배드리는 것만으로는 도시를 회복하기에 역부족이었다. 타클로반은 가는 곳마다 '분열의 영'이 잔인할 정도로 강하게 역사하고 있었다. 이 땅의 소금과 빛이 되어야 할 교회들이 서로 죽일 듯이 맹렬히 싸우고 있었다.

두 섬을 삼킨 태풍 앞에서도 여전히 교단과 단체의 이름을 앞세우며, 세력 다툼과 편 가르기에 열을 올리는 목사들의 완고한 마음을 어떻게 녹여야 할지 고민하며 많은 눈물의 기도를 올렸다. 비록 나는 작고 연약하지만 태풍조차 허물지 못한 분열과 갈등의 벽을 완전히 무너뜨리기로 결심했다. 하나님은 타클로반을 살려보려고 몸부림치며 번뇌하던 나를 불쌍히 여기셨는지 어떤 깨달음을 주셨다.

답은 '노아의 홍수'에 있었다. 올해 하나님께서 내게 주신 마태복음24장, 그 말씀에 타클로반을 향한 하나님의 뜻이 담겨 있었다. 노아는 방주에서 나와 가장 먼저 가족들과 함께 여호와 하나님께 예배를 드렸다. 그리고 새 언약을 받았다. 이후로 나는 목회자들을 만날 때마다 성령께서 주시는 메시지를 전달하며 설득했다.

"홍수 이후로 셈, 야벳, 함은 각각 다른 피부색의 조상이 되었지만, 아버지 노아와 함께 한 재단 앞에서 '연합 예배'를 드렸습니다. 이제, 각자의 교단과 단체의 색깔을 모두 내려놓고, 예수 그리스도의 이름 아래 모여서 하나님께 나아가는 연합 예배를 드려야 합니다! 여러분이 그토록 사랑하던 교단과 단체가 여러분의 가정과 교회와 성도들을 태풍으로부터 보호해 주었습니까? 예수 외에는 아무 것도 우리를 보호해 줄 수 없습니다!"

교단을 초월한 '연합 예배'로 도시를 덮고 있는 '분열의 영'을 깨는 것이 하나님의 뜻이라 믿고 연합 예배를 추진하니, 안팎으로 공격과 조롱과 냉대를 받았다. 집회를 주최하는 우리가 멀리서 내려온 마닐라 출신이고, 그 리더는 외국인 목사여서인지 고마워하는 목사가 별로 없었다. 감사와 조언 보다는 이런 말을 많이 들었다.

"우리는 30년 가까이 연합 예배를 드려보려고 노력했습니다. 그러나 집회 직전에 리더 목사들의 분열로 집회는 번번이 취소됐습니다. 최근에는 시장님이 최선을 다해 연합 예배를 준비하며 대대적으로 홍보도 했지만, 집회를 며칠 앞두고 태풍이 터져서 준비했던 최고의 장비들이 모두 물에 잠겼습니다. 그래서 우리는 단 한 번도 연합 예배를 성공한 적이 없습니다. 그런데 도시가 파괴된 이런 상황에서 연합 예배를 드린다고요? 그것도 마닐라에서 내려온 당신들이요? 당신들은 타클로반에 아는 교회라도 있었습니까?"

만나는 목사들마다 한 목소리로 연합 예배가 불가능하다며 반대했는데, 나는 그들이 반대할수록 연합 예배가 하나님의 뜻이라고 더 강하게 확신했다. 오히려 나는 '아무도 안 도와주면 나 혼자 예수님이랑 해 내야지!'라는 마음이 생겨서 갈수록 담대함이 커졌다. 도와주겠다고 나서는 목사가 한 사람도 나오지 않으니, 아까운 시간과 돈을 들여 머리 싸매면서 토론할 필요도 없어서 차라리 편했다. 나는 집회 날짜, 시간, 장소, 예배 순서 등의 모든 것을 혼자 기도하며 결정했다. 여호와의 신이 강림하여 기드온이 나팔을 불어 이스라엘을 소집했던 것처럼(삿 6:34~35) 하나님께서 나에게 미리 태풍을 알려 주시고 준비하게 하시며 또 보내신 것이라면, 내가 나팔을 불면 원근각처에서 적지 않은 무리들이 모여 들 것이라 믿었다. 그때도 미디안 민족으로 국가가 쑥대밭이 된 비상 상황이었고 이때도 태풍으로 두 섬이 쑥대밭이 된 비상 상황이었으니, 하나도 다를 바가 없었고 전혀 위축될 것도 없었다.

11월 8일 태풍이 상륙하고 1달이 되는 12월 8일이 마침 주일이었다. 대형 집회를 준비하기에는 날짜가 너무 촉박했지만, 이상하게 다른 날은 눈에 들어오지가 않았다. 어차피 사람을 모으는 것과 전쟁의 승패는 하나님께 있으니, 시간이 촉박할수록 내가 불리하니 오히려 하나님께서 더 강하게 역사하실 것 같았다. 장소는 실내 농구경기장으로 결정했다. 타클로반에서 유일한 실내 체육관이었다. 바닷가에 위치한 '돔 스타일'의 원형 체육관은 태풍으로 중앙에 있는 지붕 한가운데가 날아가 버려 하늘이 훤히 들여다보였고, 지하와 화장실에는 쓰나미로 몰려온 쓰레기와 오물이 넘쳐나서 악취가 진동을 했다. 그럼에도 불구하고 수재민들은 그곳을 임시거처로 삼아 농구장 안에는 물론이고 밖에도 수천 명이 임시텐트를 치고 하루하루 버티며 살고 있었다.

시청 관계자들은 집회를 강경하게 반대했다. 행정이 마비된 상황에서 정상적인 절차를 밟아서 아래에서 위로 올라가려면 몇 달이 걸려도 나의 서류가 시장에게 전달될 것 같지가 않았다. 그렇지만

이 일은 사람으로 말미암은 것이 아니라 하나님께서 윤필립이라는 도구를 통해서 하시는 일이라 믿고 밀어붙이니, 놀랍게도 부시장을 만나는 길이 열렸다.

"당신이 그 자리에 있는 것이 이때를 위함인지 누가 아느냐?"라고 따지니, 목사였던 부시장은 내 서류에 사인을 하고 목사들에게 동참을 요청하는 호소문까지 써 주었다. 그 길로 행정부장을 찾아갔는데 내 이야기를 다 들은 그는 내 손을 잡고 눈물을 흘리며 말했다.

"우리 도시에는 정치와 종교에 벽이 있고, 기독교 안에서도 서로 벽을 쌓고 있습니다. 제발 당신이 그 벽을 허물어 주세요!"

마지막으로 시장을 찾아갔는데 시장은 말도 안 되는 소리라며 나의 요청을 일축했다. 그러나 내가 시청의 서열 3위인 행정부장과 서열 2위인 부시장의 사인과 호소문을 보여주니 시장이 깜짝 놀라며 입을 다물었다.

"이 두 사람만 크리스천입니까? 당신도 크리스천이라고 들었습니다!"

나의 이 한 마디에 시장은 군말 없이 사인을 해 주었다. 비상시국에서 동분서주하는 세 사람을 만나는 것은 하늘의 별 따기였지만, 하나님께서 길을 여시니 3명의 사인을 1시간 안에 받아내는데 성공했다.

셈, 야벳, 함이 연합하여 예배를 드리다

2013년 12월은 내 인생에서 가장 특별한 시간이었다. 12월은 모든 교회들이 크리스마스와 송구영신 예배로 정신없이 바쁜 기간이지만, 우리는 우리와 아무 상관없는 섬에서 목숨을 걸고 있었다. 나도 교회를 담임하는 목사라 연말에는 본교회와 지교회들을 한 자리에 모아서 연합 예배와 잔치를 해야 한다. 그런데 하나님은 '타클로반에서 연합 예배를 드려라!'는 감동은 주셨지만 '언제 마닐라로 올라가라!'는 말씀은 없으셔서, 나는 마음에서 크리스마스와 송구영신 예배를 다 내려놓았다.

마닐라에서 사역자들이 눈물로 중보하고 있지만, 재난 현장에서 우는 자들과 함께 울지 않고서야 국가를 목숨 다해 사랑할 수 없고, 예수님의 깊은 마음을 품을 수 없을 것 같았다. 내가 항상 가르치고 요구했던 것은 '국가를 위해 기도하는 사역자'가 아니라, '하나님과 국가를 위해 언제든 목숨을 내 놓는 사역자'였다. 그래서 마닐라에 통보했다.

"제가 타클로반에 있는 동안 한 사역자도 빠짐없이 내려오십시오! 하루라도 이들을 섬기고 이들과 함께 우십시오. 1명이라도 내려오지 않으면 저는 영원히 마닐라로 돌아가지 않겠습니다!"

감사하게도 모든 사역자들은 즉각 순종했다. 본교회를 지켜야 할 최소한의 사역자들만 남기고, 마닐라에서 20명 이상의 사역자들이 가정과 사역을 내려놓고 사지로 왔다. 모두 각자의 교회를 담임하는 귀하디귀한 평신도 사역자들이었는데, 그중에는 임신한 사역자도 있었다. 하나님의 완벽한 인도하심으로 사역자들은 집회 하루 전날 도착했다.

우리는 매 순간마다 하나님을 전심으로 의지하며 하나님과 동행했다. 하나님의 일하심은 과연 놀라웠다. 우리는 집회 장소가 될 농구장을 돌았다. 제자들은 두 손을 들고, 나는 한 손은 핸들을 잡고 다른 한 손은 농구장을 향하여 손을 들고 축복하며 기도했다. 매일 나의 스타렉스로 7바퀴씩 돌면서 30분씩 기도했다.

우리를 가장 힘들게 했던 것은 쓰레기와 악취였다. 바닷물과 함께 밀려온 쓰레기, 진흙, 오물이 한데 엉켜 썩는 냄새는 역겨움의 수준을 넘어섰다. 농구장 안은 그나마 견딜 만 했지만, 농구장 입구 지하로 통하는 계단 근처에는 제정신으로 서 있기조차 힘들었다. 그런데 집회를 3일 앞두고 주님께서 100명의 방독면 부대를 보내주셔서 반나절 만에 모든 쓰레기를 깨끗이 치워주었다.

장소를 치워주신 하나님은 그곳을 채울 장비도 마련해 주셨다. 타클로반의 모든 음향 업체들이 태풍으로 장비를 잃어버려서 우리는 업체들을 찾아갈 때마다 번번이 허탕을 쳤다. 내 마음이 흔들리면 모든 것이 무너질 것 같아서 주님만 바라보며 마음을 다잡고 있을 때, 기적같이 크리스천이 운영하는 그 음향 장비회사를 우연히 만났다. 유독 그 업체만 태풍 직전에 먼 지역에서 행사가 잡혀서 장비들이 무사했다. 갑자기 태풍이 와서 발이 묶였다가 이제야 타클로반으로 돌아온 것이라 했다. 우리는 레이테 섬에서 가장 좋은 장비 시스템을 매우 저렴하게 사용할 수 있었다. 이것이 집회 2

일 전의 일이다.

가장 큰 문제는 전기 공급이 가능한 발전기였다. 중형 발전기들은 시청이나 큰 단체들이 사용하고 있었다. 소형 발전기 10대를 구해서 각 스피커와 조명마다 발전기를 연결하자는 것이 유일한 대안이었지만, 타클로반의 가정마다 태풍으로 소형 발전기를 잃어버려서 마닐라까지 소형 발전기가 동이 난 상황이었다. 소형 발전기 1대를 살 돈도 없었고 빌리는 것도 하늘의 별따기 상황이었지만, 하나님을 전심으로 의지하니 마음이 요동하지 않았다.

집회 하루 전날이었다. 시청에서 갑자기 연락이 왔다. UN에서 기증한 대형 발전기가 도착했는데 우리 집회에 쓰라고 했다. 달려가서 보니 발전기가 소형 승용차만 했다. 레이테 섬, 사마르 섬을 다 통틀어 찾아봐도 그렇게 큰 발전기는 없을 것이 분명했다. 게다가 막 도착해서 포장지도 뜯지 않은 새 것이었다. 할렐루야!

장소 섭외, 집회 홍보, 의자와 무대 등 준비를 끝내도, 음향 장비와 그것을 움직일 발전기가 없으면 모든 것이 수포로 돌아가지만 하나님은 가장 중요한 것을 가장 마지막에 보여 주었다. 우리팀의 마음, 특별히 리더인 나의 마음을 달아보신 것 같다. 하나님께서 음향 장비와 발전기를 반드시 준비할 것이라 추호도 의심하지 않았기 때문에, 나는 가장 중요한 것들이 없는 상태였음에도 불구하고 담대히 목회자, 교회들, 시청을 설득하고 시청에서 무료로 라디오 광고까지 할 수 있었다. 현실적으로는 피가 마르는 상황이었지만 하나님께서 내가 두 섬을 하나님께로 인도하는 것을 지켜보고 계신다고 생각하니 내 마음이 조금도 흔들리지 않을 수 있었다.

집회 전날 밤이었다. 기도하는데 내가 외동딸의 손을 잡고 단상 위로 올라가는 환상이 보였다. 하나님께서 지인이의 참여를 원하시는 것 같았다. 타클로반 행을 그렇게 반대했던 아내도 연합 예배 때문에 사역자들과 함께 내려왔지만, 초등학교 2학년이었던 딸은 마닐라에 두고 왔다. 그러나 마닐라는 안전하고 타클로반이 위험한 것이 아니라, 예수님이 계신 곳이 가장 안전한 곳이며, 하나님의 뜻 안에 있는 것이 최고의 안전지대다.

나는 아내에게 환상 이야기와 '국가를 사랑하지 않는 크리스찬은 공부할 필요가 없다!'고 말하며, 후발대로 오는 오정민 전도사가 지인이를 데리고 와야 한다고 했다. 아내는 펄쩍 뛰며 반대했지만, 지인이는 펄쩍 뛰며 오고 싶다고 했다. 그런데 정작 비행기 표가 없었다. 지인이가 30분 안에 상황을 바꾸면 허락하는 것으로 아내와 합의를 봤다. 물론 나도 아내도 서로 자신이 있었다. 필리핀에서 11년째 살고 있지만 6시간 후에 출발하는 만석의 비행기에 30분 안에 자리가 생기는 것은 불가능했다. 그런데 마닐라에서 지인이가 30분 동안 간절히 기도하다가 "오늘 밤, 나에게 기적이 일어난다!"라고 종이에 크게 써서 가슴에 붙이더니 환호성을 지르며 방을 박차고 뛰어나갔다. 그때 나는 타클로반에서 비행기의 한 좌석이 생기는 것을 환상으로 보았다. 그리고 기적이 일어났다. 다음 날 저녁, 집회가 시작할 때 나는 지인이의 손을 잡고 단상으로 올랐다.

우리의 끈질긴 기도와 설득으로 200명 이상의 목회자들이 참석하겠다고 연락이 왔다. 그런데 집회 당일 날, 많은 목사들이 불참을 통보하며 연락을 끊어버렸다. 모두 작심을 한 듯이 우리 전화를 피했다. 가장 착하고 마음이 약한 목사를 붙들고 늘어지니 그가 기가 막힌 말을 토했다.

"우리 단체의 목사들도 참석하기로 결정을 했는데, 며칠 전에 우리와 사이가 나쁜 다른 단체의 목사들이 참석한다는 소식을 들었습니다. 그래서 우리 단체의 리더 목사가 우리에게 참석하지 말라고,,, 아마 그쪽 단체도 마찬가지일 겁니다. 죄송합니다."

집회 직전에 여러 단체들이 '저쪽이 참석하니 우리는 안 간다!'는 식으로 동시에 불참을 선언했다. 기가 막혔다. 평상시에도 감정 때문에 연합을 거절하는 것은 이해할 수 없지만, 시청에서 축소 발표한 것을 고려하면 수 만 명이 죽었을 재난 속에서도 이빨을 드러내고 으르렁거리며 정신을 못 차리다니! 듣고도 믿기 어려웠다. 더욱이 그들은 사랑을 전해야 할 목사들이 아닌가! 그제야 풀리지 않았던 의문들이 이해가 되는 듯 했다.

두 섬에서 약 50명의 목회자들과 500명 이상의 성도들이 집회에 참석했는데, 사마르 섬 끝자락에서 7시간씩 오토바이를 타고 온 목회자 부부도 있었다. 나는 목회자들을 모두 단상으로 올라오게 하여 함께 무릎을 꿇고 회개 기도를 했는데, 그날 성령께서 쏟아주시는 은혜와 감격 속에 울지 않는 이가 없었다. 교회와 성도를 잃고 교회 사역을 포기한 목사들도 집과 가정을 잃어버린 성도들도 모두 새 힘을 얻고 다시 자기 부르심의 현장으로 돌아가기로 결단했다. 그리고 생명이 붙어 있는 한 예배와 부르심의 자리를 사수하기로 다짐했다.

그리고 몇 달의 시간이 지났다. 태풍의 경고를 미리 들었던 그 여자 목사님에게서 연락이 왔다.

"목사님! 정말 놀라운 일이 일어나고 있습니다. 여전히 실내 농구장은 보수 중이지만, 시장님께서 모든 교단의 목사님들을 시청으로 초청해서 야외에서 연합 예배를 드렸습니다. 그 이후로 크고 작은 초교파 연합 기도회가 곳곳에서 일어나고 있습니다! 너무 감사합니다!"

우리가 타클로반에서 분열의 영을 깨버렸는지는 알 수 없다. 그러나 하나님께서 우리를 통해 연합의 도화선을 지핀 것은 분명해 보인다. 하나님은 주의 나라를 위해서 목숨을 내 놓고 발버둥을 치는 지극히 작은 자들을 통해 크고 기이한 일을 행하시며 그분의 영광을 드러내셨다. 할렐루야!

6부

헌신

필리핀 섬의 목회자를 가르치리라

하나님은 우리에게 마닐라는 개척으로, 섬은 편입으로 지교회를 가득 안겨주셨다. 섬에서 많은 목회자들이 우리의 가족이 되고 싶다며 찾아왔다. 그중에서 교단, 노회에 소속되지 않은 분들만 가족으로 받았다. 내 코가 석자라 아무런 지원도 못 해주는데도, 자신들을 받아만 달라고 부탁하는 이들이 많았다. 처음에는 그게 이해가 되지 않고 이상했다. 하나님께서 분명 뜻하신 바가 있어서 편입 지교회들을 주시는 것이라 생각은 했지만, 그 의미를 깨닫기까지는 시간이 꽤 걸렸다.

우리 교회는 본교회가 모델이다. 설교의 경우, 본교회의 주일 설교가 모델이 되어 지교회로 흘러간다. 지교회 사역자들이 본교회 예배에서 내 설교를 받아 적고 요약 정리하여, 다음 주일에 각자의 교회에서 성도들의 수준에 맞게 설교한다. 제자훈련의 경우, 평신도 사역자들이 본인의 제자반을 꾸릴 때 내가 1기 제자들에게 가르쳤던 내용을 모델로 하기 때문에 계속적인 제자 번식이 가능했다. 기도의 경우도 내가 청년 때부터 고집했던 무릎 꿇고 장시간 부르짖으며 기도하는 것을 모델로 한다.

그런데 편입 지교회의 사역자들은 말씀과 기도가 약했다.
성령과 은사 체험은 물론, 사역에 대한 열정도 우리 평신도들보다 많이 떨어졌다. 그리고 많은 섬마다 신학교를 도중에 중퇴하거나, 목사 안수를 받지 못한 분들이 많았다. 그러다보니 교단이나 노회에 소속되지 않은 채 외롭게 사역하다가, 심신이 지치고 열정과 소망마저 꺼진 분들이 대부분이었다. 우리 가족이 된 섬 목회자 분들도 그랬다. 그래서 기도 중에 섬 목회자들을 위한 세미나를 결심했다. 하나님께서 우리에게 편입 지교회들을 주신 목적은 그들을 말씀과 기도로 훈련시켜 성령으로 충만케 하고 나아가 섬 교회들을 살리는 것이라고 믿었다.

2013년 9월. 1차 목회자 세미나를 열어, 3개 섬에서 지교회 목회자들을 초청했다. 나는 자비량 선교사라 예나 지금이나 재정이 항상 큰 기도 제목이다. 재정 부족으로 오전에는 다 같이 금식하며, 무릎 꿇고 1시간 30분 동안 통성 기도를 하며 하루를 시작했다.
'1시간 30분의 무릎기도'는 일종의 모험이었다.
필리핀은 바닥 문화가 아니어서 사람들은 기도할 때 무릎을 꿇지 않는다. 또 기도 문화가 매우 자유롭다. 친구와 대화하듯 주머니에 손을 찔러 넣고 대표 기도하는 목회자와 신학교 교수들이 많다. 기도 시간 또한 매우 짧아서 10~20분을 넘는 경우가 좀처럼 드물다. 그런 문화에서 신앙생활과 목회를 하는 분들이 과연 1시간 30분을 무릎으로 버틸 수 있을지 의문이었다.

하지만 훈련은 혹독하고 철저해야 몸에 밴다는 것이 내 지론이다. 세미나 7일째부터는 주강사인 내가 말을 못 할 정도로 목이 쉬어버리지만, 그럼에도 세미나를 8~10일씩 하는 이유는 '무릎 기도 습관'을 만들기 위해서다. 그리고 입식 문화에 익숙한 필리핀 사람들에게 굳이 무릎 기도를 강조하는 것은 기도의 양과 질을 높이기 위해서다. 개인적으로 1시간 이상 자세를 바꾸지 않고 기도할 수 있는 것은 무릎 기도 밖에 없다고 생각한다. 그래서 아침마다 목회자들에게 얇은 고무 매트 한 장씩을 주고, 벽을 보고 둘러앉게 하고 기도를 시켰다. 그리고 나는 강대상 위에 서서 전체를 관리했다.

"무릎을 한 번이라도 펴면 안수 기도를 안 해 줄 겁니다!"
나는 이렇게 선포하고 1시간이 지나면 1명씩 안수해 주었다. 초창기 세미나는 참석자 모두가 나보다 나이가 많았다. 아들뻘, 막내 동생뻘 되는 나에게 훈련받는 것이 굴욕적일 수도 있었을 것이다. 그러나 섬에서 오신 목회자들은 그 세미나가 영적으로 충전될 수 있는 마지막 기회라 여겼기에 온몸을 비틀며 빙글빙글 용트림을 할지언정 절대 무릎을 펴지 않았다.
3일째는 용트림하며 맷돌질하던 분들도 30분씩 태연히 자세를 잡고 부르짖으며 뜨겁게 기도했다. 일주일이 지나자 다들 1시간 30분씩 거뜬히 해냈다. 진지하고 뜨거운 분위기가 너도 나도 해 내도록 만들었고, 금세 무릎 기도 습관이 잡혔다.

2014년 1월, 2차 목회자 세미나 때였다. 1차에 참석했던 마스바테 섬 목회자들은 알아서 고무 매트를 들고 벽으로 가서 무릎을 꿇었다. 무릎 꿇는 자세만 봐도 그분들이 세미나 후에 섬으로 돌아가서도 계속 무릎 기도 생활을 했다는 걸 알 수 있었다. 그 모습을 보니 정말 감격스러웠다. 이런 이유로 나는 세미나 기간을 항상 일주일 이상 잡았다. 3일 이하의 세미나는 공부하고 배우는 것에는 효과적이어도, 뭔가를 습관으로 만들기는 어려워서 일상으로 돌아가면 말짱 도루묵이었다. 그래서 나는 훈련은 내용 못지않게 기간도 중요하게 생각한다.

2014년 2월, '1차 마스바테-티카오 순회선교' 때였다. 중부 지역의 두 섬의 지교회들을 방문하며 뜨겁게 사역하고 있는데, 그곳 목사님이 나에게 "목사님, 우리 교회는 4시 반에 새벽 기도를 시작합니다!"라고 말씀하셨다. 4시, 5시, 6시처럼 딱 떨어지는 시간을 놔두고, 왜 그렇게 애매한 시간에 기도회를 시작하냐고 물었더니 그분의 대답이 걸작이었다.

"목사님이 1시간 30분 기도하라고 하셨잖아요? 6시에 끝내야 성도들이 일하러 갈 수 있어서 새벽 4시 반에 시작합니다."

그때의 보람과 감격이란!

그곳만이 아니었다. 오랜 만에 담임 목사를 만나니 그들도 무척 반가웠나 보다. 첫째 도시, 둘째 도시, 셋째 도시를 거치면서 사역할 때마다, 따라붙는 지교회 목회자들이 점점 늘었다. 마스바테 섬 끝자락에 있는 에스폴레자의 집회 때는 많은 목회자들이 함께 했다. 저녁 집회를 마치고 완전히 탈진해서 잠이 들었는데, 이른 새벽녘에 엄청 시끄러운 소리 때문에 잠에서 깼다.

개구리 떼가 몰려온 것처럼 와글와글 거리는 소리에 놀라서 예배당에 가보니, 많은 지교회 목회자들과 에스폴레자 성도들이 모두 시멘트 맨바닥에 무릎 꿇고 목이 터져라 기도하고 있었다. 기도를 얼마나 했던지 다들 낙타무릎이 되어 있었다. 새벽부터 뜨겁게 기도하는 그들을 보자 감동으로 목이 메었다. 그렇게 기도 습관이 잡힌 목회자들은 설교와 목회에 힘이 붙었고, 저절로 일꾼들이 자라며 교회가 성장했다. 그리고 평신도들이 밖에서 전도하다가 지교회를 개척하는 일이 우리 마닐라처럼 동일하게 일어났다. 할렐루야!

목회자 세미나는 산골 교회를 했던 29살에도 했었다. 그때는 9명으로 시작해서 나중에는 400명이 넘는 목회자들이 모일 정도로 성황을 이루었지만 그 열매는 미미했다. 무언가를 가르치면 세미나 현장에서는 눈물, 콧물을 흘리며 열광적으로 '아멘'하며 반응했지만, 계속 실천하면서 꾸준히 따라오는 사람은 소수였다. 많은 목회자들이 각자 자라온 신앙, 목회 스타일, 교단 배경 등을 기준삼아 세미나에서 배운 것을 선별하여 실천했기 때문에 열매가 적을 수밖에 없었다. 이것이 내가 29살 때 했었던 목회자 세미나의 딜레마였다.

그러나 35살 때의 목회자 세미나는 결과가 전혀 달랐다. 우리 가족이 된 그들은 무언가 가르치면 온전히 따르려고 했고, 세미나에서 '아멘'으로 받아들인 것은 각자의 교회에서 반드시 시도하고 철저하게 지속했다. 그 결과로 교회들마다 풍성한 열매로 뒤덮인 나무들이 여기저기서 자랐다.

그 모습을 보면서 나는 2008년 1월 이광섭 목사님을 처음 만난 날이 생각났다. 목사님은 내가 많은 섬들에서 몰려온 목회자들 성령으로 가르치고 기도훈련을 시킬 것이며, 그들이 자기 섬으로 돌아가서 성도들을 성령으로 가르치고 기도훈련을 하게 될 것이라고 기도해 주셨다. 그 기도가 서서히 열매를 맺어가고 있었다. 여전히 천방지축인 나 같은 사람을 통해서 목회자들과 섬 교회들을 깨우시는 하나님 놀라운 은혜에 무한 감사드린다. 할렐루야!

기적 같이 계약한 아브라함 신학교 부지

나는 부러운 것이 많은 사람이다. 나는 정말 돼지처럼 욕심이 많다. 흑돼지 태몽이 여전히 내 안에 작동하고 있는 것일까? 나는 지금도 돼지처럼 미련하고 더럽지만, 어릴 적부터 항상 큰 꿈과 소망을 품고 살았다. 그런데 나와 비교할 수 없을 만큼 욕심이 큰 분을 만났다. 바로 하나님이시다. 당신의 자녀와 더 깊은 관계를 맺고 싶어 하시는 하나님의 거룩한 열망은 끝이 없었다. 자녀들을 향한 하나님의 끝없는 사랑 덕분에, 우리의 부족함에도 불구하고 우리 사역은 점점 확장되고 있다.

마닐라 제자들과 섬 목회자들을 대상으로 하는 목회자 세미나는 양과 질에서 크게 성장했다. 하나님께서 지교회를 갈수록 더 주셔서, 1차에는 3개 섬에서 목회자들이 모였지만, 지금은 9개 섬으로 늘었다. 하나님은 세미나를 통해서 많은 열매를 주셨다. 우선 목회자들이 말씀과 기도 중심으로 변화되어 성령으로 충만해졌고, 방언과 신유 등의 은사들이 나타나기 시작했다. 이어서 지교회들마다 기도회와 중보 기도팀이 생겨났고, 예배, 설교, 사역에 불이 붙으면서 여러 지교회들이 평신도를 훈련시켜서 지교회를 개척하기 시작했다. 10~30년 동안 지지부진하고 답답했던 사역에 역동적인 변화와 성장이 일어났고, 몇몇 지교회는 작은 교회를 건축하기도 했다.

변변한 영성훈련조차 받지 못한 채, 사역에 지쳐가던 목회자들에게 세미나는 영적 돌파이자 영적 축제였다. 무엇보다 잃어버린 신앙의 열정과 불을 되찾은 것에 어린아이같이 기뻐하고 감사해 했다. 동시에 그들은 자신들의 청년 시절을 기억했다.

2014년 1월, 2차 세미나 때였다. 강의를 마치고 강단에 주저앉아 쉬고 있는데, 어느 60대 초반의 목사님이 진지한 얼굴로 조심스레 내 옆에 앉았다.

"목사님, 저는 신학교 때 신학을 학문으로만 배웠습니다. 정작 목회에 필요한 실질적인 것들은 배우지 못하여, 목회에 상당한 시행착오와 고생을 겪었습니다. 여기 있는 목사님들도 마찬가지일 겁니다. 목사님, 이런 강의와 훈련을 세미나로만 하지 마시고, 신학교를 세워 주시면 안 되겠습니까? 지방에는 신학교가 없는 섬들이 많습니다. 설령 있다하더라도 성령의 역사를 부인하는 경우가 태반입니다. 또 섬에는 학교들마다 재정이 어려워 도중에 문을 닫는 곳도 부지기수입니다. 목사님께서 신학교를 열어 주시면 우리 청년들을 보내고 싶습니다."

그 말을 듣자 마음이 울컥했다. 비록 본인은 가난한 섬에서 온갖 어려움을 겪으며 목회하고 있지만, 목회자를 꿈꾸는 청년들만큼은 절대로 그런 길을 걷게 하고 싶지 않은 목자의 마음이 고스란히 느껴졌다. 나는 다른 목사님들의 생각을 알아볼 겸 강의시간에 질문을 던졌다.

"목사님들, 어떤 목사님께서 저에게 신학교를 열어 달라고 하셨습니다. 만약 제가 신학교를 설립하면, 여러분의 자녀와 청년들을 보내시겠습니까?"

이 말이 끝나자마자 모든 섬 목사님들이 "아멘~"을 외치며 손을 번쩍 들었다. 개중에는 벌떡 일어서서 손을 드는 목사님들도 있었다.

그 모습을 보니 옛날 생각이 났다. 필리핀 신학교 시절, 수업 도중에 '방언 은사'에 대한 토론이 벌어졌다. 그런데 수업을 진행하는 교수님도 학생들도 방언의 은사가 없었고, 나만 유일하게 방언 은사가 있었다. 다들 나에게 방언이 어떤 것인지 설명해 달라고 하여, 더듬거리는 영어로 진땀을 흘리며 설명했다. 내가 설명을 끝내자 교수님이 입을 쩍 벌리시며 학생들에게 말씀하셨다.

"너희들 방금 들었니? 이 한국 학생이 샤워하면서도 방언하고,

운전하면서도 방언을 한다잖아? 와우!"

방언 덕분에 나는 졸지에 신비한 능력자가 되었다. 그것도 신학교 강의실에서 말이다. 그들을 보니 마치 초신자 시절에 구역자 형과 친동생을 대단하게 보았던 나의 모습이 생각났다. 당시의 나는 신학생도 아니었고, 신학생을 가르치는 교수도 아니었다. 그저 술과 담배도 끊지 않은 초신자였다. 그러나 그들은 목사가 되겠다는 신학생들이었고, 신학생을 목사로 만들겠다는 신학교 교수였으니 참 당황스러운 일이었다. 물론 필리핀의 모든 신학생과 교수가 그런 것은 아닐 것이며, 깊은 영성과 지성이 겸비된 분들이 많을 것이다. 그러나 방언의 '방'도 모르는 분들도 많은 것이 현실이다.

신학교와 관련해서는 한국도 자유롭지는 않다. 신학교에 대해 들었던 말 중에 잊혀지지 않는 말이 있다. '신학교 1학년은 목사, 2학년은 장로, 3학년은 집사, 4학년은 평신도'라는 말인데, 우스갯소리지만 뼈가 있었다. 신학교에서 학문에 초점을 맞출수록 순수했던 젊은 신학도들의 뜨거움과 영성이 사라진다. 그렇게 배워서 신학교를 졸업하니 누가 담대히 개척하고 싶겠는가?

성령이 죽고 신학만 살아 있는 신학교에 다녔거나, 그런 수업조차 받지 못했던 지교회 목회자들은 말씀, 기도, 성령에 초점을 맞춘 세미나 강의를 통해 열정, 영성, 사역에 불이 붙었다. 그런 경험을 직접 한 목회자들은 자신의 교회 청년들만큼은 쓸데없는 공부로 돈과 시간을 낭비하며 허송세월하게 할 수 없다며, 너나 할 것 없이 신학교를 설립해 달라고 부탁했다.

나는 교회 월세도 제대로 못 내는 주제였지만, 가난한 섬 목회자들의 고통과 소원을 들으니 마음이 뜨거워졌다. 결국 뜨거움을 주체하지 못 하고 선포했다.

"저는 돈도 없고, 땅도 없습니다. 그러나 두 손 들고 기도합시다. 준비하시는 여호와 이레의 하나님께서 이미 응답하셨다고 믿고 기도합시다!"

100명이 넘는 사역자들이 필리핀을 복음화 할 신학교를 세워 달라며, 두 손을 들고 뜨겁게 부르짖었다. 비록 돈은 없었지만 하나님께서 신학교를 예비하셨음을 굳게 믿는 믿음도 있었고, 필리핀 전체를 복음화하고 싶은 열정도 있었다. 그날부터 나와 사역자, 성도들은 '신학교 부지를 주소서!'라고 기도했다.

항상 재정이 문제였다. 게다가 신학교는 지금까지 했던 사역과는 비교할 수 없을 정도로 큰 사역이었다. 건축비도 없거니와 땅 한 평을 살 돈도 없었다. 그래서 나는 5가지 기도제목을 정했다.

첫째 기독교인 주인, 둘째 도로가 없는 곳, 셋째 전기가 없는 곳, 넷째 수도가 없는 곳, 다섯째 10년 분할 지불. 전혀 개발되지 않았고 또 앞으로도 개발될 가능성이 없는 곳이라면, '10년 분할'이라는 말도 안 되는 조건에 'OK'할 수도 있을 것 같았다.

만약 그 해에 5가지 모두를 충족한 땅이 나온다면 하나님께서 우리에게 신학교를 주고 싶으시다는 것과 그 신학교를 통해서 우리가 하나님께 필리핀 전체를 봉헌해 드리게 될 것이라는 것을 확증으로 믿기로 했다.

그리고 반 년 이상 간절히 기도했다. 그리고 하나님의 은혜로 우리 필리핀중앙교회에서 3시간 떨어진 '까비떼 시'(Cavite City)에서 4가지 조건을 모두 충족시키는 땅을 찾았다. 신학교 부지가 될 땅으로 가는 바깥 큰 길은 울퉁불퉁한 흙길이라 멀미가 났다. 안쪽 좁은 길은 비만 오면 진흙 길이 되어 차가 빠져버렸고, 10명이 달라붙어 밀어야 차가 겨우 빠져나왔다. 그 안쪽 길로 3km 들어가니 그 땅이 나왔다. 물론 전기도 물도 없는 땅이었다. 땅 주인은 변호사, 사업가, 평신도 선교사를 역임하는 40대 필리핀 여성이었다.

처음에 그분은 나의 '10년 분할' 제안에 콧방귀를 뀌었지만, 기도해 보더니 응답을 받았다며 즉시 쿠웨이트에서 날아왔다. 모든 것이 일사천리로 진행되었다.

2014년 10월 1일, 총 금액 24억의 9.4만평의 드넓은 대지를 달랑 2,400만원으로 계약했다. 수중에 24만원도 없었는데, 계약 직전에 2,400만원이 거짓말 같이 들어왔다. 하나님 외에 누가 이런 일을 할 수 있을까! 계약 소식이 알려지자 각 섬에서 청년들이 오고 싶다고 아우성을 쳤다. 섬 청년들은 그들의 목사님이 마닐라에서 세미나를 참석한 후로 설교, 예배, 교회 사역 등 모든 것이 변화되는 것을 눈으로 보았기 때문에 하루라도 빨리 오고 싶어 했다.

나는 아직 전기와 수도가 연결되지 않아서 요리를 할 수 없다고 했지만, 청년들은 지금 그들이 살고 있는 섬에서도 나무에 올라가 열매를 따 먹고, 땅에서 고구마를 캐 먹으며 살고 있으니 아무 걱정 말라고 했다. 나는 아직 학교 건물도 짓지 못했으니 나중에 오라고 말렸지만, 청년들은 일단 와서 신학교 건축을 도우며 지내겠다고 고집했다. 결국 기숙사가 없어서 여학생은 받지 못 하고, 최소 인원으로 남학생 15명만 받았다.

갈 바를 몰랐던 아브라함처럼 신학생들은 오직 하나님의 부르심에 반응하여 아무 것도 없는 신학교로 올라온 순수한 청년들이었다. 신학교에서 저녁기도회 시간에 두 손을 들고 밤하늘을 올려다보며 기도하면 수많은 별들이 보인다. 종종 별똥별이 사선을 그리며 아득히 떨어지고, 내 눈 바로 위에는 반딧불이 이리저리 날아다닌다. 나는 우리 신학생들이 필리핀의 모든 섬으로 가서 아브라함처럼 복의 근원이 되길 소망하면서, 신학교 이름을 '아브라함 신학교'(Abraham Bible College, 약자로 ABC)라고 지었다.

하나님께 기도했던 5개 조건을 모두 충족하는 땅이라면 신학교뿐 아니라 어느 용도로도 부적합한 땅일 것이다. 그런데 내게는 이상한 확신이 있었다.
'내가 계약하면 땅이 개발된다!'
그 믿음이 내 안에 있었다. 그런 믿음이 없다면 그 누구라도 9만 평이 넘는 대지를 담대히 계약하지 못 할 것이다. 죽은 자 같았던 나에게 예수님께서 찾아오셔서 나를 완전히 회복시키시고 귀하게 사용하시니, 예수님 앞에 서 있는 내가 그 죽은 땅으로 들어가면 그 땅이 완전히 살아나고 필리핀과 열방을 위해 귀하게 쓰임 받을 것이라 믿었다. 그렇기 때문에 수십 년 동안 사람이 찾지 않는 죽어 있었던 땅을 찾고 찾았다. 그리고 땅을 계약 이후로 우리는 매일 그 땅을 축복했다.

2014년 12월 23일, 정부에서 파견된 일꾼들이 콘크리트 도로를 깔고 있었다. 수십 년 째 도로가 없던 곳에 갑자기 도로가 생기고 있었다. 필리핀이 크리스마스 2주 동안 관공서와 학교가 모두 문을 닫는 것을 고려하면 이것은 정말 기적이었다. 평생 그곳에서 살던 마을 농부들도 웬일이냐며 난리가 났다.

그런데 정말 신기하게도 일꾼들은 바깥의 큰 도로는 그대로 둔 채, 안쪽의 좁은 도로부터 공사하고 있었다. 신학생들이 캐물어서 겨우 그 전말을 알게 되었다. 첫째, 신학교 부지를 통과해서 더 안쪽으로 들어가면 동장의 땅이 있다. 둘째, 동장이 전력공사에 전봇대를 설치를 요청했는데, 전력공사는 도로가 먼저 깔려야 된다고 거절했다. 셋째, 동장의 임기가 얼마 남지 않았다. 3가지 정보를 통해 동장이 임기가 끝나기 전에 자기 땅을 개발시켜 놓으려고 최선(?)을 다하고 있다는 것을 알게 되었다. 땅 주인과 나는 몰랐지만 하나님께서는 도로, 전기를 놓으시려고 벌써부터 동장의 마음을 움직이신 것이었다. 만약 동장이 2달만 일찍 움직였더라면 나는 10년 분할은커녕 땅 계약도 못 할 뻔 했다.

안쪽 도로의 30%가 콘크리트로 깔렸을 때였다. 청천벽력 같은 소식이 들렸다. 갑자기 주인이 우리가 분할금을 못 내는 것을 이유로 대면서, 10년 동안 상환하기로 한 땅값을 일시불로 내지 못하면 나가라고 했다. 신학교 부지가 개발되자 주인의 마음이 바뀐 것이다. 그 당시는 부지 9.4만 평을 관리할 사람도 없고 분할금도 못 내고 있어서, 우리는 앞 땅(1.7만 평)은 쓰고 뒤땅(7.7만 평)은 쓰지 않고 있었다. 그런데 앞 땅의 4.3억 원을 일시불로 내라고 했다. 주인 입장에서는 우리가 일시불로 내도 좋지만, 못 내고 나가길 더 바라고 있었다.

안쪽 길 공사가 끝나는 날이 우리가 쫓겨나는 날이 될 것 같았다. 우리는 급하게 기도를 바꿨다.
"하나님, 그리 마옵소서! 우리 쫓겨납니다! 저쪽부터 하소서!"
그랬더니 정말 일꾼들이 작업하던 것을 그대로 놔두고, 바깥 큰 길을 깔기 시작했다. 우리는 기도하는대로 도시 계획이 오락가락 바뀌는 것이 신기했지만, 급한 불을 껐다는 안도감에 더 기뻤다. 그리고 재정이 생기는 대로 건축도 진행하고 땅 값도 조금씩 내게 되었다.

그런데 우리가 신학교 부지를 너무 열심히 축복해서인지 바깥쪽 큰 길이 너무 빨리 완성 되었다. 시골 촌구석에서 5km 넘는 도로를 그렇게 빨리 완성할지 몰랐다. 뿐만 아니라 정부는 그 도로를 마닐라와 항구 도시로 유명한 바탕가스 시(Batangas City)를 오가는 버스가 다니는 메인 도로로 사용할 것이라고 발표했다. 그리고 다시 안쪽 좁은 길 공사가 진행되었다. 첩첩산중이었다. 우리 하나님께서 너무 화끈하게 일하시니 솔직히 난감했다.

땅 주인은 당장 나가라고 난리가 났다. 일시불로 돈을 내지 않으면 신학생들을 불법 침입 죄목으로 공권력을 동원해 강제 추방시키겠다고 으름장까지 놓았다. 설상가상으로 정기적으로 분할금을 못 낸 우리가 계약을 먼저 위반했다며, 우리가 나가더라도 지금까지

지불한 돈을 한 푼도 돌려줄 수 없다고 했다. 나와 주인이 함께 기도하고 축복해서 시작한 건축이었는데, 주인이 우리를 쫓아내려고 하자 우리가 남의 땅에 불법 건축을 한 묘한 상황이 되었다.

주인은 80%나 지어진 신학교 건물을 헐어버리겠다고 선언했다. 그리고 불법 침입, 불법 건축, 계약 파기 등의 이유로 나를 이민국에 고발해서 블랙리스트에 올리고, 필리핀에서 영구 추방 시키겠다고 협박했다. 필리핀 현지법은 외국인에게 매우 불리한데다, 본인은 변호사이고 법조계 인맥까지 튼튼했으니 자신만만해했다. 나중에는 땅 주인의 사주를 받은 동장이 총을 들고 찾아와 협박하기도 했다. 우리는 안쪽 도로 공사를 멈추게 해 달라고 다급하게 기도했다. 놀랍게도 절반 정도 완성된 도로 공사가 갑자기 중단되었다.

그렇게 상황이 진정되는가 싶었지만, 땅 주인의 마음은 끄덕도 하지 않았다. 처음에는 하나님께 드리는 땅이라 싸게 파는 것이라고 나발을 불었던 그녀였지만, 갑자기 동네가 개발되자 아까운 마음이 요동치는지 우리를 저주하며 어떻게든 쫓아내려고 혈안이었다. 마지막에는 경찰까지 동원했다. 2017년 6월 7일, 경찰은 우리말도 들어보지 않고 무작정 우리를 쫓아내려고 신학교로 향하고 있었다. 현장에서는 신학생들이, 마닐라에서는 우리 사역자들이 울고불고 난리치며 기도했다. 경찰이 우리 신학교로 들어오는 안쪽 좁은 길로 들어섰을 때 갑자기 엄청난 폭우가 쏟아졌다.

경찰은 진흙 길에 갇혀서 고생하다가 신학교 부지까지 들어오지도 못 하고 철수했다. 땅 주인은 쿠웨이트에 무슨 일이 생겼는지 급히 출국했고, 이후로 몇 달째 소식이 없다. 우리는 신학교 부지를 계약한 이후로 지금까지 몇 년째 매일 신학생 1명, 사역자 1명이 한 팀이 되어 금식하며 많은 위기를 넘겨왔다. 큰 문제 덕분에 '릴레이 금식 문화'가 생겼으니 이 또한 감사하다.

하나님의 꿈

지금 아브라함 신학교는 예배당 겸 강의실로 쓸 건물은 지붕과 내부 공사는 얼추 끝냈지만, 외부는 손도 대지 못한 채 하나님의 기적을 기다리며 기도하고 있다. 건축을 완공하지 못해 문교부에 정식으로 '신학교 인가'를 신청하지 못 했다. 교실이 없어서 지금은 망고나무 아래에서 수업을 하는데, 신학생들이 말씀에 갈급하고 열정이 뜨거워서 언제나 시간을 초과한다. 수많은 지교회들의 보고가 마닐라의 본교회로 올라오고 처리해야 할 일들이 많아서 나는 마닐라에 있을 때가 많다. 그래서 마닐라에서 내가 본교회의 저녁기도회 시간에 설교할 때 스피커 앞에 휴대폰을 갖다놓고, 신학생들과 전화로 연결해서 설교를 듣게 하고 있다.

아브라함 신학교 (망고나무 강의)

아브라함 신학교 (건축)

어느 날 신학생들을 가르치고 마닐라로 돌아온 사역자가 한 장의 사진을 보여주었다. 처음에는 그 사진이 무슨 장면인지 몰라 한참을 쳐다보았다. 신학생들의 휴대폰은 스피커 기능이 약하여 아무리 머리를 맞대고 귀를 기울여도 소리가 잘 들리지 않는다.

그래서 그들은 조금이라도 더 잘 듣기 위해서 페트병 위를 잘라 깔때기처럼 만들어서, 그 구멍에 휴대폰을 갖다 대고 확성기처럼 소리가 크게 들리도록 해서 설교를 듣고 있었다. 휴대폰이 있는 신학생들은 페트병 확성기 밑에 자기 휴대폰을 바짝 붙여서 설교를 녹음하고 있었다. 그리고 기도회가 끝나면 잠들기 전에 별을 보면서 그 설교를 다시 듣고 또 들었다.

아브라함 신학교 (깔대기로 설교 듣기)

그 사진을 보고 설명을 들으니 눈물이 흐르지 않을 수 없었다. 이렇게까지 간절하고 뜨거운 그들을 위해 뭐라도 해야 할 것 같았다. 그런데 가난한 담임 목사가 그들을 위해 할 수 있는 것은 미안함과 고마움이 섞인 눈물의 기도와 따뜻한 격려뿐이었다. 그러나 우리 하나님은 이들의 간절함을 절대 외면하지 않으시리라!

신학생들이 그토록 하나님과 말씀에 굶주려 있다면, 하나님께서 그들의 소원을 반드시 이루어 주실 것이라 믿는다. 그리고 이런 신학생들이라면 온 필리핀을 넘어 열방에까지 복음을 운반할 예수의 군사가 될 수 있을 것 같았다. 그래서 나는 신학생들을 볼 때마다 가슴이 뜨거워진다.

2014년 11월, 섬에서 청년들이 올라왔을 때 '과연 이들이 우리 스타일로 변화될 수 있을까? 우리 스타일의 기도, 예배, 훈련을 따라올 수 있을까?'하며 반신반의했다. 그러나 그것은 기우였다. 신학생들은 모든 훈련을 스펀지처럼 흡수했다. 며칠이 지나자 그들은 무릎을 꿇고 1~2시간 펑펑 울면서 기도했다. 그러면서 기도의 야성과 뜨거움이 생겼다. 1달이 되어서는 전도를 시켰는데, 그렇게 수줍어하던 신학생들이 마을 곳곳을 다니며 담대히 전도했다. 5개월 정도 되었을 때 나는 이렇게 말했다.

"내가 한국에서 돌아올 때까지 1달 안에 교회를 개척해 보십시오!"

겁을 먹으면 어떠하나 싶었지만 오히려 신학생들은 거칠게 훈련받은 것들을 써 먹을 수 있게 되었다며, '할렐루야'라고 소리 지르고 발을 구르며 기뻐했다. 그 모습을 보니 '이 청년들에게 희망이 있구나! 이들이야말로 필리핀의 희망이구나!'라는 생각이 들었다.

신학생들은 전도하다가 이 마을을 넘어 이웃 마을까지 건너가기도 했다. 그들은 제자를 만들었고, 제자들을 중심으로 가정집, 마을 공터, 망고 나무 아래에서 조그만 교회를 개척했다. 비록 10~30명 모이는 개척 교회였지만, 나는 큰 가능성을 보았다. 6개월 전만 해도 각자의 섬에서 각각 다른 교단에 속했던 청년들이었는데, 불과 1달 만에 완전히 우리 스타일로 변했기 때문이다. 내가 한국에 있었던 1달 동안 신학생들은 각자 1~2개씩 교회를 개척해냈다. 기적 중에 기적이었다. 주의 종들이 개척을 두려워하는 이 시대에 신학교가 신학생들을 '개척 전문가'로 만든다면 그 보다 기쁜 소식이 어디 있을까?

신학교도 정식으로 시작하지 않은 곳에서 고작 5개월 훈련 받은 신학생들이 척척 개척하는 모습을 보면서 많은 생각이 들었다. 그리고 신학교를 어떻게 운영해야 할지 청사진이 그려졌다. 나는 모든 신학생들에게 매 학기마다 교회를 1개씩 개척하는 것을 최우선 과제로 주기로 했다. 1학년 1학기에 첫 교회를 개척하여 4학년 졸업할 때까지 총 8개의 교회를 개척해야만 졸업시킨다. 그리고 2학년은 1학년 2명을, 3학년은 2학년 2명을, 4학년은 3학년 2명을 제자훈련 시키게 된다.

그렇게 되면 2학년이 끝날 즈음 8개의 교회를, 3학년이 끝날 즈음 22개의 교회를 맡게 된다. 4학년은 3학년 2명, 2학년 4명, 1학년 8명으로 구성된 팀을 훈련하는 리더가 되어, 총 52개 교회를 관리하고 운영하는 감독이 된다. 결국 모든 졸업생들마다 50개 이상의 교회를 관리하는, 즉 노회장 훈련까지 다 마치고 졸업한다.

그러면 대학원 과정도 필요 없거니와, 신학교 졸업 후에 멀리 섬으로 보내도 안심할 수 있다. 나이는 비록 20대 중반이지만 4학년 졸업 때까지 8개 교회를 직접 개척하고 52개 교회를 관리·감독했으니, 어떤 오지로 보내고 어느 섬으로 보내도 수 년 안에 능히 50개 이상의 교회를 개척하여 작은 노회를 이룰 수 있기 때문이다.

필리핀의 7,641개의 섬 중에 약 2천 개의 섬이 사람이 사는 유인도다. 지금은 교실도 기숙사도 없어서 15명만 받았지만, 건축이 끝나면 각 지교회에서 1명씩만 신학교로 올라와도 매년 최소 200명의 입학생이 생긴다. 졸업식을 10번만 하면 2천 개의 유인섬에 최소 목회자 1명씩 보낼 수가 있게 된다. 그리고 그들은 각자의 섬에서 수년 안에 작은 노회를 이룰 것이다. 물론 이것은 앞으로 지교회가 추가적으로 개척될 것을 전혀 고려하지 않았을 때의 이야기다. 그러나 결코 허황된 이야기는 아니다.

우리 신학생들은 최소 1~2개의 지교회를 담임하고 있지만, 몇몇 신학생들은 벌써 제자들을 길러서 4~9개의 교회들을 관리·감독하고 있다. 그리고 이런 신학생들이 점점 늘어나고 있는 추세다. 이러한 역사들은 우리가 경험했던 역사이고, 지금도 경험하고 있으며 앞으로 더욱 경험할 역사라 믿는다. 그리고 앞으로 하나님께서 지금보다 더욱 함께 하여 주시리라 믿는다.

필리핀의 모든 섬들마다 복음이 들어가서 모든 섬들이 하나님을 찬양하고 경배할 그날을 생각하면, 비록 땅 값 때문에 신학교 건축이 잠시 중단되었지만 결코 좌절할 수 없다. 가던 길이 막히면 항상 다른 길이 열려 있었고, 모든 방향이 막힌 것 같아도 항상 하늘은 열려 있었던 것을 필리핀에서 15년 동안 경험했다. 그리고 그 열린 하늘을 통해서 하나님의 선하시고 신실하신 기적을 매일의 만나처럼 경험했다. 그 하나님을 붙잡았더니 15년 전 나와 아내는 가진 것 하나 없이 손잡고 필리핀에 왔지만, 오늘에 이르렀다.

우리가 간절히 꿈꾸던 그 소원이 이루어지지 않을까?

10년, 20년 안에 '예수님 믿으세요?'라고 전도가 필요하지 않는 필리핀, 선교가 필요하지 않는 필리핀! 그 나라를 보고 싶다! 생각만 해도 얼마나 가슴 뛰고 전율이 흐르는 일인지 모른다. 이것은 우리의 꿈일까? 하나님의 꿈일까? 그리고 20년 후에는 필리핀중앙교회와 아브라함 신학교의 소망처럼 동남아시아에 무수한 선교사들을 파송하고, 동남아를 넘어 열방으로 그리고 이스마엘의 후예인 모슬림 국가들과 이삭의 후예이자 땅 끝이 될 이스라엘까지 선교사를 보내기를 꿈꾸어 본다. 할렐루야!

하나님! 우리를 통해서 하나님의 꿈을 이루소서!

에필로그

주님의 은혜에 감사하며…

1999년 겨울, 나는 지옥에 갈 뻔 했다. 그때 하나님께서 내 방에 찾아와 주시지 않았다면 말이다. 그 이후의 삶은 덤이었다. 방언을 받고 싶어서 몸부림쳤으나, 희한하게도 제사 때 절을 하지 않아서 쫓겨났다가 방언을 받았다. 그날 나는 멋있는 하나님, 승리의 하나님께 내 인생을 드리기로 결심했다. 술, 담배도 끊지 못했을 때의 일이다. 그리고 한국에서 불꽃같은 3년의 신앙생활을 하고, 필리핀에서 엎치락뒤치락하며 15년째 살고 있다. 어느새 내년이면 40세가 된다. 그동안 실수, 사고, 돌발행동 등 선교사로서 하지 말아야 할 행동을 무수히 많이 했지만, 하나님께서 다 용서하시고 다시 기억치 않으시니 그 은혜가 놀랍고 한량없다.

'하나님께 내 인생을 드리겠다!'는 내 인생 최고의 결심을 한 이후로 나는 3년 동안 200명을 전도했다. 그 과정에서 사랑하는 아내 서주희 사모를 만난 것은 내 인생 최고의 보너스였고, 잃어버린 영혼들을 향한 하나님의 마음을 알게 된 것은 최고의 축복이었다. 대치동순복음교회에서 내 이름을 불러가며 기도해 주셨던 권사님께 감사드린다. 특별히 그 교회에 부흥 강사로 오셨던 나겸일 목사님께서 결혼과 선교사를 위해 안수기도 해 주신 것은 평생 잊을 수 없다. 거짓말처럼 그 다음 해에 내 인생에서 가장 어려웠던 두 가지를 모두 응답받았다. 무엇보다도 나 같은 천방지축을 믿고 선교사로 파송해 주신 목사님과 J전도사님께 항상 감사한 마음이다. 그분들이 아니었으면 나는 지금까지 오지도 못 했을 것이다.

예수세계교회의 이광섭 목사님, 이성자 사모님을 만난 것은 내 인생에서 절대 빼놓을 수 없는 만남의 축복이다. 영적 부모님 역할을 해 주신 두 분의 사랑의 조언과 기도가 아니었다면, 오늘 같은 영광스러운 사역은 불가능했을 것이다. 그분들에게 인도해 주신 중국 선교사님 부부, 그리고 정만우 장로님을 비롯한 예수세계교회 성도님들께 진심으로 감사드린다.

인천방주교회의 박보영 목사님의 격려와 조언이 아니었다면, 3천 명이 넘는 우리 코흘리개 아이들을 못 만날 뻔 했다. 그들을 예수님께 인도하지 못 했다면 그 영혼들은 어떻게 되었을까? 우리 아이들을 볼 때마다 그분께 항상 감사하다.

가끔 타클로반을 생각한다. 꿈만 같다. 과연 그 사람이 나였을까 싶다. 그때 천안에서 새사람교회가 큰 도움을 주셨다. 김순초 목사님과 기도특공대팀이 어떻게 기도했는지는 모르겠지만, 밤에 기도 제목을 드리면 다음날 아침에는 일이 해결되어 있었다. 특별히 강희성 목사님은 종일 골방에서 하나님과 교제하시는 아름다운 기인이시다.

나의 옛 친구 송선호, 이일주, 권우현, 김세옥, 문성윤과 세종대 친구들, 구역장이었던 김은영 누나 모두 너무 감사하다. 옛날에 도움을 주셨던 분들이 생각난다. 안산에 하나교회의 노인택 목사님과 김경옥 사모님, 수원영락교회의 이은총 목사님과 이인해 사모님, 목포 예치과의 김성훈 장로님과 류미애 집사님, 정인원 집사님, 여주연탄은행의 박홍원 목사님, 일로일로의 강구민 집사님과 정혜진 집사님께 감사드린다. 신학교의 첫 단추를 열어주신 원경헌 집사님, 첫 삽을 뜨도록 도와주신 익산샘물교회의 이중관 목사님과 노정자 사모님, 신학교를 위해 항상 기도해 주시고 우리를 응원해 주시는 가족 같은 여유경 권사님과 그분의 가족, 부산 대연제일교회 성도님들과 형제 같은 정에듀 어학원의 김유락 집사님과 박수진 집사님, 길동에 행복한교회의 최경락 목사님과 진미선 사모님, 하늘교회의 김종원 목사님과 정영숙 사모님, 인천에 정미금 집사님께 감사드린다.

천사 같은 어머니 정옥자 권사님과 치아 선교를 위해 오셨던 김명규 장로님과 정태수 장로님, 엘림 신발의 이원석 집사님, 우연히 기도원에서 만난 손동숙 권사님, 멋있는 김재수 집사님, 선민재단과 까마귀선교회와 허봉랑 선교사님과 죽을 때까지 매달 5,000원씩 자동이체를 하신 백발의 할머니 전도사님, 시몬말레 피부실의 지은정 원장님, 금식을 도와주신 좋은습관개발원의 이강구 장로님. 나를 가족처럼 아껴주시는 아델휴의 이은유 집사님과 한서, 그리고 노숙자들의 어머니가 되신 에바다교회의 이진희 목사님, 매일 중보해 주시는 동두천 아리울교회의 이요한 목사님과 강력한 중보팀, 캐나다에서 치아 사역을 위해 종종 오셨던 이경구 목사님, 뉴저지에 유니 여행사의 박애니 권사님, 뉴욕 플러싱에 헤어뉴스의 이정원 집사님, 큰 형님 같은 피츠버그한인교회의 조영선 목사님과 조은숙 자매님, 양 목사님과 3총사 정해님 전도사님과 박선경 권사님과 차연화 집사님, 이태형 대표님, 모두 은인 같은 분이다.

나같이 부족한 사람과 자매교회를 맺자고 하셨던 본향교회의 김임원 목사님, 우리 신학생들과 전도사님들을 한국으로 초청해 주시고 매년 동남아 단기선교를 갈 때마다 선교사의 꿈을 심어 주시기 위해 신학생 1명씩 데려가 주시는 형제 교회가 된 천안에 새로운교회의 이원목 목사님과 김미애 사모님, 9주년 예배에서 우리를 폭포수 같은 눈물의 예배로 인도해주신 '레위 지파'의 스캇 브래너 목사님과 성희 사모님, 진흙 속에 숨어 있는 나를 찾아와 주신 CTS, 나에게 큰 용기를 주신 나침반출판사의 김용호 대표님과 도움을 주신 함혜원 작가님께 진심으로 감사드린다. 무엇보다 필리핀에서 15년 동안 우리 부부와 함께 온갖 고생을 하며 사역하는 오정민 선교사, 그리고 나의 사랑하는 제자들, 사역자들, 신학생들, 성도들에게 하나님의 모든 선한 위로하심과 축복이 있기를!

위에 언급한 분들 중에 많은 분들의 연락이 끊겼다. 그리고 위에 언급한 분들 보다 언급하지 못한 분들이 더 많은 것 같다. 나는 분에 넘치는 사랑을 받았다. 나 같이 보잘 것 없는 사람에게 이런 고귀한 사랑과 기도는 분명 과분한 것임에도, 무슨 이유인지 너무나 많은 분들이 나를 위해 기도해 주시고 계신다. 그분들의 기도와 사랑이 없었다면 오늘의 내가 없었을 것이 분명하니, 나는 분명 그분들의 사랑에 빚진 자다. 왜 나 같은 사람을 사랑해 주시는지... 내 머리로는 감히 이해할 수 없는 과분한 사랑이다. 큰 도움을 주셨건 작은 도움을 주셨건, 물질로 도우셨건 기도로 도우셨건, 그분들의 사랑에 조금이라도 보답하기 위하여 나는 매일 그분들을 위해 기도한다. 중보기도문에 적힌 약 300명을 위해 매일 2번씩 축복하다 보니, 벌써 많은 분들을 수 천 번 이상 기도하게 되었다.

마지막으로 가족 이야기를 하고 싶다. 아내를 볼 때마다 대학 중퇴에 백수였던 나에게 귀한 딸을 주신 장모님과 장인어른의 은혜가 새롭다. 그분들의 모험이 아니었으면 나는 지금쯤 어떻게 살고 있을지 아찔하다. 부족한 사위를 품어주셔서 감사합니다.

이 책을 집필하는 과정에서 천국에 가신 사랑하는 나의 할머니의 유골을 신학교에 모시게 되어 얼마나 기쁜지 모른다. 어떤 상황에도 밝고 씩씩하게 자라준 자랑스러운 내 딸 지인이에게 항상 고맙다. 우리 딸, 항상 미안하고 사랑해! 어린 나이에 나를 따라 필리핀에 와서 오만가지 고생을 한 나의 기쁨이자 행복인 서주희 사모, 어떻게 나 같은 사람을 견디고 사는지 깊은 사랑과 존경을 드린다. 못난 아들을 낳으시고 키우시느라 온갖 고생을 하시고 재미 한 번 못 보신 최고의 아버지 윤해용 집사님, 최고의 어머니 이경남 권사님께 엎드려 감사의 인사를 드립니다. 사랑합니다.

이 책에 담지 않은 이야기들이 있다. 몇몇 특별하고 아름다운 사역들, 너무 놀라운 기적들, 인간의 힘으로는 견디기 힘들었던 고난과 슬픔들, 숨고 싶을 정도로 추악했던 나의 실수와 죄들은 글로 옮기에는 너무 부끄럽고 민망해서 이 책에 담지 않았다.

제가 페이지 정렬을 읽어 보고, 나 같은 사람을 쓰시다니!

세상에, 어이 그리 하셨을꼬! 나 같았으면 절대 나를 쓰지 않았을 텐데. 나를 쓰시다니, 하나님이 아니고서야 하지 못 할 일이다. 이 은혜를 어찌 다 갚을지 모르겠다. "하나님! 조금만 기다려 주세요! 제가 정말 효도해 드릴께요!"

선교사로 필리핀에 보내주시던지, 죽여서 천국으로 데려가시던지 정하라고 떼쓰며 기도했던 24살 어느 겨울날에 썼던 시로 이 책을 마친다.

주님을 사랑해서, 나는 가리라! 땅 끝까지 나는 가리라!
많은 사람 무모하다 조롱하며 비웃어도,
주님을 사랑해서, 나는 가리라! 땅 끝까지 나는 가리라!

가슴에 필리핀을 품고있는
윤필립 선교사

망망한 바다 한가운데서 배 한 척이 침몰하게 되었습니다.
모두들 구명보트에 옮겨 탔지만 한 사람이 보이지 않았습니다.
절박한 표정으로 안절부절 못하던 성난 무리 앞에 급히 달려 나온 그 선원이
꼭 쥐고 있던 손바닥을 펴 보이며 말했습니다.
"모두들 나침반을 잊고 나왔기에 … "
분명, 나침반이 없었다면 그들은 끝없이 바다 위를 표류할 수 밖에 없을 것입니다.

우리는 삶의 바다를 항해하는 모든 이들을 위하여
그 나침반의 역할을 하고 싶습니다.
우리를 구원하신 위대한 주 예수 그리스도를 널리 전하고 싶습니다.

"하나님은 모든 사람이 구원을 받으며
진리를 아는 데에 이르기를 원하시느니라"
(디모데전서 2장 4절)

그들에게는 예수의 심장이 뛰고 있다

지은이 | 윤필립
발행인 | 김용호
발행처 | 나침반출판사

제1판 발행 | 2018년 1월 15일

등 록 | 1980년 3월 18일 / 제 2-32호
주 소 | 07547 서울특별시 강서구 양천로 583
         블루나인 비즈니스센터 B동 1607호
전 화 | 본사 (02) 2279-6321 / 영업부 (031) 932-3205
팩 스 | 본사 (02) 2275-6003 / 영업부 (031) 932-3207
홈 피 | www.nabook.net
이 메 일 | nabook@korea.com / nabook@nabook.net

ISBN   978-89-318-1552-8
책번호 가-9063

값은 뒷표지에 있습니다.